"十四五"职业教育国家规划教材

大学生心理健康教育

主　审　汪　斌
主　编　何玉梅
编　者　（以姓氏笔画为序）
丁珅健　王晶晶　冯　研
朱桂萍　吕　莹　何玉梅
吴凌燕　张　铭　陈　树
金　怡　罗　佳　周静雯

合肥工业大学出版社
HEFEI UNIVERSITY OF TECHNOLOGY PRESS

图书在版编目(CIP)数据

大学生心理健康教育/何玉梅主编. —合肥:合肥工业大学出版社,2021.6(2025.7 重印)
ISBN 978-7-5650-5352-8

Ⅰ.①大… Ⅱ.①何… Ⅲ.①大学生-心理健康-健康教育-高等学校-教材
Ⅳ.①G444

中国版本图书馆 CIP 数据核字(2021)第 112946 号

大学生心理健康教育

何玉梅 主编

责任编辑 孙南洋 张 慧 宗明亮
责任校对 王钱超 郭娟娟 许璘琳

出 版	合肥工业大学出版社	**版 次**	2021 年 6 月第 1 版
地 址	合肥市屯溪路 193 号	**印 次**	2025 年 7 月第 6 次印刷
邮 编	230009	**开 本**	710 毫米×1092 毫米 1/16
电 话	人文出版中心:0551-62903200	**印 张**	17.5
	市场营销中心:0551-62903198	**字 数**	404 千字
网 址	www.hfutpress.com.cn	**印 刷**	合肥华星印务有限责任公司
E-mail	hfutpress@163.com	**发 行**	全国新华书店

ISBN 978-7-5650-5352-8 定价:49.80 元

如果有影响阅读的印装质量问题,请与出版社市场营销中心联系调换。

序　言

当今，科技飞速进步，知识爆炸，生活节奏加快，人们感受到的学习、工作压力也日益增大。大学生作为现代社会的活跃群体，对社会心理这一时代的“晴雨表”自然就十分敏感。同时，大学生还面临着对新的学习环境和专业学习的适应、理想与现实的冲突、人际关系的处理与学习、恋爱中的矛盾、对未来职业的选择、日益严峻的就业压力和激烈的社会竞争等问题，这些纷繁复杂的问题困扰着他们的心灵。另外，在多元化价值观和全球思想文化交流交锋的大背景下，很多大学生由于价值观的偏差，在认知、情绪、行为上出现了偏差。

因此，本教材注重开发课程思政的元素，旨在以立德树人为根本，坚持育人导向，突出价值引领，以理想信念教育为核心，以社会主义核心价值观为引领，推动知识传授、能力培养与理想信念、价值理念的教育有机结合，建立长效育人机制。本教材在编写过程中历经多次修改，坚持育心与育德相结合，梳理了心理健康教育课程所蕴含的思想政治教育元素和所承载的思想政治教育功能，以期融入课堂教学各环节，着力培育师生理性平和、积极向上的健康心态，促进大学生心理健康素质与思想道德素质、科学文化素质协调发展。

我国党和政府高度重视大学生心理健康教育工作。早在2001年3月，教育部就颁布了《关于加强普通高等学校大学生心理健康教育工作的意见》，要求重视大学生的心理健康工作，有针对性地向大学生提供心理健康服务。在迄今为止的20年间，尤其是近几年来，教育部先后多次出台相关文件并制定相应措施，强调促进大学生心理健康的重要性和迫切性。

2016年12月，国家卫生计生委、教育部等22个部门联合印发《关于加强心理健康服务的指导意见》，要求高等院校要积极开设心理健康教育课程，开展心理健康教育活动；2017年12月，中共教育部党组印发《高校思想政治工作质量提升工程实施纲要》，将“心理育人”纳入高校“十大育人”质量提升体系；2018年7月，中共教育部党组印发《高等学校学生心理健康教育指导纲要》，明确提出健全心理健康教育课程体系，实现大学生心理健康教育全覆盖；2018年11月，国家卫健委、教育部等10部门联合印发《全国社会心理服务体系建设试点工作方案》，将社会心理服务体系建设作为推进“平安中国、健康中国”建设的重要内容。2021年7月，教育部办公厅印发《关于加强学生心理健康管理工作的通知》，为进一步提高学生心理健康工作针对性和有效性，明确提出从源头、过程、结果和保障等管理环节上，切实加强专业支撑和科学管理，着力提升学生心理健康素养。2022 年 4 月，国务院办公厅印发《"十四五"国民健康规划》，也提出完善心理健康和精神卫生服务体系。

在高校，课程育人是实现大学生心理健康和人格完善目标的主要途径和重要手段。2011 年 5 月，教育部办公厅印发《普通高等学校学生心理健康教育课程教学基本要求》(以下简称《要求》)。《要求》指出，各高校要根据学生心理健康教育的需要，结合本校实际，制订科学、系统的教学大纲，组织实施相应的教育教学活动，保证学生在校期间普遍接受心理健康课程教育。这也标志着国家层面上对大学生心理健康教育课程的重视。同时，当今时代，只有兼具良好的心理素质和思想品质的人才，方可成为推动社会不断发展和进步的中流砥柱。为切实加强高校思想政治工作体系建设，强调德育和心育互相融合，进一步提升育人质量，满足高校开展心理健康教育教学的需要，培养大学生良好的心理素质和人格品质，提高大学生心理调适能力，促进其健康成长，我们结合高校心理健康教育工作及教学实际情况，在吸纳众多大学生心理健康教育先进理论成果和中华优秀传统文化的基础上，编写了这本《大学生心理健康教育》教材，将一些代表中国优秀传统文化且富有正能量的心理故事、励志故事、隐喻故事等作为教学案例植入到本教材中，注重对学生进行积极价值观、人生观、世界观的引导，在向大学生普及心理健康知识的同时，也为帮助大学生成长为有理想、敢担当、能吃苦、肯奋斗的新时代好青年而尽绵薄之力。

本教材根据大学生学习、生活实际，在大量理论研究、教学实践和心理辅导实践的基础上，遵循素养提高的目的及理论与实践相结合的原则，坚持把心理健康教育课程定位为"集知识传授、心理体验与行为训练为一体的公共课程"，因此本教材具有以下几个特点：

一是注重思想引领教育与心理健康教育协同育人。高校对大学生进行心理健康工作过程时会发现，一些心理异常的学生往往会伴随存在着一些有偏差的思想、信念、价值观、人生观等。教材中的校园故事的编写，大都根据学生当前的人生遭遇和心灵困惑的真实案例改编，有意识地回应学生在学习、生活、社会交往和实践中所遇到的问题和困惑，真正触及他们的认知、核心信念和价值体系，对大学生思想和心理存在的偏差进行适当的调整和教育。本教材在编写时深入贯彻新时代中国特色社会主义思想的世界观和方法论，坚持吸收最新的心理学理论、挖掘传统文化中的心理学知识，以思想引领促认知改变、以体验感悟促情感转变、以正向激励促行为改变。在教材内容和心理案例的撰写上，注重节选中国传统文化中的名人故事，不怕挫折、顽强不屈的大学生楷模，以及充满心灵智慧的中国隐喻故事，注重加强对学生的世界观、人生观和价值观的教育，传承和创新中华优秀传统文化，积极引导当代大学生树立正确的价值观和家国情怀，为中国特色社会主义事业培养合格的建设者和可靠的接班人。

二是注重内容的完整性与时代性。本教材以《要求》为依据，优化课程内容，重组课程结构，构建以能力为核心的课程体系。结合"互联网+"背景下大学生网络生活实际以及基于在临床心理咨询实践中发现的日益严重的亲子关系冲突对大学生心理成长影响的深层性和普遍性，在教学内容中增设"网络心理"和"亲子冲突"两章内容。另外，我们曾对我省几所高校大学生心理健康状况以及影响因素进行研究，结果显示，家庭氛围与亲子冲突对大学生心理健康状况有着非常重要的影响，亲子关系的互动模式直接影响着其他各种人际关系。同时，我们深知，家庭的前途命运同国家和民族的前途命运紧密相连。千家万户都好，国家才能好，民族才能好。为帮助大学生学会处理与父母冲突的技巧，未来成为更好的父母，实现家庭梦融入民族梦之中，形成新时代家庭文明新风尚，创建幸福和谐的新生家庭，我们在查阅了诸多文献的基础上，编写了"与父母和解—大学生亲子冲突的应对"这章有创新性的内容。因此，本教材内容涵盖了走进心理与心理健康、大学生的生活适应、大学生学习心理、大学生的人际交往、大学生的情绪管理、大学生恋爱心理、大学生网络心理、大学生的自我意识、大学生的人格完善、大学生的挫折应对、大学生亲子冲突的应对、大学生心理危机干预等十二章内容。

三是把握体例的结构性与丰富性。本书的编写体例按照"四四三三"的思路和框架进行组织：第一，为了方便学生学、教师教，在每一章的开始安排了四个辅助栏目，即"学习地图""学习目标""学习导图""'校园故事回放'与'心理专家分析'"；第二，根据课程特征及教学要求，每章正文内容后面安排了四个拓展与体验内容，即"知识拓展""心理测试" "拓展实训"和"体验感悟"；第三，根据学生认知事物的规律，每章内容都设置三个要解决的任务，即"了解问题""识别问题""应对问题"；第四，根据大学生的学情实际，课程内容的展现做到"三适"，即"适度文字""适当插图""适度扫码"。

四是体现教材的适教性与宜学性。本教材根据不同的教育主题、情境和学生特点，精心选择并综合多种教学组织形式或教学方法，在编写过程中考虑到课堂讲授与案例教学、活动体验相结合，课堂教学与课外实践相结合，课堂教学与学生自我教育、互助教育相结合的需要，力求为多元化的教学方法的实施，如认知感悟法、角色扮演法、集体讨论法、游戏活动法、测验法、心理自述法、行为改变法等来活跃课堂气氛创造条件。本教材便于不同教学方法的灵活使用，以使学生在轻松愉悦的氛围中实现学习目标。

五是突出教材的新形态与一体化。本教材以纸质教材为核心，以互联网为载体，以信息技术为手段，以纸质教材加载二维码的形式将纸质教材和数字资源充分融合，建立教学资源库，形成媒体间的互动，强调各种媒体的立体化教学设计，注重激发学生的学习兴趣，根据不同应用对象、不同的应用环境来设计教学，以满足多样化、个性化、实用化的教与学的需求。

本教材的编写采用了集体讨论、分头执笔、交叉修改的方式。全书由芜湖职业技术学院党委书记汪斌担任主审，大学生健康成长指导中心主任何玉梅担任主编，具体负责体例的设计、内容的选取以及统稿、校对和定稿等工作。各章执笔人如下：何玉梅（第一章），何玉梅、周静雯（第二章），何玉梅、金怡（第三章），朱桂萍、丁珅健（第四章），何玉梅、吴凌燕（第五章），何玉梅、吕莹（第六章），何玉梅、张铭（第七章），王晶晶、冯研（第八章），何玉梅、罗佳（第九章），何玉梅、陈树（第十章），何玉梅（第十一章），周静雯（第十二章）。

本教材既可作为高校开设“大学生心理健康教育”课的教材和心理团体训练手册或辅助读物，又适合广大高校师生、高校教育管理人员、心理咨询师、心理治疗师、精神科医师、心理学爱好者以及相关工作者阅读和参考。

在编写过程中，我们参考了国内外诸多学者的重要研究成果，虽尽量在参考文献中已注明，但难免会有遗漏，在此，除表谢意，亦表歉意；这本教材在出版的过程中也得到了芜湖职业技术学院领导以及合肥工业大学出版社的大力支持，在此一并表示衷心的感谢。同时，因我们学术水平和编写时间有限，本教材一定还有一些不足之处，也盼望广大读者提出宝贵的意见和建议（邮箱：heyumei06132@whit. edu. cn ）。本书为安徽省教育厅 2018 年高等学校省级质量工程项目“高水平高职教材建设”（编号 2018yljc216）阶段成果、2018 年度高校科学研究项目“积极心理学视角下基于协同作用的大学生心理健康状况及教育对策研究”（编号：SK2018A0765）阶段成果，以及 2019 年全省高校思想政治工作能力提升暨“三全育人”综合改革试点省建设奖补项目“思想政治教育视域下大学生积极社会心态培育研究”名师工作室项目（编号：sztsjh2019-2-43）阶段成果。

编委会

2021 年 1 月

目　录

第一章

从“心”开始——走进心理与心理健康

学习地图

提到健康，人们一直认为“没有疾病就是健康”。然而，进入 21 世纪，心理健康问题已经成为一个“世纪性”的问题，越来越受到人们的关注。

对于现代大学生而言，综合素质的提高是他们成长成才的关键，而心理素质则是为综合素质顺利发展保驾护航的。面对社会竞争的压力，大学生在学习、生活、人际交往、自我意识和升学就业等方面出现的问题，往往导致苦闷、孤独、焦虑、冷漠等情况的出现，有些甚至出现精神崩溃等严重的心理疾病。因此，心理健康是大学生学有成就、事业成功、生活快乐的基础。通过本章内容的学习，我们将了解什么是心理和心理健康；大学生心理健康的标准是什么；影响大学生心理健康的因素有哪些；在遇到心理困惑时，我们有哪些应对的方法等。本章将带你畅游健康的知识乐园，让你明白如何拥有健康，并保持积极乐观的心态，创造幸福美好的人生。

学习目标

※ 知识目标

1. 了解心理健康的概念。
2. 熟悉心理现象的实质和大学生心理健康的标准。
3. 掌握心理健康自我维护的策略。

※ 能力目标

使学生具有研判心理是否健康的能力，学会运用正确的方法维护心理健康。

※ 自我认知目标

使学生认识到心理健康的重要意义，进一步增强维护自身心理健康的意识。

学习导图

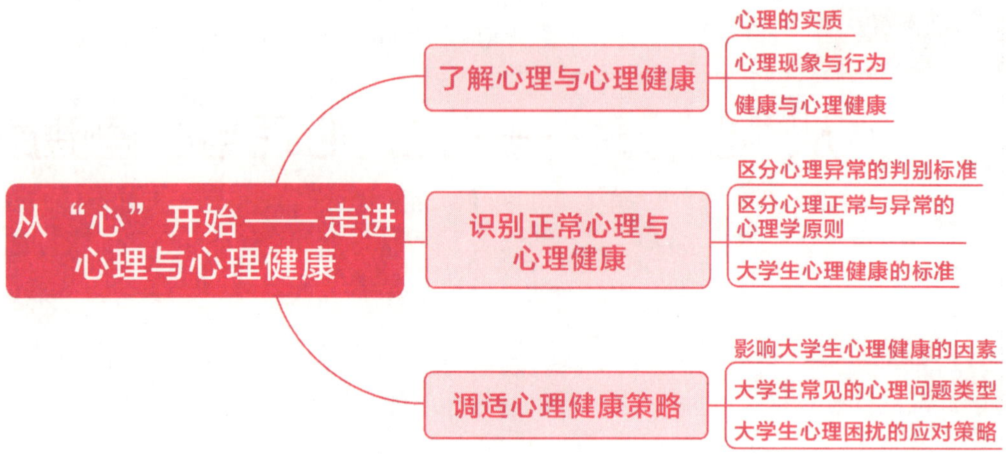

【校园故事回放】

马某某是A省某示范高职院校的一名大学生。她出生在农村，父母是老实巴交的农民。从娘胎里呱呱落地时，她的脊柱就严重侧弯、手脚畸形。虽然她先天不足，但父母含辛茹苦将她抚养长大。这样的一个22岁、大二的女大学生，在人们的印象里，总与“亭亭玉立”分不开，可马某某身高还不如10岁女童，脊柱严重侧弯；一侧胸廓像“铁板一块”，不随呼吸伸缩，里面的肺叶早已全部萎缩，身体所需的氧气全靠另一侧也不健全的肺叶供给；双手除了腕关节能有限度地活动外，所有的指关节不能伸屈，因为她先天便没有长指关节；腿重度畸形，两只脚掌外翻，走路时一瘸一拐，十分艰难……

似乎人世间的一切苦难都附着在她年轻的躯体上。身体如此病残的她，却觉得自己很幸福。她的日记里写满了感恩，写满了乐观。她说她独自在外地上大学，如果没有学校对她的格外关怀，没有老师和室友日复一日地照顾，她真不知道自己是否能坚持下来。她说她是幸福的，有这样的好室友，有这样的好姐妹，她真是三生有幸，这是她人生旅途中的幸运。

马某某克服了常人难以想象的困难，追求理想，坚持学习。入校近两年来，她的学习成绩总能排在班级前列，获得过国家助学金。谈到不远的将来，马某某说，她有一个愿望，那就是从就读学院毕业后，自己能开一家网店，运用自己学到的计算机知识，实现自食其力，做一个对社会有用的人。

【心理专家分析】

该案例中的女孩马某某，身体残疾，算不上健康，但是她心理非常健康。她非常积极、乐观、开朗，能够接纳自己的残疾，不抱怨、不放弃，并给自己立下了人生目标。人生的道路没有坦途，每个人都必须经历这样或那样迂回曲折的小路，但许多四肢健全的人在小路上摔倒了，就再也没能爬起来。马某某却身残志坚，不屈不挠地向着理想进发。由此我们可以看出，一个人的心理健康对他的发展是多么重要。拥有美好心灵的人，总能用乐观的精神面对人生，多一份自信，少一份失望；拥有美好心灵的人，总能用积极的态度面对生活，多一份感激，少一份抱怨；拥有美好心灵的人，总能用顽强的意志面对困难和挫折，多一份勇气，少一份怯懦。

希望更多的大学生能明白这个道理，在美好的时光中砥砺前行，好好经营自己的人生！

> 人之幸福，全在于心之幸福。
>
> ——约翰·沃尔夫冈·冯·歌德

第一节　了解心理与心理健康

一、心理的实质

一提到心理，很多人感到好奇又畏惧，觉得这是高深莫测的字眼，看不着、猜不透，但事实上，心理并非虚无缥缈的，心理是以心理现象的形式表现出来的。心理现象人皆有之，是宇宙中最复杂的现象之一，从古至今为人们所关注。心理是大脑对客观现实的主观反映，意识是心理发展的最高层次，只有人才有意识。心理现象又可分为两类，即心理过程和人格。认知、情绪情感和意志是以过程的形式存在的，它们都要经历发生、发展和消失的不同阶段，所以属于心理过程。人格也称个性，是指一个人区别于他人的、在不同环境中一贯表现出来的、相对稳定的影响人的外形和行为模式的心理特征的总和，包括需要、动机、能力、气质、性格等。在一定意义上，人格不是独立存在的，而是通过心理过程表现出来的。同时，心理有一定的物质基础，也有一定的规律可循。

（一）心理是脑的机能

心理是脑的机能，脑是心理活动的器官。没有脑的心理，或者说没有脑的思维是不存在的。正常发育的大脑为心理的发展提供了物质基础。人脑受到损伤，就不能进行正常的心理活动；脑的某一部分受到损害，与之相应的某种心理活动就会受到阻碍。例如，大脑的额叶损坏就会导致人的性情发生变化，如一个本来有自制力的人变成一个不能自制的人。

（二）心理是客观现实的主观反映

健全的大脑为心理现象的产生提供了物质基础，但心理并不是大脑本身所固有的，大脑只是从事心理活动的器官，有反映外界事物产生心理的机能。心理现象是客观事物作用于人的感觉器官，通过大脑活动产生的。客观现实既包括自然界，又包括人类社会以及人类自己。

20 世纪 20 年代，印度发现了两个狼孩，他们有着健全的人的大脑，但脱离了人类社会，在狼群里长大，具备了狼的本性，而不具备人的心理。可见，脱离了人类社会，即使有了人的大脑，也是不能自发地产生人的心理。

心理是大脑对客观现实的反映，且是一种主观能动的反映。通过心理活动，我们不仅能认识事物的外部现象，还能认识到事物的本质和事物之间的内在联系，并用这种认识来指导人类的实践活动，改造客观世界。心理是大脑活动的结果，是一种主观映象，而不是产品，它可以是事物的形象，也可以是概念或者体验，但不是物质。这种映象本身虽然是看不见也摸不着的，但心理支配人的行为活动，又通过行为活动表现出来，因此可以通过观察和分析人的行为活动间接地研究人的心理。

综上可知，心理的实质在于，它是人脑对客观现实的主观反映，既受客观现实的制约，又受人主观的影响，是自然和社会相结合的产物，其特点在于反映的主观性和能动性。

二、心理现象与行为

人是作为个体而存在的，个体所具有的心理现象称为个体心理。个体心理异常复杂，概括起来，可以分为认知、动机和情绪、能力和人格等三个方面。这三个方面不是割裂的，而是互相联系、互相依存的。例如，认识的需要会推动人们去探索世界，交往的需要会推动人们去建立各种人际关系，并获得各种各样的情绪体验。同样，人的需要的产生和发展又依赖于认知。

行为指有机体的反应系统，它由一系列反应动作和活动构成。引起行为的内外因素叫刺激，如强烈的光线是使眼睑关闭的刺激，饥饿是使胃肠蠕动加快的刺激。行为总是在一定的刺激情景下产生的。在人类行为中，语言刺激具有重要的意义。通过语言发布命令，我们可以支配别人的行为，也可以进行自我调节，使行为服从特定的目的。

行为不同于心理，但又和心理有着密切的联系。引起行为的刺激常常通过心理的中介而起作用。人的行为的复杂性是由心理活动的复杂性引起的。同一刺激可能引起不同的反应，不同刺激也可能引起相同的反应，其原因就在于人有丰富的主观世界。主观世界的情况不同，对同一刺激的反应常常是不一样的。俗话说，“饿时吃糖甜如蜜，饱时喝蜜蜜不甜”，可见有机体的内部心理状态不一样，对同一事物的反应也可能不一样。因此，不理解人的心理过程，就难以理解他的外部行为反应。

心理支配行为，又通过行为表现出来。心理现象是一种主观精神现象，是一个“黑箱子”，看不见、摸不着，没有重量、大小等，但是行为具有显露在外的特点，可以用客观的方法进行测量。例如，我们可以用手机拍摄上课时同学们的面部表情和行为反应等，用计时器记录个人的动作反应等。行为能够显示人们的心理活动，即“打开黑箱子”。在大学生心理健康教育工作中，可以运用心理学知识从同学们的外在认知、情绪情感、行为表现等方面推测他们的心理状况。

三、健康与心理健康

（一）什么是健康

1948 年，世界卫生组织给健康下了一个定义：健康不仅是没有病和不虚弱，而且是身体、心理、社会功能三方面的良好状态。1978 年，国际初级卫生保健大会所发表的《阿拉木图宣言》再次重申了健康是整体、全面、综合的观念，指出：健康不仅是疾病与体弱的匿迹，而且是身心健康、社会幸福的完善状态。1990 年，世界卫生组织公布了健康的新定义：一个人只有在躯体、心理、社会适应和道德四个方面都健康，才算是完全健康。心理健康包括心理、社会适应和道德。

健康是一个整体、全面、综合的观念，因此健康应包括生理、心理和社会适应等几个方面。一个健康的人，既要有健康的身体，又要有健康的心理和行为，只有当一个人身体、心理和社会适应都处在一个良好状态时，才是真正的健康。根据现代生物-心理-社会医学模式，世界卫生组织提出，健康是一种生理、心理与社会适应都臻于完满的状态，有 10 个方面的标准。

①有足够的、充沛的精力，能从容不迫地应付日常生活和工作的压力而不感到过分紧张；

②处事乐观，态度积极，乐于承担责任，大事小事都不挑剔；

③善于休息，睡眠良好；

④应变能力强，能适应环境的各种变化；

⑤能够抵抗一般性感冒和传染病；

⑥体重适当，身体匀称，站立时头、臂、臀位置协调；

⑦眼睛明亮，反应敏捷，眼睑不发炎；

⑧牙齿清洁，无缺损，无痛感，齿龈颜色正常，无出血现象；

⑨头发有光泽，无头屑；

⑩肌肉、皮肤富有弹性，走路感觉轻松。

视频案例 1-1

陈州的故事视频

> 幸福的生活有三个不可或缺的因素：一是有希望，二是有事做，三是能爱人。
>
> ——威廉·巴克莱

（二）心理健康的含义

什么是心理健康？人们的心理怎么样才算健康？心理健康的标准是什么？这是一些很有意义却十分复杂的问题。在 1946 年举行的第三届国际心理卫生大会上，心理健康被定义为："在身体、智能以及情感上，在与他人的心理健康不相矛盾的范围内，将个人心境发展成最佳的状态。"大会还具体指明心理健康的标准是："身体、智力、情绪十分协调；适应环境，人际关系中彼此能谦让；有幸福感；在职业工作中，能充分发挥自己的能力，过着有效率的生活。"

后来，国内外学者对心理健康的定义又提出过许多论述，虽然各位学者研究的出发点、侧重点各不相同，但他们普遍认为心理健康涉及知、情、意、行。据此，我们可以将心理健康的含义概括为：个体能够积极地适应环境，有正常的认知水平及愉快的情绪，同客观现实保持积极平衡的意志行为、良好的个性特征状态和正常的自我调控能力。

第二节 识别正常心理与心理健康

一般来说，正常的心理活动具有三大功能：首先，能保障人作为生物体顺利地适应环境，健康地发展；其次，能保障人作为社会实体正常地进行人际交往，在家庭、社会团体、机构中正常地肩负责任，使人类赖以生存的社会组织正常运行；最后，能使人类正常地、正确地反映、认识客观世界的本质及其规律，以便创造性地改造世界，创造出更适合人类生存的环境条件。

而异常心理活动，就是丧失了正常功能的心理活动，即无法保证人的正常生活，随时破坏人的身心健康。

一、区分心理异常的判别标准

（一）医学标准

这种标准是将心理障碍当作躯体疾病一样看待。根据一个人身上表现的某种心理现象或行为，便可以找到病理解剖或病理生理变化的根据，在此基础上认定此人有精神疾病或心理疾患。其心理表现则被视为疾病的症状，其产生原因则归结为脑功能失调。这一标准被临床医师们广泛采用。他们深信心理障碍病人的脑部有病理过程存在。有些目前未能发现明显病理改变的心理障碍，可能在将来会发现更精细的分子水平上的变化，这种病理变化的存在才是心理正常与异常划分的可靠根据。医学标准使心理障碍纳入了医学范畴，对心理障碍学研究作出了重大贡献。这种标准也比较客观，十分重视物理、化学检查和心理、生理测定，许多医学的概念现在仍为心理障碍学所采用。

（二）统计学标准

在普通人群中，对于人们的心理特征进行测量的结果常常显示常态分布，其中的大多数人属于心理正常范围，而远离中间的两端则被视为异常，因此一个人的心理正常或异常，就由其心理特征偏离平均值的程度来决定。显然这里心理异常是相对的，它是一个连续的变量。偏离平均值的程度越大，则越不正常。所谓正常与异常的界限是人为划定的，以统计数据为依据。这与许多心理测验方法的判定是相同的。

统计学标准提供了心理特征的数据资料，比较客观，也便于比较，操作也简便易行，因此受到很多人的欢迎，但这种标准也存在一些明显的缺陷。例如，智力超常或有非凡创造力的人在人群中是极少数的，但很少被人们认为是病态。再者，有些心理特征和行为也不一定呈常态分布。所以，统计学标准也不是普遍适用的。

（三）内省经验标准

这里的内省经验指两个方面：一是指病人的主观体验，即病人自己觉得有焦虑、抑郁或说不出明显原因的不舒适感，或自己觉得不能适当地控制自己的行为，因而需要寻求他人的支持和帮助。二是从观察者角度而言，即观察者根据自己的经验得出被观察对象心理正常还是异常的判断。当然这种判断具有很大的主观性，其标准因人而异，即不同的观察者有各自评定行为的标准，但由于接受过专业训练以及通过临床实践的经验积累，观察者们也形成了大致相近的评判标准，故对大多数心理障碍仍可取得一致的看法，而对少数病人仍可能有分歧，甚至有截然相反的评判。

（四）社会适应标准

在正常情况下，人体能够维持生理和心理的稳定状态，能依照社会生活的需要适应环境和改造环境。因此，正常人的行为符合社会的准则，能根据社会要求和道德规范行事，亦即其行为符合社会常模，是适应性行为。如果由于器质的或功能的缺陷或两者兼而有之的原因使得个体能力受损，不能按照社会认可的方式行事，致使其行为后果对本人或社会产生不适应现象，则认为此人有心理障碍。在这里，正常或异常主要是与行为的社会常模相比较而言的。

视频案例1-2

如何判断心理正常还是异常

二、区分心理正常与异常的心理学原则

郭念锋(1986)认为，针对所有人群的具体标准一时难以确定，但基本原则是可以说清楚的。为此，他从心理学对人类心理活动的定义出发，明确提出区分心理正常与异常的三原则。

第一，主观世界与客观世界的统一性原则。因为心理是客观现实的反映，所以任何正常心理活动和行为，必须在形式和内容上与客观环境保持一致。不管是谁，也不管是在怎样的社会历史条件和文化背景中，如果一个人说他看到或听到了什么，而客观世界中当时并不存在引起他这种感觉的刺激物，那么，我们必须肯定，这个人的精神活动不正常，他产生了幻觉。另外，一个人的思维内容脱离现实，或思维逻辑背离客观事物的规定性时便形成妄想。这些都是我们观察和评价人的精神与行为的关键，我们称其为统一性（或同一性）标准。人的精神或行为只要与外界环境失去统一性，必然不能被人理解。

第二，心理活动的内在一致性原则。人类的精神活动虽然可以被分为知、情、意等部分，但它自身确实是一个完整的统一体，各种心理过程之间具有协调一致的关系，这种协调一致性保证人在反映客观世界过程中的高度准确和有效。比如，一个人遇到一件令人愉快的事，会产生愉快的情绪，手舞足蹈，欢快地向别人述说自己内心的体验，这样，我们就可以说他有正常的精神与行为；如果他用低沉的语调向别人述说令人愉快的事，或者对痛苦的事做出快乐的反映，我们就可以说他的心理过程失去了协调一致性。

第三，人格的相对稳定性原则。每个人在自己长期的生活道路上都会形成独特的人格心理特征。这种人格特征形成之后具有相对的稳定性，在外界没有发生重大变化的情况下，一般是不易改变的，它总是以自己的相对稳定性来区别一个人与其他人的不同。如果在没有明显外部原因的情况下，这种修改的相对稳定性出现问题，我们也要怀疑一个人的心理活动出现异常。这就是说，我们可以把人格的相对稳定性作为区分心理活动正常与异常的标准之一。比如，一个用钱很仔细的人突然挥金如土，或者一个待人接物很热情的人突然变得很冷淡，如果我们在他的生活环境中找不到足以促使他发生如此改变的原因时，我们就可以说他的精神活动已经偏离了正常轨道。

三、大学生心理健康的标准

（一）心理健康的标准

大学生的年龄一般在18～25岁。从心理学的角度来看，大学生正处于青年中期，因此具有青年中期的许多特点，但又有其特殊性。心理健康标准是一种理想化的心理功能状态。根据对心理健康的结构关系和核心要素的认识，并综合国内外学者的观点，大学生的心理健康标准应从以下8个方面来考虑。

1. 智力正常

智力正常是大学生胜任学习任务、适应周围环境变化需要的心理保证，因此是大学生心理健康的首要标准。智力是指一个人的认识能力与活动能力所达到的水平，是人的观察力、记忆力、思维力、想象力与注意力等多种能力的综合体，包括从经验中学习或推理的能力、获得和保持知识的能力、迅速而又成功地对新情境做出反应的能力、运用推理有效解决问题的能力等。一般来说，经过高考选拔的大学生的智力是正常的，因而衡量大学生的智力关键在于看大学生的智力是否充分地发挥了效能。大学生充分发挥智力效能的标准是：有强烈的求知欲和浓厚的探索兴趣；智力结构中各要素在其认识和实践活动中能积极协调地参与并正常地发挥作用，乐于学习；能适应时代要求，具有快速加工、处理、整合知识信息的能力，并且有利用知识进行创新的能力。

2. 情绪乐观稳定

情绪健康是大学生心理健康的一个重要指标，因为情绪变化在心理变化中起着核心作用，所以情绪异常往往是心理疾病的先兆。心理健康的人，其情绪应该是基本稳定、乐观、表现适度，能较好地驾驭自己的情绪、情感。具体地说，情绪是由适当的原因引起的，情绪的作用时间随着客观情况变化而转移。情绪表现稳定，心情愉快、开朗、豁达、充满朝气是心理健康的标志。

3. 意志健全

意志是人在完成一种有目标的活动时所进行的选择、决定与执行的心理过程。意志健全者在行动的自觉性、果断性、顽强性和自制力等方面都表现出较高的水平。心理健康的大学生，其行动具有自觉性与果断性，对自己的行动目的有正确的认识，能主动支配自己的行动去达到行动的目标；有学习、工作与生活的理想，并且能够为实现自己的理想从实际出发制定可行的人生目标，并脚踏实地地去实现这些目标；在困难和挫折面前能采取合理的反应方式，运用切实有效的方法解决所遇到的问题；能遵守社会规范，在行动中控制自己的情绪和言行；等等。

4. 人格完整

人格在心理学上是指个体比较稳定的心理特征的总和。人格完整就是指有健全统一的人格，即个人的所说、所想、所做都是协调一致的。大学生人格完整的主要标志如下：

①人格结构的各要素完整统一；

②具有正确的自我意识，不产生自我统一性的混乱；

③以积极进取的人生观作为人格的核心，并以此为中心把自己的需要、愿望、目标和行为统一起来。

5. 自我意识明确，并能悦纳自己

自我意识是个体对自己的认识和评价。心理健康的人，对自己的认识与评价往往比较接近实际，既能正确地认识自己的优点，又能客观地、实事求是地认识自己的缺点；对自己的优点感到欣慰，并产生相应的自尊感，但对缺点也不回避。心理健康的人不仅有自知之明，而且有良好的自我感觉，在认识与评价自己的过程中，会产生一种积极愉快的情绪体验，能够从心理上悦纳自己。

6. 人际关系良好

人际关系是人与人之间的情感关系。人总是处在一定的社会关系中，大学生同样需要与人相处。和谐的人际关系既是大学生心理健康不可缺少的条件，也是大学生心理健康的重要途径。大学生人际关系和谐表现为：乐于与人交往，既有稳定而广泛的人际关系，又有知心朋友；在交往中保持独立而完整的人格，有自知之明，不卑不亢；能客观评价他人和自己，善于取人之长补己之短；宽以待人，乐于助人；积极的交往态度多于消极的态度；交往动机端正。

7. 适应能力强

较强的适应能力是心理健康的重要特征，不能有效处理与周围现实环境的关系是导致产生心理障碍的重要原因。心理健康的大学生能和社会保持良好的接触，对社会现状有较清楚、正确的认识，思想和行动上都能跟得上时代的步伐，与社会的要求相符合。当发现自己的需要和愿望与社会发生矛盾时，能迅速进行自我调节，以求与社会协调一致，而不是逃避现实，更不是妄自尊大、一意孤行，与社会需要背道而驰。

8. 心理行为符合大学生的年龄特征

大学生具有与其年龄和角色相应的心理行为特征。若一个大学生经常严重地偏离这些心理特征，则有可能是心理异常的表现。心理健康的大学生应该精力充沛、勤学好问、反应敏捷、喜欢探索，而过于老成、过于幼稚、过于依赖都是心理不健康的表现。

（二）心理健康标准的判别、理解和运用

心理健康的基本要求是心理各方面的均衡发展，是个人与社会的协调，最终形成完整统一的人格品质。个体塑造心理健康的优秀品质，对个体的一生都会有重要影响。但需要特别指出的是，心理健康标准只是一种相对的衡量尺度，所以在理解和运用时应注意以下几个方面。

1. 相对性

一个人的心理是否健康与一个人是否有不健康的心理行为不完全等同。判断一个

人的心理健康状况，不能简单地根据一时一事下结论。心理健康是较长一段时间内持续的心理状态，一个人偶尔出现一些不健康的心理行为，并非意味着这人的心理不健康。任何人在外界环境的改变下，都可能产生心理波动，因此我们不能仅从一时一事或一种偶然的行为中就简单地给自己或他人下心理不健康的结论。

2. 连续性

人的心理健康水平可分为不同的等级。心理健康与心理不健康不是对立面，而是一种连续或交叉的状态，从良好的心理健康状态到严重的心理疾病之间是渐进的、连续的，有一个广阔的过渡带，我们称之为灰色地带。世界上大多数人散落在灰色地带内。灰色地带是非器质性精神痛苦的总和，其中包括心理不平衡、情绪障碍及变态人格。这些问题不同程度地干扰了人们的正常生活与情绪状态。灰色地带的存在，说明在人生的发展过程中我们面临心理问题是正常的，不必大惊小怪，应积极加以调整。在许多情况下，异常心理与常态心理之间没有绝对的界限，只有程度的差异。

3. 可逆性

不注意心理保健，一遇到挫折或者生活中出现变化时，就易出现不良的心理状态，若自己又没有及时地调整心理状态，心理健康水平就会下降，甚至会出现心理变态或心理疾病。如果心理有了困扰或出现失衡时，能够及时地自我调整和寻求心理咨询师的帮助，就可能很快解除烦恼，恢复健康的心理。

4. 动态性

心理健康状态不是静态的、固定不变的，而是动态的、发展变化的。一个处在成长过程中的人其心理既可以从不健康转变为健康，也可以反之。随着人的成长、经验的积累、职业的变动、环境的改变、自我保健意识的增强等因素的变化，个体心理健康状况必然会有所变动。一个原本心理非常健康的人，如果不注意心理健康的自我保健，遇到情绪上的困扰或者心理上的困惑，不及时调整，心理健康水平也会下降；反之，一个心理健康水平比较低的人，在主动求助于专业的心理援助后，心理健康水平也会上升。

5. 参照性

心理健康标准只是一种理想的参照系，它既为人们提供判别心理是否健康的标准，又为人们指明了提高心理健康水平的努力方向。在多数情况下，我们运用心理健康标准自测时，都会发现自己和理想标准有一定差距，虽然在一定限度内都属于正常，但是正常范围内的有一定差距的测试结果，为测试者提供了自身心理健康发展的努力方向。

第三节　调适心理健康策略

一、影响大学生心理健康的因素

影响大学生心理健康的因素很多，概括起来主要包括遗传因素、生理因素、环境因素、教育因素、个体的主观因素。

（一）遗传因素

一个人作为身心兼备的整体，与遗传因素的关系是十分密切的，一个人的躯体、长相、智力等会受到遗传因素的制约。遗传因素也是产生精神疾病的重要原因。

(二)生理因素

生理因素主要是指人的身体和神经系统等方面的特点。研究发现,生理方面的问题也是引发心理问题的重要因素。首先,母亲孕期身体有病、营养不良、情绪不好,可能会影响到孩子的生理发育,进而影响到其心理功能的正常发展。其次,脑神经递质的变化也会对人的心理状态产生重要的影响。最后,维持人的心理健康,有赖于脑和整个神经系统保持正常的生理机能。

(三)环境因素

环境因素包括自然环境、社会环境、生活环境等诸多因素,它们会影响人的心理健康。

社会环境中的各种因素,如社会制度、劳动条件、社会关系、人际交往等会影响人的心理健康。

生活环境的变化是促使整个人心理发生变化的基础。从中学到大学,令人感触最深的莫过于换了一个环境,开始过独立的但又是集体式的生活,它要求大学生们既要做到生活自理,又要有奉献精神。但由于当代大学生绝大多数是独生子女,不少人往往会因第一次离开父母而缺乏生活自理能力,过不惯集体生活,会觉得孤独和寂寞,进而感到压抑和焦虑。

(四)教育因素

教育因素包括家庭教育、学校教育等方面。

家庭教育包括了家庭氛围、家庭结构、父母对子女的要求和教育理念等,这些都会对大学生心理的发展产生影响。特别是中国父母都有着“望子成龙、望女成凤”的高期望,来自父母期望值的压力,一方面可以成为大学生勤奋学习的动力;另一方面也可能适得其反,成为大学生难以承受的心理负担。

在学校教育方面,许多同学考入大学后,会突然失去自信,感到自己一无是处。这种心理失落的产生首先是因为竞争对手变了,在“高手如林”的大学里,多数过去的“尖子”不再拔尖。此外,在大学里,竞争的内容不仅仅局限于学习成绩,眼界学识、文体特长、社交能力、组织才干等都成了比较的内容。在这种情况下,大学生们很容易产生巨大的心理落差,少数人甚至会对自己进行整体否定。

(五)个体的主观因素

个体心理健康,除了与客观环境的各种因素有关外,更与个人的主观因素有关。个人的自我意识、人格特点、人生观和价值观以及对事物认知的态度等,都会对自身的心理健康产生影响。

二、大学生常见的心理问题类型

大学生的心理健康状况,总体来说要好于一般人群。但是,也有部分学生心理发展不成熟,认识问题、解决问题以及自我调节的能力欠佳。因此,大学生在面临环境变化和复杂的人际关系时,常会感到烦躁焦虑、忧郁苦闷,从而产生压抑、紧张、痛苦等心理问题。大学生常见的心理问题类型如下。

（一）适应不良

适应不良在低年级和独生子女大学生身上表现较突出。大学生入学后面临的第一个问题就是适应。由于刚进校门，处于陌生的环境当中，自己觉得困难重重，原有的荣耀、自信心一扫而光。同时，由于大学生普遍存在生活能力弱的情况，从而在新的生活、学习面前不能很好地处理各项事务，容易变得不知所措、惴惴不安，精神压力渐渐加重，严重者会出现失眠、食欲不振、注意力不集中以及烦躁、焦虑、头痛、神经衰弱等症状。

（二）学业问题

学习压力大、学习动力不足、缺乏学习自觉性和主动性、学习目的不明确、学习成绩不理想、学习困难等问题困扰着许多大学生。一项关于大学生学习状况的调查表明：72%的学生“时时感到一种压力和竞争”；63.3%的学生“常常为自己的成绩而担心不安”；69.6%的新生和54%的老生感到“学习压力加大，非常困难”。大学生长期处于这种过度紧张不安的情境下，会导致注意力难以集中、情绪烦躁、思维钝化，以致出现头痛、失眠、学习效率低、学习成绩下降，继而更加焦虑惶惑，心理不适更为严重，于是形成了恶性循环。有一些学生，不知道学习是为了什么；还有一些学生对所学的专业不满意，缺乏学习兴趣，进而放任自己。

（三）人际关系问题

有的学生缺乏人际交往的知识、经验和技巧，缺乏在公共场合表达自己、与他人交往的能力和勇气，久而久之开始回避社交；有的学生因为存在对自己、对他人的不良认知，很难与他人深交，缺少知心朋友；有的学生则因为性格原因，不敢与他人交往，甚至在交往中产生很大的矛盾。这些问题妨碍了良好人际关系的形成，使一些大学生陷入逃避、孤独、自我心理设防的困境。

（四）情绪问题

大学生年轻气盛，易冲动，自我控制和调适能力较差，既可能因一点小小的成就而沾沾自喜，也可能为一次小考失利而一蹶不振。加上阅历不深、社会经验不足，许多大学生对人生没有一个正确的规划，由此情绪不稳定。

（五）恋爱与性的问题

大学生的生理发育基本完成，性意识增强。他们大多渴望与异性交往，并获得爱情。但是，由于与社会接触较少、生活经验欠缺，加上以往性教育的严重缺失，相对于性生理来讲，大学生的性心理普遍晚熟，从而出现不协调的现象。有的学生不能正确认识自身正常的性反应，会产生堕落感、耻辱感、罪恶感；有的学生出现感情迷茫；有的不能树立正确的恋爱观。性与爱的困惑，使一些大学生产生紧张、恐惧、羞涩感，甚至导致不正确的行为，从而陷入痛苦、迷惘、消沉之中而不能自拔。

（六）择业和求职的问题

有的大学生或缺乏对社会、对自我的正确认识，或缺乏信心、勇气不足，或自我评价过高、自负挑剔，从而造成择业和求职的困难。有的大学生由于心理承受能力和自我控制能力较差，在临近毕业时，一方面渴望获得理想的职业，另一方面又患得患失，甚至害怕走出校门、参加工作。在各种压力面前，一些大学生心理失衡，难以自控，表现出焦虑、恐惧、烦躁不安的情绪。

（七）特殊学生群体的心理问题

我国自1979年开始普遍实行独生子女政策，所以当代大学生中独生子女居多。由于独生子女在家中受到过多的呵护，他们的独立生活能力、进取意识均显不足，表现为对集体生活不适应，考虑他人较少、考虑自己较多。部分学生没有明确的学习目标，对生活质量的期待和要求较高，对人生理想的追求则不高，因此，成就需要较弱、心理较脆弱等是普遍存在的问题。另外，部分特困生不能走出家庭经济困难的阴影，产生自卑心理，缺乏自信心以及对美好未来的追求。还有的特困生，认为学校提供的一切帮助是自己应得的，不愿意参加勤工助学，认为太辛苦，对各种补助产生了心理上的依赖感，从而助长了他们的惰性，滋长了“等、靠、要”的思想，不利于健全人格的养成。

（八）耐挫折能力问题

当代大学生对挫折的心理承受能力普遍较弱。一些学生在遇到学业、生活、感情等方面的挫折时，常出现紧张、焦虑、愤怒的情绪，甚至有悲观、逃避、厌世等消极反应，从而影响了心理健康，显得无所适从，感到失去了生活的意义，甚至怀疑人生。

三、大学生心理困扰的应对策略

自我调节和寻求专业的心理咨询是大学生解决心理困惑的两大方法。

（一）自我调节

1. 努力学习心理健康知识

心理健康知识是大学生增进自我认识、学会自我调节的理论武器。大学生可以通过上心理健康必修课和选修课、听心理讲座、阅读心理健康书刊、浏览心理健康网页等途径来接受心理健康教育，并有意识地将所学知识运用到自己的实际生活中去，学习并懂得健康的心理调节方式，如合理宣泄法、积极暗示法、理智调节法、转移注意法、换角度思考法、精神胜利法、系统脱敏法、放松法等。

2. 培养良好的人格品质

为达到这一目标，大学生应做到如下两点：第一，应该正确认识自我，培养悦纳自我的态度，扬长避短，不断完善自己；第二，应该提高对挫折的承受能力，对挫折应有正确的认识，在挫折面前不惊慌失措，采取理智的应对方法，化消极因素为积极因素。挫折承受能力的高低，与个人的思想境界、对挫折的主观判断等有关。要提高挫折承受能力，我们就应努力提高自身的思想境界，树立科学的人生观，积极参加各类实践活动，丰富自己的人生经验。

3. 科学的生活方式

生活方式对心理健康的影响已为科学研究所证明。健康的生活方式指生活有规律、劳逸结合、科学用脑、坚持体育锻炼、少饮酒、不吸烟、讲究卫生等。大学生的学习负担较重，心理压力较大，为了长期保持学习的效率，必须科学地安排好每天的学习、锻炼、休息，使生活有规律。学会科学用脑就是要勤用脑、合理用脑、适时用脑，避免因用脑过度引起神经衰弱，使记忆能力减退。

4. 加强自我心理调适

大学生在学习过程中应学会自我心理调适，控制自己的不良情绪，适度地表达和控制情绪，做到心理健康。大学生在生活中常常会遇到不顺心的事，考试失利、恋爱受挫、人际冲突等均会引发焦虑、愤怒、忧郁等不良情绪，这时必须及时疏导自己的不良情绪，疏导的方法有自我暗示、合理宣泄、转移注意力、心理放松训练等。

(1)自我暗示法

自我暗示是通过内部言语，对自己施加影响以达到心理卫生、心理预防和心理治疗目的的方法。自我暗示可以对自己的心境、感情、爱好、意志乃至工作能力起到非常积极的作用。比如，面临紧张的考试，反复告诫自己"沉着"；在荣誉面前，自敲警钟"谦虚"；在遭遇挫折时，安慰自己"要看到光明，要提高勇气"；等等。在体育比赛中，经常可以看到运动员在赛前嘴里念念有词，这是他们在暗暗为自己加油鼓劲，以减轻心理压力。在今后的实践中，我们可以在心中默念一些鼓劲的话语来减轻自己的心理压力："别人能行，我也一定能行！""我能做好，我有信心！""别人不怕，我也不怕！"我们是不是从中找到了一些新的自信和勇气？

文字案例1-1

心理故事:生命的价值

(2)合理的宣泄

合理的宣泄，就是通过一定的方式，把压抑在心中的愤怒、忧愁、悲伤等各种不良的情绪宣泄出来，以获得心理上的解脱。当我们的心理比较压抑时，合理宣泄，有利于调节肌体的平衡，缓解心中的困扰，以帮助自己恢复正常的心理。

宣泄的方式主要有以下四种。

一是倾诉。倾诉就是心中有什么想不通的事，千万不要把它闷在心里，要找同学、老师、朋友尽情地说出来。这样，你就可以获得一种解脱，从心理上得到他人的帮助。

二是书写。上面讲的倾诉是说出自己的心里话，而书写是写出自己的心里话。可以写封信给家人、好朋友，也可以写写日记，自己对自己"说"，想"说"什么就写什么，没有任何心理压力，许多不良情绪就在字里行间化解了。

三是运动。有了不良心理，闷坐在房间里可能"剪不断，理还乱"，到外面去打打球、跑跑步，呼吸一下新鲜空气，让怒气和痛苦随汗水一起流淌，心情也会开朗起来。打打球、跑跑步，既可以和大家交流，又能够排解心中的烦躁，大学生应多试一试这种宣泄方式。

四是哭泣。中国有一句老话叫作"男儿有泪不轻弹"，似乎男子汉是不应该哭泣的。其实从身心健康这个角度来讲，"泪往肚里流"是不利于身心健康的。流泪也是种宣泄，无论是偷偷流泪还是号啕大哭，都能将消极情绪排泄出来，减轻心理压力。所以，刘德华的歌唱得好——男人哭吧哭吧不是罪！

(3)转移注意力

当出现不良心理时,大学生的头脑中可能只想着这件事,这时如果把注意力转移到另外的事物上,使我们的思维从一个兴奋点转移到另一个兴奋点,就有益于抵消或冲淡原来的不良心理。因此,当心理压力大的时候,我们可以听听音乐,找朋友聊天,等等。

(4)心理放松训练

我们的生理活动与心理活动密切相连,放松训练就是通过松弛练习来缓解紧张的心理,如深呼吸法可以帮助我们稳定情绪、振作精神、恢复体力、消除疲劳,增强我们应对突发事件的能力(如图 1－1 所示)。

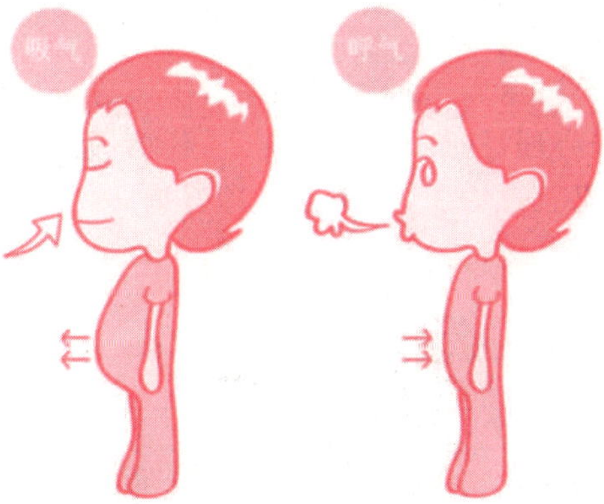

图 1－1　深呼吸法

想象性放松法,就是通过美好的想象来放松身心。方法是先放松地坐好,闭上双眼,然后想象自己在一个美好舒适的环境中,以此来放松自己的心理。例如,放松身体,闭上双眼,默念:“我静静地俯卧在海滩上,周围没有其他的人,我感受到了温暖阳光的照射,触到了身下海滩上的沙子,我全身感到无比的舒适,微风带来一丝丝海的腥味,海涛声此起彼伏……”

视频案例 1－3

蝴蝶拍:情绪稳定化技术

音频 1－1

肌肉渐进式放松训练

(二)寻求专业的心理咨询

1. 什么是心理咨询

心理咨询是心理咨询师协助求助者解决各类心理问题的过程。心理咨询的完整概念为:心理咨询师运用心理学的原理和方法,帮助求助者发现自身的问题和根源,从而挖掘求助者本身潜在的能力,来改变其原有的认知结构和行为模式,以提高求助者对生活的适应性和调节周围与自身内部环境的能力。心理咨询的对象通常被称为来访者、咨客、求助者或者案主等。

【心理咨询知识拓展】

对心理咨询的误解

心理咨询就是聊天——心理咨询不是简单的聊天，而是有专业技术含量的聊天，咨询师的聊天不是劝导你、说服你，而是用专业的方法理解你、拥抱你，给你创设一个安全的心理环境，先让你表达和宣泄真实的想法和情感，然后引导你对问题进行思考和领悟，从而达到助人自助的目的。

心理咨询应该就是咨询师能够帮我解决所有问题——这是把咨询师全能化了，心理咨询师不是直接帮你解决问题，而是协助你更客观地认识自己、分析自己的问题行为模式产生的原因，使你从中获得心理的成长，最终自己找到解决问题的钥匙。

心理脆弱的人才会去心理咨询——求助是强者的行为，成功人士往往都懂得求助。

有问题扛一扛、忍一忍就过去了，不用去心理咨询——心理问题一直积压在心里就像滚雪球一样，越滚越大，等到问题变得很严重时，会对身心健康造成伤害，就难以治愈了。关注今天的身心健康就是为明天的身心健康买保险，不要等到问题很严重了才去解决它，那时付出的代价会很大。

去找心理咨询师的人都是不正常的人——心理咨询帮助的对象大部分都是正常人，是那些希望获得更多成长，或在某些方面表现更好的人。严重的精神障碍患者不是心理咨询师的工作对象，他们需要去专科医院求治。

一个人有了心理问题就完蛋了，要躲他远远的——心理状态是动态变化的，得了心理问题是可以通过专业的心理咨询和心理治疗恢复正常的。关注他人的心理健康就是为建设和谐的校园环境和社会环境做贡献，对他人伸出援助的手，表示接纳和尊重，就是在为创建和谐生活环境做贡献。

2. 心理咨询的特点

从对心理的界定来看，心理咨询既不是“授人以鱼”，也不是“授人以渔”，更像是咨询师和来访者合作，一起去探索捕鱼的方式，即助人以自助。心理咨询有以下特点。

(1)助人自助

心理咨询师会在咨询过程中运用心理咨询的原理和方法来帮助来访者解决他的心理困扰，这个过程并不是心理咨询师直接解决问题，而是助人自助的过程，目的是让来访者自己找到解决问题的方法。

(2)互动性

心理咨询不像看病——医生提问题，病人回答，然后医生根据病人的回答开处方，病人按方吃药。很多人对心理咨询有这样的误解，进了咨询室后就会喋喋不休地先给咨询师说一堆自己的症状等，讲完之后就等着咨询师“开处方”，也即等着咨询师给一个明确的解决问题的好办法，帮助自己缓解症状。其实心理咨询师和来访者的交互并非这样一问一答，而是互动的。咨询师会提问，但这种提问不是为了“开处方”，而是为了促进来访者自身的思考和探索，对自己和自己的问题有更深入的认识，从而在咨询师的协助下自己找到解决问题的钥匙。

(3)心理性

心理性的意思就是它解决问题的范畴是心理问题，而一些非心理的问题则不属于心理咨询的范畴。心理咨询不能直接给你好成绩，不能直接帮你找到好工作，也不能让离开你的爱人回来，更不能帮你治疗疾病，但是它可以帮助你探索获得好成绩和好工作的方法，使你正确面对失败时的伤痛和正确应对疾病。

(4)原则性

心理咨询要严格按照心理咨询的原则进行才会有良好的效果。心理咨询的原则包括：

保密原则。

在心理咨询室进行心理咨询。

不给熟人和亲朋好友的家人做心理咨询。

心理咨询期间不进行咨询以外的接触。

一般不去来访者家中做咨询。

不收受礼物和宴请等。

咨询期间和咨询结束后的一段时间内，只能保持咨询师与来访者的关系，咨询师与来访者不能有其他关系，如朋友关系等。

不给来访者电话号码。

若心理咨询师违背这些原则，会影响自己与咨询者的顺畅沟通，最终会影响咨询效果，甚至会给对方造成不必要的困扰。

3. 心理咨询的设置

心理咨询不同于一般的聊天，它是专业的聊天，专业的聊天就有专业的规矩，这些规矩就是设置。咨询设置在帮助建立咨访关系、评估来访者的心理功能和人格水平以及保证咨询效果等方面都起着非常重要的作用。通常情况下，心理咨询有以下设置。

(1)地点设置

心理咨询作为一项专业的助人工作，不同于简单的聊天，它必须有严格的地点设置。这是心理咨询设置中最重要的一点，即心理咨询是在固定的、装饰得比较温馨和安全的场地——心理咨询室进行的。即使是网络咨询，也不能边走路边做咨询，或者在户外的长椅上边晒太阳边做咨询，也需要固定在安全的、无任何人打扰的室内进行。

(2)时间设置

心理咨询中所需要进行的时间设置，主要是为了把咨询控制在来访者注意力最容易集中的时间段以了解和评估来访者的行为模式，这样对于解决来访者的问题更有效。

咨询时间方面，个体咨询的面谈时间一般以每次 50 分钟左右较为合适，家庭咨询的面谈时间一般以每次 90 分钟较为合适，团体咨询的面谈时间一般以 90～120 分钟较为合适。当然根据来访者的不同情况和选用的不同咨询技术，咨询的时间也会有一些差异，需要具体问题具体分析。

咨询频率方面，一般个体咨询目前以每周一次的频率设置较为普遍。当然依据来访者的情况、需求和心理发展变化情况，咨访双方可以协商心理咨询的频率。设置心理咨询的频率，是为了保障咨询效果。

疗程方面，心理咨询疗程是指从第一次会谈直到咨询目标的实现，即整个心理咨询过程将持续的时间长度。心理咨询的疗程长短取决于来访者心理困扰的严重程度、咨询目标以及所选用的咨询技术，短到一次的50分钟，长达几年时间，甚至十几年时间。在不同的咨询阶段，根据咨询的不同任务，咨询时间的长度和频率还需要不断调整。

(3)预约设置

心理咨询师的咨询时间安排需要有严格的预约设置。预约设置，一方面是为了避免咨询中心经常有人任意来往，给来访者造成不安全的感觉；另一方面也是为了保障咨询师有休息的时间，能够在咨询后有足够的时间整理自己的思绪，做好迎接下一位来访者的准备。咨询师一般不接受临时到访者，除非是紧急的情况。

(4)收费设置

心理咨询的费用设置一般在心理咨询首次访谈中就要规定清楚。费用的支付时间是在每次咨询前还是在结束后？是一次性支付规定次数的费用还是按次支付？遇到欠费的情况是终止咨询还是允许有一定额度的欠款？这些问题都要在正式的心理咨询前规定好。费用设置有助于心理咨询师与来访者建立心理咨询的约定，界定咨询师与来访者各自的角色、权利和义务。同时，咨询中，来访者的愤怒、攻击、依恋等感受常潜伏在付费问题的背后。

(5)转介设置

在遇到下列情况时，咨询师可以将来访者转给其他的机构。

第一，不属于心理咨询解决的范畴。如有的属于精神疾病范畴，对精神疾病患者，心理咨询师就会将其转介到精神疾病治疗机构，这样更有利于帮助来访者；再如法律问题、学校的校纪校规问题、助学贷款问题等，也不属于心理咨询的范畴，咨询师也可以将来访者进行转介。

第二，心理咨询师个人的问题。凡是咨询师觉得自己不适合做咨询的情况都属于此类。例如，有的咨询师能力有限，不擅长解决来访者咨询的问题，可以将来访者转介给合适的心理咨询师；有的咨询师在咨询进程中遇到了突发情况，不适合做咨询，这时也有必要将来访者转介给别的咨询师。

转介的原则是维护来访者的利益，所以对转介要有正确的认识：转介并不一定是因为问题有多严重，或者是咨询师不喜欢自己，而是现有的心理咨询帮不到来访者，或者某个咨询师帮不到来访者。

知识拓展

全国大学生心理健康日

5月25日是全国大学生心理健康日，“5·25”的谐音即为“我爱我”，意为提醒大学生“珍惜生命，关爱自己”。全国大学生心理健康日的核心内容是：关爱自我，了解自我，接纳自己，关注自己的心理健康和心灵成长，提高自身心理素质，进而爱别人、爱社会。

2000年，由北京师范大学心理系团总支、学生会倡议，随后十多所高校响应，并经有关部门批准，确定5月25日为北京大学生心理健康日。2004年，教育部、团中央、全国学联办公室向全国大学生发出倡议，把每年的5月25日确定为全国大学生心理健康日。

把这样一个意义重大的日子定在5月25日，是用心挑选的。首先，5月4日是五四青年节，长期以来，5月本身就被人们赋予了和年轻人一样的活力。作为新一代的年轻人，首选的活动时间当然是5月。其次，“5·25”，谐音即“我爱我”，意思是大学生应自爱、珍爱自己的生命，再由爱自己、悦纳自己而推广为爱他人、悦纳他人。作为社会的精英、时代的骄子，当代大学生肩负着历史的重任，然而生命的困惑、成长的烦恼、失败的苦痛却如影随形，时刻困扰着一颗颗年轻的心灵。因此，大学生需要关注自身心理健康，增强心理健康意识，提高心理调适能力，这也是大学生走向成熟，关爱和悦纳他人，努力构建和谐心灵、和谐校园、和谐社会，承担社会责任的前提和基础。

文字案例1-2

历届“5·25”活动主题

心理测试

大学生心理健康测试题

指导语：

以下列出了有些人可能会出现的问题，共40道题，请仔细阅读每一道题，然后根据最近一星期以来自己的感觉答题。如果感到“经常是”，画√；“偶尔是”，画△；“完全没有”，画×。

测试题：

①平时不知为什么总觉得心慌意乱，坐立不安。（　　）

②上床后，怎么也睡不着，即使睡着也容易惊醒。（　　）

③经常做噩梦，惊恐不安，早晨醒来就感到倦怠无力、焦虑烦躁。（　　）

④经常醒1～2小时，醒后很难再入睡。（　　）

⑤学习常使自己感到非常烦躁，讨厌学习。（　　）

⑥读书和看报也不能专心致志，往往自己也搞不清在想什么。（　　）

⑦遇到不称心的事情便较长时间地沉默寡言。（　　）

⑧感到很多事情不称心，无端发火。（　　）

⑨哪怕是一件小事情，也总是放不开，整日思索。（　　）

⑩感到现实生活中没有什么事情能引起自己的兴趣。（　　）

⑪老师讲课，常常听不懂。（　　）

⑫遇到问题常常找不到解决的办法。（　　）

⑬经常与人争吵，过后又后悔不已。（　　）

⑭经常追悔自己做过的事，有负疚感。（　　）

⑮一遇到考试，即使有准备也紧张。（　　）

⑯一遇挫折便心灰意冷，丧失信心。（　　）

⑰非常害怕失败，行动前总是提心吊胆，畏首畏尾。（　　）

⑱感情脆弱，稍不顺心就暗自流泪。（　　）

⑲自己瞧不起自己，觉得别人总在嘲笑自己。（　　）

⑳喜欢跟比自己年幼或能力不如自己的人一起玩。（　　）

㉑感到没有人理解自己，烦闷时别人很难使自己高兴。（　　）

㉒发现别人在窃窃私语，便怀疑是在背后议论自己。（　　）

㉓对别人取得的成绩常常表示怀疑，甚至嫉妒。（　　）

㉔缺乏安全感，总觉得别人要加害自己。（　　）

㉕参加春游等集体活动时，总有孤独感。（　　）

㉖害怕见陌生人，人多时说话就脸红。（　　）

㉗在黑夜行走或独自在家时有恐惧感。（　　）

㉘一旦离开父母，心里就不踏实。（　　）

㉙经常怀疑自己接触的东西不干净，反复洗手或换衣服，对清洁极端注意。（　　）

㉚担心门没锁和东西忘记拿，反复检查，经常躺在床上又起来确认，或刚一出门又返回检查。（　　）

㉛站在沟边、楼顶、阳台上，有摇摇晃晃要掉下去的感觉。（　　）

㉜对他人的疾病非常敏感，经常打听，生怕自己也身患相同的病。（　　）

㉝认为特定的事物、交通工具（如公共汽车）、尖状物及白色墙壁等稍微奇怪的东西有恐怖倾向。（　　）

㉞经常怀疑自己发育不良。（　　）

㉟一旦与异性接触往往就脸红心慌或想入非非。（　　）

㊱对某个异性伙伴的每一个细微行为都很注意。（　　）

㊲怀疑自己患了严重不治之症，反复看医书或去医院检查。（　　）

㊳有依赖止痛或镇静药的习惯。（　　）

㊴经常有离家出走或脱离集体的想法。（　　）

㊵感到内心痛苦无法解脱，只能自伤或自杀。（　　）

心理测试解析

拓展实训

实训一：心理训练营——幽默乐观的训练

【目的】训练你的幽默和乐观的情绪。

【时间】15分钟。

【操作】

①选择一个伙伴（最好是挑一位不太熟悉的同学作为伙伴）。

②彼此盯着看，目光不能转移，同时用嘴大声学动物叫，至少10秒钟。

【分享】

①在这个简单的游戏中，你的感觉如何？

②你是否感到既幽默有趣又有些尴尬？

③在游戏中，感到尴尬的心理会使你羞于开口，加入幽默感，学动物叫就比较容易开口。

④天生乐观的情绪是创造力的催化剂。因此，在最困难的时候，不要忘记幽默可以使你保持乐观。

实训二：为你的健康干杯

心理学家给你的健康建议

①永远不要说关于你的不好的事情，寻找那些你将来采取行动就能加以改变的不快乐的根源。只给你自己和他人建设性的批评——下次该采取什么做法来得到不同的东西。

②将你的反应、想法和感受同你的朋友、同事、家庭成员以及其他人进行比较，从而估出你自己行为的适宜性，以及你的反应同适宜的社会规范的关系。

③结交一些密友，你可以同他们分享你的感受，致力于保持和拓展你的社会支持网。

④发展一种平衡的时间观点，从而可以灵活地对待你的工作、环境的要求和自己的需求，有工作在手时请面向未来，目标达到、有快乐在握时请珍惜现在，和你的老友联系时请珍惜过去。

⑤永远对你的成功和快乐充满信心，并且和他人一起分享你的积极感受。清楚地了解你独特的、与众不同的品质——那些可以提供给他人的品质。例如，一个害羞的人可以给一个善谈者提供专注倾听。了解你的个人优势和可以有效进行应对的资源。

⑥当你感觉自己的情绪将要失控时，请用离开的办法避开使你不快的环境，或者站在另外一个人的位置上考虑一下，或者设想将来，使你看到问题得以克服的前景，或者向一个同情者加以倾诉。你要充分表达自己的情绪。

⑦记住失败和失望有时是伪装下的幸福。它们告诉你目标可能并不适合你，吃一堑，长一智。你所经历的每一个挫折实际上都是一段宝贵的人生经历。

⑧如果你发现你无法使自己或他人走出抑郁，那就向学校的心理健康教育中心的专

职人员寻求帮助。

⑨积极从事健康的娱乐活动。花些时间去放松、去反省、去收集信息、去放风筝、去享受你的爱好、去进行一些你可以独处的活动，以及那些你可以做到并得到更好的享受的活动。

体验感悟

①每个人都有自己独特的一面。请思考下面的几个问题，将答案填在横线上。

我最欣赏自己的外表是________________。

我最欣赏自己的性格是________________。

我最欣赏自己对家人的态度是________________。

我最欣赏自己对朋友的态度是________________。

我最欣赏自己对学习的态度是________________。

我最欣赏自己做事的态度是________________。

我最欣赏自己的一次成功是________________。

②投射活动。在日常生活中，我们常常错误地把自己的想法投射到别人身上：自己喜欢的人，以为别人也喜欢；父母总喜欢为子女设计前途、选择学校和职业……这些都是投射的结果。请完成以下练习后，开展小组交流讨论与分享。

如果我是一种动物，我希望是____________，因为____________。

如果我是一朵花，我希望是____________，因为____________。

如果我是一棵树，我希望是____________，因为____________。

如果我是一种食物，我希望是____________，因为____________。

如果我是一种交通工具，我希望是____________，因为____________。

如果我是一个电视节目，我希望是____________，因为____________。

如果我是一种乐器，我希望是____________，因为____________。

如果我是一种颜色，我希望是____________，因为____________。

如果我是一部电影，我希望是____________，因为____________。

推荐阅读——《淡定：做内心强大的自己》（畅销书）

作者简介：

卡耐基，美国现代成人教育之父，美国著名的人际关系学大师，西方现代人际关系教育的奠基人。他一生致力于人性问题的研究，并运用心理学和社会学知识，对人类共同的心理特点进行探索和分析，开创并发展了一套独特的融演讲、推销、为人处世、智能开发于一体的成人教育模式。他不仅对人性进行了深刻的分析，而且通过著书和演讲等方式，激励了千千万万陷入迷茫和困境中的人，使他们重新找到自己的人生，也使其本人享誉世界：由一个贫民之子，成了世界名人。

内容简介：

《淡定：做内心强大的自己》一书的内容包括如何掌控自己的情绪，不生气、不抱怨，做淡定的自己，快乐地生活，获得人生的幸福等。淡定是心灵的修炼，是人生的境界和智慧。用淡定的心境抵制诱惑，才能享受生活；感受和挖掘内在强大的力量，才能不断成长。要摆脱内心的束缚，释放全部的潜能，做最淡定、最平和、最从容的自己。

第二章

积极迎接新生活——大学生的生活适应

学习地图

当你怀揣着青春激扬的梦想，带着激动、兴奋，甚至还有些紧张而复杂的心情走进大学校门时，你新的人生就开始了。面对生活环境的变化、学习方式和知识结构的变化、理想和现实的冲突，你为自己的新角色做好准备了吗？

学习目标

※ **知识目标**

1. 了解适应的概念。
2. 认识心理适应。
3. 掌握心理调适的方法。

※ **能力目标**

使学生具有研判心理和适应问题的能力，学会运用正确的心理调适方法和技术。

※ **自我认知目标**

使学生认识心理调适的重要意义，进一步增强维护自身心理健康的意识。

学习导图

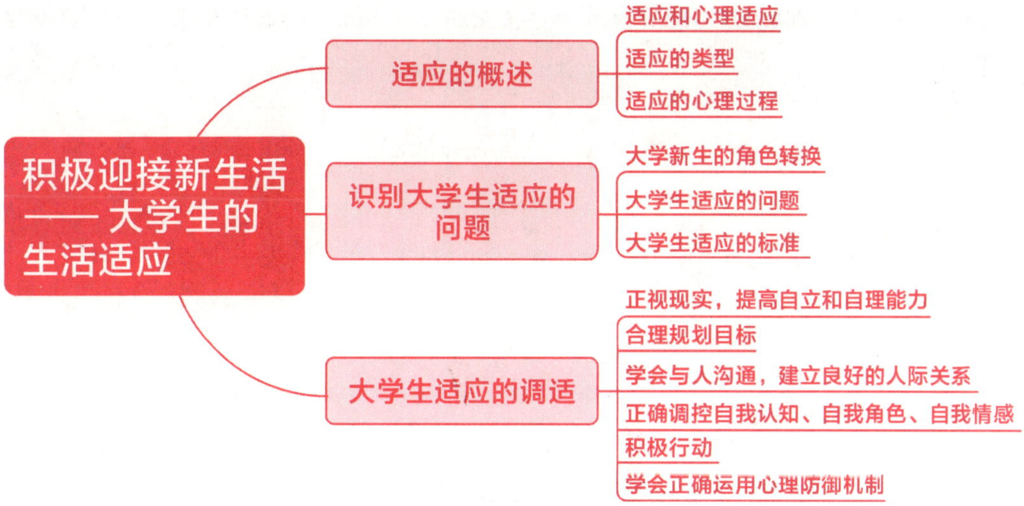

【校园故事回放】

经历高考洗礼之后的青年学生，终于告别中学时代，告别养育自己的父母，告别自己熟悉的一切，手捧大学录取通知书，进入了向往已久的心中的“圣地”，梦中的伊甸园——大学校园。

报到、交费、整理行李、铺床……忙完了入学应忙的一切之后，大学生们才终于有时间来审视周围的一切。原以为已经长大的大学生才真正发现，大学生活是一种完全不同于高中的生活。

某位大学生在接受采访中，真实地反映了一部分大学生的困惑和矛盾：“说老实话，在这两个多月的大学生活中，我并不快乐，用一位同学的话来说就是：‘我从未见你开怀大笑过。’从小到大，我一直勤奋学习，把分数看得很重，因为我觉得除了学习能力较强外，自己几乎没有什么特长，所以，我努力学习，考上了这所大学。进入大学后我才知道，这里看重的并非分数，而是一个人的综合素质。于是，我总悄悄地和别人比，但接下来的便是自卑：我为自己不敢在班干部竞选会上发表演讲而自卑；我为自己对功课以外的知识一无所知而自卑；还为在体育课上动作不规范而自卑……”进一步了解后，发现他对新环境极不适应，不敢与同学交流，生活也不习惯，周围又没有一个熟人，他感到很孤独，很寂寞，觉得自己万分痛苦，情绪低落。后来，在辅导员老师的建议下，他去找了学校的心理咨询师寻求帮助，解决了心理的困扰，现在已经融入新环境中，变得积极向上了。

【心理专家分析】

该案例中的这位大学生因自感个人综合素质的欠缺，在进入大学后两个多月后陷入了一种自卑的情绪中，严重地影响了个人的情绪，给自己的学习和生活也带来了极大的困扰。人的一辈子，其实就是一个不断“丧失”的过程：婴儿丧失了襁褓，才能学会站立和走路；青少年丧失了父母的呵护，才能成为具有独立生活能力的人……如果我们一辈子都惧怕丧失，都不愿意付出任何代价，那么我们也终将丧失发展的机会。从这个角度来看，你今天由于丧失所带来的暂时的痛苦和不适应，换来的正是明天的飞跃。

如果明白了这一点，那么与其消极被动地面对新的环境，不如积极主动地去适应新的环境。当你有了新朋友时，就会有人分享你的快乐和烦恼，你也就有了更多的动力和乐趣。

第一节　适应的概述

> 重要的不是环境，而是对环境做出的反应。
>
> ——鲍勃·康克林

一、适应的内涵

视频案例2-1

心理机能是对环境适应的结果

心理学范畴里使用适应概念时通常有三个角度，即生理适应、心理适应和社会适应。

（一）生理适应

生理适应是生物学意义上的适应，指在有机体的机能和感知水平上，个体对声、光、味等刺激物的适应。在此层次上，适应可以分为两种类型：一是长期性适应过程，指个体或群体为了求得生存和发展，在生理机能或心理结构上产生改变，以适合自身生存环境的历程；二是即时性适应过程，指有机体感官随着刺激在时间上的延续，感受性水平发生变化的现象，如感官适应、个体学习等。

（二）心理适应

心理上的适应，通常指个体遭受挫折后借助心理防御机制来使人减轻压力、恢复平衡的自我调节过程。心理适应的机制是由认知调节、态度转变和行为选择等环节构成的动态过程，与此相关的心理素质是心理适应能力培养的重点。

（三）社会适应

社会适应，包括为了生存而使自己的行为符合社会要求的适应和努力改变环境以使自己能够获得更好发展的适应。社会适应是在人格水平上对社会环境的适应过程，它是人类所特有的适应水平。社会适应的内容包括对社会生活环境的适应、对各种社会角色的适应、对各种社会活动的适应等。

文字案例2-1

心理故事：人生的圆圈

二、适应的类型

根据不同的划分标准，适应可分为以下不同类型。根据适应的对象，可以将其分为对自然环境的适应和对社会环境的适应；根据适应的内容，可以分为生理适应和心理适应；根据适应过程有无意识参与，可以分为有意识适应和无意识适应等。还有一种重要的分类是积极适应和消极适应。

（一）积极适应

积极适应是指个体充分发挥主观能动性，积极主动地调整自己与环境的不适应行为，并尽可能改变环境使之适应自身发展的需要。任何环境都存在着有利于个人成长的积极因素和不利于个人成长的消极因素。积极适应是要在正确分析自身和环境的基础上，充分发挥自己的潜能，将环境中的有利因素和个性中的积极因素相统一，从而促进自身发展。积极适应是大学生的一种最佳适应状态。

（二）消极适应

消极适应是指个体改变自己的行为或者态度来适应环境中的消极因素，压抑了自身的积极因素及潜能，违背了个人的心理发展方向，最终环境改变了个人，而个人未发挥自己对环境的能动作用。例如，有的同学因为高考成绩不理想，进入了不理想的院校，因而对自己的表现失望，感觉到前途渺茫，以致不思进取，被动地感知环境和应对环境的刺激。

文字案例2-2

心理故事：凿壁偷光

三、适应的心理过程

从心理发展的角度看适应的过程，可以看到以下几个环节是最基本的。

（一）需要——发展的内部动力

个体原有发展水平与新的需要之间的矛盾，是推动人类从事各种活动的最原始的动力源泉。需要本身的产生离不开外部环境的刺激和影响。根据马斯洛的需求层次理论，可以将需求分为生理需求、安全需求、归属需求、尊重需求和自我实现需求五大类。按照马克思主义的有关论述，又可以把它分为自然性需要、社会性需要和精神性需要三种。从适应的角度来看，通常可以分为生存性需要和发展性需要两种。然而，不管怎样分类，适应的过程始终是从需要的产生开始的。实际上，适应本身也是人的一种需要，是人终其一生都不可缺少的一种基本需要。

智慧的本质就是适应。

——让·皮亚杰

（二）阻挠——适应状态的破坏

阻挠是指个体不能利用已有的行为习惯来满足自己某些需要的情况。这种情况通常都出现在环境发生了变化，主体遇到了新的问题的时候。阻挠现象出现时，人们一般都会产生不同程度的焦虑感。阻挠的产生实际上意味着主体原有的适应状态已被打破，其原有的行为模式与新的需要之间发生了矛盾，从而产生了新的不适应现象。在这种情况下，主体改变自己原有行为模式的动机便会应运而生。

（三）尝试——满足需求的努力

为了改变不适应的被动局面，人们在没有现成模式可以参照的情况下，便会做出各种努力，采取各种方式来进行积极的尝试。这一过程实际上是一个解决新问题的过程，基本上属于试误学习的性质，是适应过程中的关键环节。但人的试误学习与动物的试误学习有本质的不同：动物的试误学习只是一种盲目的尝试，充其量也只是得到及时强化以后才能形成稳定的条件反射；而人的试误学习则是经过认真思考、有一定理论假设做指导的理性行为，同时也带有明显的创新色彩。人在尝试过程中一旦取得了成功，被肯定的就不仅是解决问题的行为本身，还包括行为背后的理性思考，特别是对事物本质与规律的概括与升华。

（四）重新适应——恢复新的平衡

经过一番尝试，找到了新的解决问题的方式，人们新的需要就可以得到满足，原有行为模式与新的需要之间的矛盾基本上得到了解决，曾经有过的不平衡状态重新恢复了平衡。这意味着，一次不适应的问题已经解决，主体可以重新回到适应状态之中。只是这种状态仍然是短暂的，很快就会被新的不适应现象重新打破。这种不适应—适应—不适应状态的循环往复，就是适应过程的规律性表现。

第二节　识别大学生适应的问题

一、大学新生的角色转换

（一）大学新生的角色变化

角色是人在社会行为系统中与一定社会位置相关联的、符合社会要求的行为模式，它涉及一个人的活动范围、享有的权利、承担的义务以及行为方式等。大学生在大学阶段不仅要学习和适应学生这个角色，也要为走上社会的职业角色做好准备。

1. 角色意识的转变

大学新生都有一个角色转换与适应的过程。成为大学生是客观事实，然而他们思想上是否真正认识到或感觉到自己是大学生呢？实际上，许多新生并没有真正认识到自己角色的转变，角色意识还停留在中学生这一旧角色意识中。这种角色意识的滞后性，妨碍着新生对大学生活的适应。

2. 角色位置的转变

大学新生在中学阶段大部分是学习方面的佼佼者，进入大学后，只有少数人能保持原来的中心角色，大多数学生将从中心角色向普通角色转变。因此，适当地降低对自己的期望值，接受“不完美”的自己，才能以愉快的心情投入大学生活，从而得到丰富多彩的人生感受。

3. 角色行为的转变

角色行为的转变是角色转变的关键，这就要求大学新生在日常生活和学习中注意自己的行为是否符合大学生的行为规范。对大学生的行为规范，各高校相应地制定了具体的规章制度，大学新生应认真学习，尽快使自己的行为符合大学生这一新的人生角色的定位。

（二）大学生活环境的改变

1. 从生活方式上看

中学生大多数住在家里，不少人拥有属于自己的独立空间，起居由父母安排，很少操心学习以外的事情。大学生活是集体生活，凡事要靠自己处理。这种改变对缺乏独立生活能力的学生是个挑战。

2. 从生活习惯上看

中学生多数在家庭所在地生活和学习，而大学遍布全国各省市，大学生很多都是异地求学。饮食习惯的差异、语言环境的不同等，都可能会让异地求学的大学生感到不适应。

视频案例2－2

帮你找好室友：南京大学新生寝室分配利用大数据

3. 从生活条件上看

在中学时，学习费用相对较少，学生很少为经济发愁。但是大学完全不同，生活费用需要自己有计划地支配，如果支配不当就会造成费用超支。费用一旦超支，心理上会产生一定的压力，这种压力，可能在高中阶段感受不明显。

4. 从生活范围看

中学生生活领域较窄，基本上是从家门到校门。对中学生而言，学习是生活的中心内容，课余时间很少。进入大学犹如从“小天地”来到“大世界”，丰富多彩的校园文化生活使新生目不暇接，生活的领域大大拓宽。

（三）大学管理方式的改变

管理制度的变化主要体现在管理方法与管理系统方面。

1. 从管理方法上看

中学阶段，学校的老师对学生管得较多；而大学阶段，更多强调学生的自我管理、自我教育、自我服务。很多校园活动是由学生自己组织的。

2. 从管理系统上看

中学的管理大多是通过班主任来实施的；而大学的管理则相对全面，学校各个职能部门都参与学生的管理，比如学籍管理、宿舍管理、课外活动管理等。

（四）大学教学方式的改变

1. 从学习任务上看

中学的学习任务主要是学习基础知识，而大学生既要学习基础知识，又要掌握专业技能。

2. 从学习内容上看

大学生不仅要学习基础的理论知识，而且要学习最新的科技发展成果，学习内容多、任务重、范围广、要求高。

3. 从学习方式上看

中学学习的主要形式以课堂讲授为主，学生巩固知识的主要方式靠做题，各个教学环节老师安排得很具体，督促检查严格，学生对老师依赖大。大学学习强调自主学习、研究性学习，课堂讲授的时间相对少，学生自己安排自习、阅读、钻研学问的时间较多，要求学生独立思考。

（五）大学人际关系的改变

1. 从人际交往的复杂程度看

中学时代人际关系比较简单，只是友谊或亲密关系的一种扩展。进入大学后人际关系发生了根本的变化，人际关系不再那么单纯。复杂的人际交往环境，决定了新型的人际关系不能仅以个人的好恶而定，必须学会与不同类型的人建立和保持和谐的人际关系。

2. 从人际交往的对象看

中学时代人际交往的对象主要是同窗好友、父母、亲戚和老师。到了大学，同学是大学生人际交往最主要的对象，来自全国各地的同学脾气秉性和生活习惯各不相同，大家重新组成新的班级，生活在同一个宿舍，因此大学生要学会适应。

3. 从人际交往的要求看

由于父母的照顾和学习的压力，中学生大多依赖性较强，不善于交往，对友谊的渴望不那么强烈。进入大学后，全新的环境和同学要求大学生独立、自主地与各种陌生人交往，他们对友谊的渴望强烈，但由于缺乏交往技巧，大学新生往往难以顺利地建立和谐的人际关系。

二、大学生适应的问题

（一）生活环境不适应导致压力过大

陌生的生活环境如生活习惯、气候等方面的差异会给大学新生的生活带来许多不便，容易造成部分学生的环境应激。如果他们不能在短期内顺利适应，便会影响其正常的学习等活动，从而形成心理问题。

（二）理想与现实的差异导致失望迷惘

为了升入理想的高校，中学阶段的学生努力学习，虽身心疲惫但目标十分明确。进入大学后，原来的理想实现了，而新的目标尚未找到，所以大学生反倒显得失落和茫然。一些学生对所学专业不感兴趣，认为自己“缺乏生活目标”，从而得过且过。在高层次目标尚未建立之前出现情绪低落、彷徨迷失的现象在大一新生中并不鲜见。

（三）自我地位改变导致评价失调

经过高考“拼杀”的大学新生，带着良好的自我感觉进入大学校园后，突然发现自己很普通，在强手如林的新的班集体里，面对新的竞争压力，昔日那种“鹤立鸡群”的优越感荡然无存，无形中会使一些大学新生的心理上产生一种失落感。还有的学生或因为来自农村，或因为家庭经济困难，或因为服饰落伍，或因为浓重的乡音，或因为孤陋寡闻，自己总感到“见人矮三分”。

（四）学习方法不适应导致困惑迷茫

对大一新生来说，诸多不适应中尤其突出的是无法适应大学的教学。没有了中学老师那样的反复讲解与督促，许多大学新生，面对知识的海洋，不知从何学起，难免会产生困惑。因此，及时解决学什么、怎么学和如何安排学习时间的问题，是大学生尽快适应大学学习生活的关键。也有一些大学新生在学习上有一种“船到码头车到站”的松劲心理，学习动机不足，没有正确的学习目标，缺乏较强的学习动力与意志，于是不思进取，得过且过。

（五）人际适应不良导致孤独压抑

不知如何与来自不同家庭、不同社会背景的人相处，是一些大学新生人际交往障碍的主要表现。由此而引发的人际矛盾和心理不适，往往给一些大学新生带来许多烦恼。这在大学生的心理问题中占很高的比例。例如，有的学生与同寝室的同学处不好关系，稍有不和便恶语相加；有的学生不愿与人交往，也很少参加集体活动，缺少朋友，对外界很少关心，经常把自己封闭在狭小的空间里；有的学生奉行“我行我素”的为人处世原则，过分关注自我，注重自我在人际交往中的地位，过多考虑自己的需要，而忽视他人的需要和存在，对别人缺少关心，导致了人际交往中的不顺畅；有的学生不能适应新的师生关系；有的学生不知如何处理与异性的关系，对男女交往过分敏感，从而使正常的异性交往不能自然进行，甚至拒绝与异性交往；有的学生过早地谈恋爱，沉溺于“二人世界”；有的学生陷入单相思而不能自拔，由此而产生情感冲突。这些学生大多会出现因人际关系失调造成的焦虑不安等症状。

上述种种心理问题在一些学生中比较常见，如果得不到很好的解决，会妨碍大学生身心健康的发展。

视频案例2-3

大学新生适应问题分享沙龙

三、大学生适应的标准

（一）社会适应标准

社会适应标准是指以社会常模为主体，以社会适应为目标，在社会常模的基础上衡量大学生的心理和行为是否完整的标准。每个人生活在一定的社会环境之中，他的心理和行为既是社会环境的产物，又通过自己的思想和行为反作用于社会环境，达到对社会环境的改造，使之更适合人们的需要。当大学生的心理和行为能够适应社会环境，并能正常地作用于社会环境时，他的心理就是正常的；反之，就是不适应社会。

（二）生活适应标准

生活适应标准是指大学生心理和行为符合社会生活的公共规范和准则，能根据环境条件及其变化有效地发挥自身心理机能，通过适当的行为适应和改造环境，以满足自己生存和发展的需要的标准。这个标准也有一定的相对性，如有的大学生对环境有一定的畏惧感，对事物毫无兴趣，虽然这些大学生遵守社会生活公共规范和准则，但不能算是适应。

（三）经验的标准

经验的标准是指具有一定专业知识的人凭借专业知识来鉴别对象大学生的心理是否适应生活，这是以一般人对常态的、已有的经验为出发点和参照点的。这一标准主观性较强，常受测试者的专业水平、经验能力的制约，对同一个被测试对象可能会产生不同的看法。

第三节　大学生适应的调适

每个人都希望自己的才能得到发挥，每个人都希望生命的航船能勇敢地冲破自己内心世界和外部环境的种种风浪险阻，坚定地驶向胜利的彼岸。那么，谁是驾驶你生命之舟的智勇舵手？不是别人，正是你自己。学会控制自己的心理，学会积极地适应现实，你就会发展自己。

视频案例2-4

大学新生如何适应新生活

一、正视现实，提高自立和自理能力

作为大学生，只有解放思想、实事求是、与时俱进、勇于实践，才能适应不断变化的客观环境，才能在复杂多变的自然环境和社会环境中健康地生活。人不可能事事顺心如意，大学生同样处于这个客观规律之中，同样需要正视现实、适应环境。

首先，需要了解大学这个新环境，正确认识和评价自己，以适应大学的新环境。其次，要努力使自己变得自信、自立、自强。最后，要以积极的态度和行动克服生活上的不适应等问题。解决这些问题的方法很多，最重要的是要用心理学的方法进行自我调节，使自己的情绪保持相对稳定，及时消除不良情绪，如此坚持不懈，一定能够适应大学生活。

文字案例2-3

心理故事：国王的牛皮鞋

二、合理规划目标

无论工作、学习、生活，要想有好的结果，必须规划好目标。很多适应困难都与目标确定不当有关。确立目标，首先应当根据社会发展和自我发展的需要，为自己制订一个远期目标。其次，要制订一个为实现远期目标所设立的近期目标，即短期内要做的事，这样的事要一件一件地做，并以此一步步地接近并最终达到远期目标。目标的制订要依据自己的个性特点、能力以及客观条件，盲目地制订目标，不但不会获得成功，而且会影响心理的平衡。最后，还应该根据实现目标的进程中出现的新情况及时做出调整，以免目标脱离实际而不能实现。大学生较容易实现一个方向明确、步骤具体的目标，近期目标的实现会给大学生带来充实感和成就感等积极心理体验，这可进一步促进大学生去制订和实施新的目标，最终形成良性循环。这样，大学生才能体会大学生活和学习中的成就感和充实感。

三、学会与人沟通，建立良好的人际关系

人对环境的适应，主要是对人际关系的适应。有了良好的人际关系，人才会有归属

感和安全感，心情才能愉快。人际关系的建立离不开良好的人际沟通，良好的人际沟通能力是开启人与人之间心灵沟通的钥匙，是消解人们之间误解和化解人们之间冲突的本领，是增进人与人之间感情的润滑剂。尊重、理解和信任他人是建立良好的人际关系的基石，只有建立在尊重、理解和信任他人的基础上，人际关系才能长久。每个人的长处和短处各不相同，本着“求大同，存小异”的原则，学习别人的优点，包容别人的缺点，就会交到很多的朋友。尽管现在社会竞争激烈，利益冲突增多，但是，无论什么时候，那些不过分计较、多为别人着想的人，总会受到大家的尊重。

作为大学生，应主动与老师交流。要理解老师的多种角色，有的老师不仅是老师，而且是领导，因此，他们的时间非常宝贵，所以如果你不能主动与老师交流，老师可能以为你没有这样的需求。当然，与老师交流的方式有多种，不仅可以面对面地交流，而且可以通过网络、电话、书信等来交流。

四、正确调控自我认知、自我角色、自我情感

第一，要建立理性的认知方式。正确的认知是人适应与发展的前提和基础。人们对生活的不适应，大部分源于对现实没有一个清晰的认识。例如，对自己、对别人以偏概全，对自己的行为有“糟糕至极”的悲观预期等。因此，大学生要有辩证的思维，改变对自我、对他人、对社会的不恰当的认知。

第二，要适应角色要求。大学新生面临着多方面的变化，因此要了解客观的自己，了解自己的长处和不足；要了解现在的社会对自己的要求。这样做就能使他人的“角色期望”与自己的“角色采择”一致，以便有效地控制和改变自己的态度与行为，以达到改善人际关系和提高工作与学习效率的目的，使自己能够更好地适应角色的要求。

第三，要有效控制情绪。一个人能否有效控制情绪，会影响一个人的发展。大学生们面临着社会的巨大变革及环境和角色的改变，会产生一些情绪波动，若不及时疏导，轻者会陷入情绪低落之中，重者会产生恐惧、焦虑、烦躁等负面情绪，进而影响个人的发展。因此，大学生必须使自己保持积极、乐观、稳定的情绪。

五、积极行动

有的大学生认为自己不快乐或生活质量不高，一个很重要的原因就是其缺乏积极主动的行动。一切的幸福、充实与美好都与积极的行动有关。去做具体而明确的事，把自己全部的心思都放在其中，就叫作积极行动。

积极行动可以消除由于不适应环境而产生的孤独、苦闷、烦躁、恐惧和空虚。当你对环境不熟悉、不满意时，只要积极行动，为集体、为他人多做些事情，就会逐渐熟悉环境，别人也会从你的行动中了解你，你就会逐渐融入新的环境之中。当你全身心地投入到学习中去的时候，就不会去胡思乱想。其实，很多烦恼都来自自己的“冥思”。那些专心于事业的人们，那些辛勤劳动着的人们，根本没有工夫去“空虚”“烦恼”和“失落”。即使面临巨大的困难，只要他不放弃积极行动，必能以积极的态度去处理和应对，把损失或伤害降到最低限度。

对于大学生，积极行动意味着能积极投入到学习和学校各项活动中去，积极投入到

社会的各项实践活动中去，在这些活动中提高自我选择、自我决断、自我管理的能力，提高处理各种复杂事物的工作能力，同时也能提升自己的自信。

文字案例2-4

心理故事：懂得适应的蚌

六、学会正确运用心理防御机制

正确运用心理防御机制，可以化解由适应不良引起的心理不适。比如，运用"合理宣泄"，把个人忧虑、烦恼和不平向自己信任的老师、同学、朋友宣泄一番，可减轻心理压力。恰当的"自我安慰"，可以缓解心理冲突。"转移"，能使你避开引起自己不良情绪的人、事和环境。"升华"与"补偿"，可让自己的原有冲动和欲望导向更加合理，使你奋发图强，创造人生新的价值。

你改变不了环境，但你可以改变自己；
你改变不了事实，但你可以改变态度；
你改变不了过去，但你可以改变现在；
你不能控制他人，但你可以掌握自己；
你不能预知明天，但你可以把握今天；
你不可以样样顺利，但你可以事事尽心；
你不能延生命的长度，但你可以决定生命的宽度。

心理测试

社会适应能力自测

社会适应能力，是指一个人在心理上适应社会生活和社会环境的能力。社会适应能力的高低，从某种意义上说，表明一个人的成熟度。

下面的测验题目可帮助你更好地了解自己的社会适应能力。请用"√""×""?"来回答。

①我最怕转学、转班级，因为每到一个新环境，我总要经过很长一段时间才能适应。（　　）

②每到一个新的地方，我很容易同别人接近。（　　）

③在陌生人面前，我无话可说，以致感到尴尬。（　　）

④我最喜欢学习新知识、新技术，它给我一种新鲜感，能调动我的积极性。（　　）

⑤每到一个新地方，我第一天总是睡不好，就是在家里，只要换一张床，有时也会失眠。（　　）

⑥不管生活条件有多大变化，我也能很快习惯。（　）
⑦越是人多的地方，我越感到紧张。（　）
⑧在正式比赛或考试时，我的成绩多半会比平时差。（　）
⑨我最怕在会上讲话。（　）
⑩即使同学、同事对我有看法，我仍能正常同他（她）交往。（　）
⑪老师、领导在场的时候，我做事情总有些不自在。（　）
⑫和同学、同事、家人相处，我很少固执己见，乐于采纳别人的意见。（　）
⑬同别人争论时，我常常感到语塞，事后才想起该怎样反驳对方，可惜已经太迟了。（　）
⑭我对生活条件要求不高，即使生活条件很艰苦，我也能过得很愉快。（　）
⑮有时自己明明把考试内容背得滚瓜烂熟，可在考场上还是会出错。（　）
⑯在决定胜负的关键时刻，我虽然很紧张，但总能很快地使自己镇定下来。（　）
⑰我不喜欢的东西，不管怎么学也学不会。（　）
⑱在嘈杂混乱的环境里，我仍能集中精力学习，并且效率不减。（　）
⑲我不喜欢陌生人来家里做客，每当遇到这种情况，我就有意回避。（　）
⑳我很喜欢参加社交活动，我感到这是交朋友的好机会。（　）

积分与解释：根据表 2-1，可以计算出每一项的得分，累计即为自己的总分。

表 2-1　社会适应能力自测计分

题号	1	2	3	4	5	6	7	8	9	10
√	0	2	0	2	0	2	0	0	0	2
?	1	1	1	1	1	1	1	1	1	1
×	2	0	2	0	2	0	2	2	2	0
题号	**11**	**12**	**13**	**14**	**15**	**16**	**17**	**18**	**19**	**20**
√	0	2	0	2	0	2	0	2	0	2
?	1	1	1	1	1	1	1	1	1	1
×	2	0	2	0	2	0	2	0	2	0

心理测试结果分析

拓展实训

实训一:心理健康歌

心无病,防为早,心理健康最重要。
气平衡,要知晓,情绪稳定疾病少。
调心理,寻逍遥,适应环境病难找。
练身体,动与静,规律生活健心脑。
重食养,八分饱,脏腑轻松自疏导。
七情宜,不暴躁,气愤哀怒要去掉。
人生气,易衰老,适当宣泄人欢笑。
想得宽,童颜保,心胸狭窄促人老。
事不急,怒不要,心平气和没烦恼。
品书画,唱又跳,选择爱好自由挑。
与人交,义为高,友好往来要做到。
动脑筋,不疲劳,息睡养心少热闹。
有规律,健身好,正常生活要协调。
生命壮,睡足觉,劳逸结合真需要。
性情温,自身药,强心健身为至宝。

实训二:让爱住我家

【目的】进一步增强集体凝聚力,积极融入生活并展望未来。

【分组】6～8人为一组。

【时间】30分钟。

【道具】白纸、彩笔、手机、白板、透明胶带。

【程序】

①用手机播放轻柔的音乐,让所有学生闭上眼睛,进入放松的状态。

②然后请大家去想想:假如所处的这个班集体是一棵树,那你愿意它是一棵什么树?你愿意做这棵树上的什么?如何才能让这棵树茁壮成长?

③睁开眼睛后,所有学生在限定时间内,通过充分讨论,发挥各自的想象力,接力将图画完成,每个人在所画之处签上自己的名字。画图的过程中播放《相亲相爱一家人》作为背景音乐。

④画完后,小组内展示家庭树,每个学生解释自己所画的内容及寓意。

⑤最后张贴各组作品(在白板上),邀请每组的代表对图画进行解说,根据各组合作的程度、图画的新颖度、解说的水平等进行评比(可评出最牢固的树、果实最多的树、最粗的树等)。

【分享】

①家庭树的寓意是什么?

②你在家庭树上的位置是什么?

③你可以为家庭树贡献什么?

体验感悟

大一新生寄语35条:

①进入大学,换了一个新的环境,接触了新的人,你的所有过去对于他们来说是一张白纸,这是你最好的重新塑造自己形象的时候。每到一个新的环境,都应该以全新的形象出现。

②"我是谁?"这是一个角色定位和角色认同问题。如果对"大学生"这一角色的认识模糊不清,就会出现角色错乱,大一、大二就会变成高四、高五;而如果认同不自信,"University"则成为"由你玩四年",大学人生有可能成为"大混人生"。

③"我来做什么?""该怎么做?"这是主题定位问题。大学生是单纯求学,两耳不闻窗外事;还是修身求学,一心追求真善美?是做单一型人才还是当复合型人才?是被动求学还是主动奋斗?选择不同,最后文凭的含金量也会不同。

④"我到哪里去?"这是定向问题。大学生将来是赶快毕业直接工作,还是考研究生继续深造?是做蓝领、白领还是金领?不管怎样选择,改变命运的钥匙掌握在自己手里,成功的机遇总是偏爱有准备的人。

⑤经常给家里打个电话,始终记住:儿行千里母担忧。

⑥很多事情别人通知你了,要说谢谢,没有通知你,不要责怪,因为那些事你其实应该自己弄清楚。

⑦不论男生还是女生,在大学里不可过分重视容貌。

⑧千万别迷恋网络游戏。千万!记住这里用的是"千万"!

⑨每个星期一定要抽时间锻炼身体。根据自己的特长进行有效的选择。

⑩你可以有喝醉的时候,但是你要明白和真正的朋友一醉才能让伤心事方休,否则,你只会是别人的谈资和笑柄。

⑪面对不公平时,不要抱怨,你的不公平可能恰恰是别人的公平。所以,你不如去努力奋斗,争取你自己最合适的公平。

⑫如果你四年里很少去图书馆的话,就等于自己浪费了一大笔财富。所以,经常去那里,随意翻翻,都有收获。

⑬男生,你可以长得不帅,但你的人品要好,而且,那才是真正的"帅"。所以,不必在穿着打扮上花太多心思。

⑭很多事情当你再回忆时会发现其实没什么。所以,不管你当时多么生气,都告诉自己不必这样。

⑮如果你因为暴脾气而让很多人对你敬而远之,那么,你要改改自己的暴脾气。

⑯新学期如果你接新生的话,当被问到学校怎么样之类的问题时,你的回答既要实事求是,又要给学弟学妹们树立在学校学习和生活的信心。

⑰你应永远记住,在社会上取胜的方法永远只有一个,那就是实力。

⑱不要对新的、看不惯的东西生气。

⑲对学生会主席之类的干部,如果你尊重他们,告诉自己那是因为他们是你的学长

而不是因为他们是你的上级，事实上，大家都只是学生而已。

⑳在大学里，处理任何事情都要冷静思考，找到解决事情的方法。

㉑成功的方法多种多样，别不接受你看不惯的方法。

㉒别轻易说“我爱你”，这是尊重你爱的人，更是尊重你自己的感情。

㉓晚上听听收音机也是种快乐和幸福。

㉔别抱怨四六级考试，那是证明你能力的很好的机会。

㉕社交软件是联系朋友的工具，也可以是交朋友的工具，但是其也是双刃剑，正值青春年华的大学生不应浪费太多时间在社交软件上。

㉖每个人都有潜在的能量，只是很容易被坏习惯所掩盖、被惰性所消磨。

㉗考研，早点准备比晚点准备肯定好。

㉘永远别渴望做不得罪任何人的人，有人反对，有人支持，然后自己做出决定才是精彩的人生。

㉙在大二、大三的时候就去看看学校的招聘会吧，这也会给你一些前进的动力。

㉚好好珍惜在公共场合说话的机会，这对以后会有很大的帮助。

㉛别说脏话，你应该知道习惯的力量。找工作或者和别人接触时，你随便的一个字或者几个字会让你在别人心中的形象大打折扣。

㉜喜欢一个人，就勇敢地告诉他(她)。

㉝如果你的家庭一般，那么记得为了你的家人和你自己的前途，永远别乱花钱。如果你的家庭富足，也要永远记住你用的钱是你爸爸妈妈的血汗钱。

㉞要学会认知。认知能力的获取，是未来社会生存的基本技能之一。

㉟要学会创新。当我们以全面、发展的眼光关注世界范围内的科技进步和社会发展的时候，会深深地感受到：“创新是一个民族进步的灵魂，是一个国家兴旺发达的不竭动力。”

推荐阅读——《慢慢来，一切都来得及》

作者简介：

Meiya是豆瓣网上的一位大红人。她在上海的一家广告公司工作。她独自在城市里奋斗的同时，不忘享受生命。她把美好的生命体验记录下来，也把自己时常会有的压力、焦躁和不安全感写下来，引起了广大网友的强烈共鸣。

她会在早上边跑步边大声哭泣来缓解压力，也会对着镜子说“我爱你呀”来鼓励自己对抗拖延症。她通过写作和阅读来感悟生活。她活得真实，因此被誉为豆瓣网“最温暖、最励志”的女子。网友们喜欢跟她倾诉心事，并从她的文字里获得正能量。

内容简介：

每个在城市中学习和工作的人，都会被这本《慢慢来，一切都来得及》深深地打动。在奋斗的道路上，我们都想快起来，快一点成功，快一点过上自己想要的生活。可是人就是这样的，越是着急，事情越是做不好。

《慢慢来，一切都来得及》的作者 Meiya 跟我们大家一样，“独自在城市中努力地奋斗着”。她把自己这些情况都写下来，涉及“开始爱好者”、空有梦想、不付诸行动、拖延症、注意力涣散症、负面情绪、缺乏运动、身体亚健康等，并分享了有效的解决方法。她和大家一起，练习“把心慢下来，让行动快起来”。

她还通过自己丰富的生命体验告诉大家：一个人心智的成熟和精神的自由比事业成功更重要。

《慢慢来，一切都来得及》也是一本促人行动的书，“允许自己慢慢来，才能重新上路”。认真地过好每一天，认真地对待生命。试读的读者说，看完书，就想明早去锻炼身体。耐心把一些基本的事做好，开始慢慢来；学习接纳生活中的痛苦。

第三章

学海方舟——大学生学习心理

学习地图

“玉不琢，不成器；人不学，不知义”，学习不仅是个体生存和发展的必要手段，更是个体成才的基本条件。大学生学习环境优越，精力充沛旺盛，思维敏捷灵活，思想日趋成熟，绝大部分大学生都能顺利完成学业。然而，大学期间的学习跟义务教育及高中阶段的学习有着本质的区别，大学的学习环境、教学方式、教学内容和学习方式等都发生了巨大的转变，导致部分大学生在学习中可能会遇到诸多困惑和不适应，如学习适应不良、对专业不感兴趣、学习动力不足和考试焦虑等。当前大学生厌学、逃课、考试不过关等问题较为突出，甚至“混文凭”成了某些学生的最终学习目标。如果不能及时化解这些心理问题，不仅影响学业的顺利完成，还会影响大学生的心理健康。

学习目标

※ **知识目标**

1. 成为主动的学习者。
2. 激发学习动机。
3. 掌握学习策略。

※ **能力目标**

激发大学生的学习动机，使大学生在掌握科学的学习策略的基础上，形成学习的自觉性、自主性，真正地学会学习。

※ **自我认知目标**

使大学生拥有学会学习的能力，为今后走出校园、胜任工作做好充分的准备。

学习导图

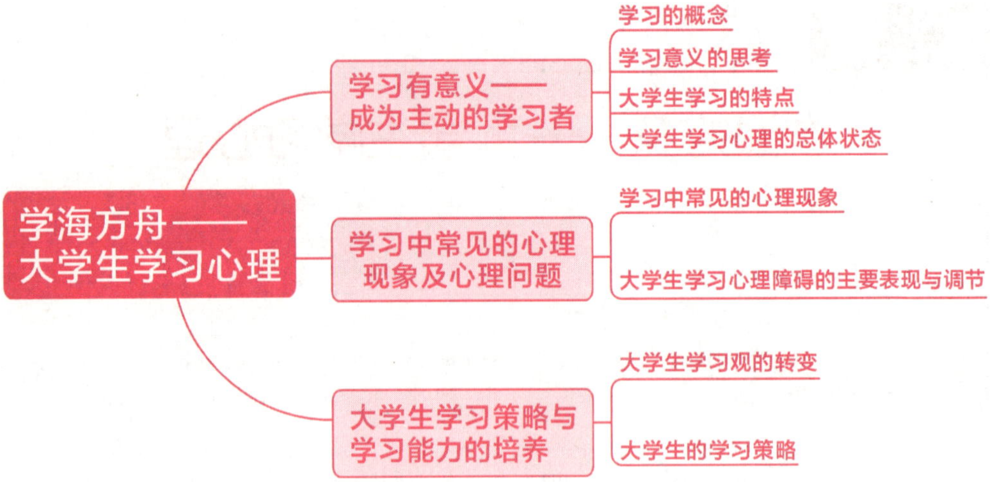

【校园故事回放】

张某，某高职学校女大学生。该生自述："我每次考试前都很紧张，前几天就开始担心，怕考不好。为了能考出好成绩，临考那几天我总是复习得很晚，常常在该睡觉的时候不能很快入睡，有时要过上1～2个小时才能睡着。每当进考场，我都会很紧张，会出现心慌、手发抖、出汗等反应。我在考试时常常注意力不集中，明明掌握的知识在考试时就忘了，脑子里一片空白。事后发现自己也不是一点不懂，就是考试发挥不好。因此，我觉得很难过，怕老师批评、怕同学嘲笑，所以心里就越来越害怕，越来越担心，越来越没有信心。我很想能克服考试前的紧张，就是不知如何做是好。"

【心理专家分析】

根据张某反映的症状分析，这是考试焦虑的表现，出现此种状况的原因有很多，有社会大环境给学生的压力，社会就业竞争会直接对即将毕业的学生造成很大的心理压力；家长对子女过高的心理期望会导致大学生的心理压力更大。同时张某有很强的不良自我暗示，这也导致张某一遇到考试就焦虑、紧张，而过度焦虑和紧张的情绪不能让其正常发挥，考试成绩当然不理想，最后形成恶性循环。

针对这样的情况，心理辅导主要是帮助张某克服紧张的情绪，如为她介绍一些应试技巧和放松训练的方法，让其减轻心理负担，以积极的情绪、健康的心态投入到学习和考试中去。

> 学而不思则罔，思而不学则殆。
>
> ——《论语》

第一节　学习有意义——成为主动的学习者

一、学习的概念

人类最早的学习始于什么时候呢？让我们先来看一个经典的学习心理学实验：刚刚出生12小时的婴儿就已经成为一名小小的学习达人了，其已经学会分辨母语的节奏和其他语言的节奏的不同，而且有了偏好，更喜欢自己在妈妈肚子里耳濡目染的母语而不是其他语言……

婴儿不会说话，甚至还看不清这个世界，其是如何向我们展示他学会了呢？原来发展心理学家通过观察婴儿吸吮奶嘴的频率和强度窥视了其内心。学习甚至是从在妈妈肚子里就开始了，真是太神奇了。

学习发生在生活的方方面面。现代心理学也将学习的概念分为广义的学习和狭义的学习。

广义的学习是一种非常复杂的心理过程，指个体由经验引起的行为或心理相对持久的变化。这一概念由有3方面的含义：其一，学习是动物和人类共有的现象。虽然人类的学习相对复杂，且与动物的学习有本质的区别，但我们并不能因此否认动物存在学习。其二，学习必须是有经验引起的，而非本能的活动，要排除由成熟或先天反应倾向导致的变化。比如生理上的成熟、疾病引起的体力减弱以及药物引起的行为减弱或增强，就不能称为学习。其三，学习引起的变化是相对持久的。有些变化，如由适应、疲劳和疾病引起的变化，就不能称为学习，因为这些变化是暂时的，经过条件改变或适当的休息、治疗，这种暂时的变化就消失了。

狭义的学习则特指学生的学习。这种学习过程有如下特点。

①学习内容的全面性。学习要符合社会的要求，有利于成长成才，学习内容包括知识技能、智力和体力、思想品德、审美情操等方面。

②学习方式的间接性。学习主要是在比较短的时间内接受前人的知识经验，主要以语言文字、符号、音像等为中介，在学习过程中，直接经验的学习和实践活动服务于学习目的。

③学习安排的计划性。学习是在教师的指导下，有目的、有计划、有组织地进行，有科学的培养目标、严密的教学计划、规范的教学管理，以保证教学目标的顺利实现。

④学习结果的高效性。有经验丰富教师的指导，有良好的教育资源可供运用，以学习间接经验为主并与直接经验有机结合，可以少走弯路，避免不必要的重复，从而高效率地学习。

著名的认知教育心理学家奥苏贝尔等人按照学习方式和学习者对内容的熟悉程度对学习进行了分类(见表3-1所列)。

文字案例3-1

心理学知识:学习理论的发展

表3-1 学习的分类

划分标准 类别	学习方式	学习内容能否与学习者联系起来
接受学习	将别人的经验变成自己的经验,如看音乐录影带学唱新歌	—
发现学习	个体自己去独立发现、创造经验的过程,如发现新的旅游路线	—
机械学习	—	在缺乏某种先前经验的情况下,靠死记硬背进行学习,如开始学一门新的外语
有意义的学习	—	学习者利用原有经验来进行新的学习,理解新的信息,如攻读感兴趣的学科的研究生

课堂练习:我的学习方式

请你根据表3-1对号入座,反思你的大学学习生活。

①你有哪些学习活动?

②你主要采用何种学习方式?效果如何?

③学习方式和学习活动之间有什么关系?

二、学习意义的思考

进入大学,你是否思考过大学学习对你的意义?不知多少学生一边在学习,一边也在迷惘,学习的意义究竟是什么?

学习本来是件很重要的事情,当然有很重要的意义,只有学习,才能让我们变得智慧,才能摆脱愚昧,才能认识客观世界,才能改造世界……想一想,人从一生下来,不就开始学习了吗?学习做人的道理,学习科学文化知识。所以,学习是件多么美好的事情呀!

然而,很多大学生却对学习产生怀疑,他们不喜欢学习,更多同学的大学学习就像叔本华说的一样,“人注定要徘徊在焦虑和厌倦这两极之间”。当觉得自己要为自己的学习负责就开始焦虑,这种焦虑会给自己造成心理压力,进而影响学习效果。

大学是你未来人生的起点。有意义和无意义的学习、主动与被动的学习之间存在巨大的差异。请思考以下问题:

你为什么要学习?

学习对你的独特意义是什么？
学习和你的梦想是什么样的关系？
你今天的学习和明天的生活又有怎样的联系？

文字案例3-2

用青春书写华彩篇章——习近平对当代大学生的期待

著名心理学家弗兰克尔告诉我们，寻求意义是人类最重要的动机之一。当你觉得你现在所学的内容对你来说意义非凡，是伟大的工作，你就会充满热情，也更能抵御诱惑。如果你并不喜欢你所学的专业，那么主动把当前的学习和自己真正的理想联系起来，找到学习的意义非常有必要。不管你是秉承着“书中自有黄金屋，书中自有颜如玉”的憧憬，还是坚持学习就是苦尽甘来的信念，主动思考意义的过程都会让你重燃对学习的热情。

读大学能使你离开家庭生活，不再单纯地学习或背诵书本上的理论知识，能足够自由地处置生活和学习中遇到的各类问题。做主动的学习者，思考你人生独特的意义和价值，允许自己做真正让自己快乐的事情，你才能对面临的问题提出解决方案。

> 我们的事业就是学习再学习，努力积累更多的知识，因为有了知识，社会就会有长足的进步，人类的未来幸福就在于此。
>
> ——安东·巴甫洛维奇·契诃夫

三、大学生学习的特点

大学生的学习既不同于小学生的学习活动，也不同于一般成人的活动，而是有一定的专业性、目标性和研究方向。具体有以下几个方面特点。

（一）学习过程的自主性

学生有了自主意识，就会主动参与学习活动，产生自主的行为。在学习活动中，学生应有计划地支配自己的智力和体力，去努力实现预定的学习目的，成为自觉学习的主人。同时，自主的意志在大学生的自主性学习中也是一个维持性因素，意志会通过自我信念，在一定的学习需要和动机的支配下，自觉地调节自己的活动方向、活动方式和活动强度，以实现自己的目标。

（二）学习内容的广博性和专精性

专业知识是当代大学生知识结构的特色所在，无此专业知识，就不可能成为专业人才。但是，现代社会认定的人才的重要特征之一就是综合性。这一特征又要求大学生的知识结构不能只限于本专业，而是既要有一定的深度，又要有一定的广度。专业是分工的结果，分工越细，专业越精，就如同宝塔一样，塔越高，则塔底的基础应越深越宽。专精需要广博的知识，专精的结果扩大了知识面，也提高了专精的水平。

（三）学习方式的多元性

大学生的学习方式具有多元性，不仅仅局限于课堂教学，还包括自主学习、合作学习及探究性学习等。

（四）学习目的的功利性

有人根据求知进取、社会取向、物质追求、害怕失败、个人成就、小群体取向这 6 个因素对大学生的学习功利性进行了调查，发现大部分大学生在学习的过程中，以物质追求、个人成就、小群体取向为主要学习目的，而求知进取动机、社会取向动机则不强，可见，更多大学生的学习是为了找到更好的工作，这种学习带有明显的功利性色彩。

（五）学习评价的多样性

大学学业成绩已经不再是大学生唯一的评价标准。因此，如果你只能从分数中获得自信，很可能会遇到困惑。学习成绩的高低并不完全决定一个人是否成功。考试主要考的是学生对课堂知识的掌握程度，而事实上如人际沟通能力、领导管理能力等在考试中难以体现出来，但这些能力对一个人的成功非常重要。所以能够掌握学习的方法，学会做生活的有心人，体验生活中的美好和精彩的人，才能成为一个更优秀的大学生。如果你没有考到第一名，没有关系，希望下面的第十名现象，能给你一些启发。

杭州市一位教师发现了这样一个现象：小学期间前几名的尖子生在升入初中、高中、大学（乃至工作之后）有相当一部分会淡出优秀行列，甚至在其后的升学和就业方面屡屡受挫；而第十名前后的学生，却在后来的学业和工作中出乎意料地表现出色，这种现象就是“第十名现象”。

视频案例3－1

第十名现象

四、大学生学习心理的总体状态

大学生学习是有目的性的，发展和成才的需要始终占据首要位置，它是促进大学生学习的内部动机，起到了持续有力的推动作用，而学生的抱负水平、成就愿望也与其成绩成正比。

某高职院校针对大学生学习心理做过问卷调查，调查的内容涉及学生的学习动机（态度）、学习方法（认知策略、知识的迁移、记忆策略）、学习目标、学习效果、学习品质等方面。调查结果表明大学生学习上存在以下几个问题。

一是学习目的基本明确，但不清晰、不具体。获得较强的专业技能和活动能力，提高自身的综合素质是大学生学习的主要目的，部分学生希望通过学习获得专业和活动能力，也有少数学生的主要目的是拿到毕业证。

二是学习兴趣不高。面对学习，51.7%的同学兴趣不高，其原因在于高职院校主要以培养技能为主，学生需要反复练习相关技能，大量的重复性练习过于枯燥，导致学生学习兴趣不高。更不可忽视的是有少数学生感到学习困难，无所适从，甚至出现严重的心理障碍。

三是学习方法欠缺。从调查问卷的结果来看，大学生的学习方法有待改进。许多学生没有掌握好的学习方法，很多时候只会死记硬背知识点，不能够灵活运用所学知识解决实际问题。

第二节　学习中常见的心理现象及心理问题

一、学习中常见的心理现象

学者有四失，教者必知之。人之学也，或失则多，或失则寡，或失则易，或失则止。此四者，心之莫同也。

——《礼记·学记》

（一）学习中的高原现象

高原现象也叫"学习曲线"，有时又称练习曲线，指一种学习技巧形成过程中练习次数同练习成绩的关系曲线。一种技巧在形成过程中，往往由于练习方法未及时改进，练习成绩在某个时期有停滞现象，在练习曲线上即出现近于平直的一部分线段，叫"高原期"，必须改进练习方法，练习成绩才能继续提高。

在练习中期往往出现进步的暂停现象，即练习曲线上的所谓"高原期"（如图 3－1 所示）。高原现象产生的主要原因有两点。一是由于学习成绩的进一步提高需要改变老的学习方法，而代之以新的学习方法。在个体没有完成这种改变以前，学习的进步就会处于停滞状态，甚至在这种改变过程中学习成绩还可能暂时下降。当完成了改变过程后，成绩又会提高。二是经过一段时间的学习后，个体会出现兴趣降低、情绪厌倦、身体疲劳等情况，也会造成学习进步的暂时停顿现象。如果学习活动结构较简单，又没有主观上的原因，在练习过程中就不会产生这种现象。另外，一个人在掌握技能，特别是在掌握动作技能的过程中，当发展到较高阶段时会出现成绩相对稳定，曲线上升呈停滞的状态，似乎练习发展已达"极限"。应当指出，所谓"极限"是相对的。一个人掌握技能的水平与其机体和神经系统的运转有密切关系。从这个意义上讲，人体会有一个生理极限，超过这个限度，人体会感到不适。但是，实际上一个人所掌握的各种技能并没有达到"极限"，进一步提高的潜力是很大的，尤其是青年学生更是如此。

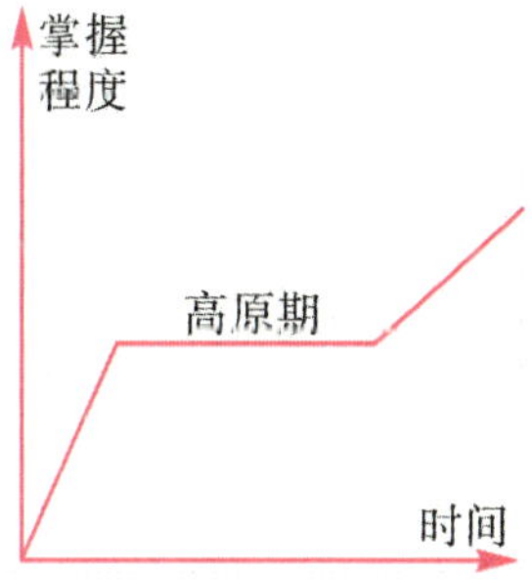

图 3－1　高原期

（二）学习中的遗忘现象

视频案例3-2

艾宾浩斯遗忘曲线

遗忘是学习道路上最大的拦路虎，虽然它是人人都有过的经历，属于正常现象，但对绝大多数学生来说，遗忘仍然让人感到苦恼，可以说学习中的第一道关卡就是与遗忘作斗争。

人为什么会遗忘呢？遗忘实质上就是大脑的自动清空，这是为了减少痛苦和记得更多。理想的记忆状况是经过学习，记住该记住的，忘掉该忘掉的。然而事实可能正相反！所以，我们来分析一下遗忘规律，以提高学习中的记忆水平。

什么是遗忘？遗忘就是对记忆的内容不能保持或者提取过程有困难。德国心理学家艾宾浩斯最早研究了遗忘的发展进程，他发现遗忘在学习之后立即开始，遗忘的进程是先快后慢（如图3-2所示）。遗忘不仅受时间因素的影响，还受许多其他因素的影响，这些因素主要有以下几种。

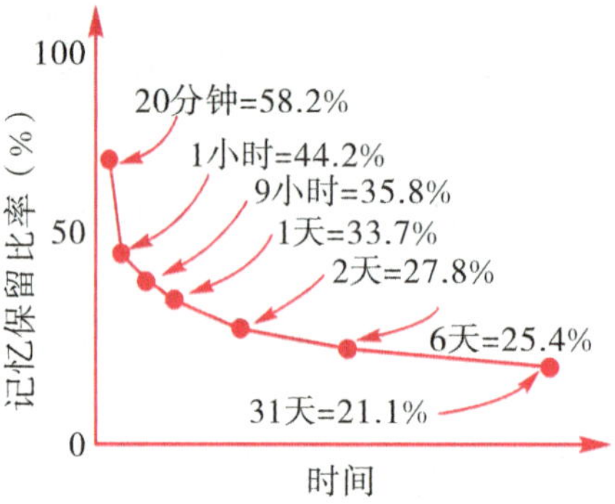

图3-2 艾宾浩斯遗忘曲线

①学习材料的性质和编排序列。一般来说，学习有意义的材料要比无意义的材料遗忘速度要慢得多，在单位时间里，学习的材料越多遗忘也越快，对学习材料前后内容易记，对中间的内容易忘，这叫序位效应。

②学习材料的相似度，会产生两种结果：一种被称为前摄，就是先学习的材料对后续学习材料的识记发生干扰的现象；另一种被称为倒摄抑制，即后学习材料对先学习材料的识记发生干扰的现象。因此，两种性质相近的学习材料应采取较长时间的间隔来学习，才能取得较好的学习效果。

③学习程度的影响。凡对学习材料未能达到准确背诵程度的，称为低度学习；如能达到且仍继续学习一段时间的，称为过度学习。低度学习的材料容易遗忘，过度学习的材料则记忆效果要好一些。但过度学习就会出现“报酬递减率”的现象，即每增加一次背

诵，则在保持中所节省的时间就越来越少。因此，在追求学习效果时要综合考虑时间等因素，否则就会造成浪费。

④学习者的态度、情绪及健康营养状态等机体因素都会影响遗忘的进程。积极的、正面的态度和情绪，蛋白质摄入充足，会增强记忆的效果，是有助于学习的；反之，则会导致遗忘。

我们了解了以上这些因素后，就可以知道如何与遗忘作斗争，以增强记忆了。

①试图回忆。这种方法适用于较抽象，也就是概念较多的材料。所谓试图回忆，就是把材料初读一遍后，自己可以在显示或看到材料之前试图预测那些接着将出现的材料。试图回忆在相对无意义的材料中，比在高度有意义的、组织妥善的材料中好处更大。此外，试图回忆可以及时帮助学生了解学习进步的情况，从而促使学生形成积极的态度，避免以消极的态度来读书。

②集中复习与分散复习。时间始终是学习过程中的重要因素。学习者都会面临如何分配、安排学习时间的问题。人们一直在试图回答这样一个问题：到底是集中复习好，还是分散复习好。所谓集中复习是对学习材料进行连续不断的复习，在间隔的时间段内进行的复习叫作分散复习。这两种复习方法究竟哪种更优呢？很多学者的研究证明了分散复习的效果更优于集中复习。在一些实验中，如就立时回忆而言，集中复习与分散复习没有什么差别，但一段时间后，两者的情况就不一样了，用集中复习法学习的材料遗忘快得多。最初阅读后 2 周或 1 个月，分 5 天读的材料其回忆量几乎达到一天集中读 5 遍的回忆量的 3 倍。因此，当复习的总次数不变时，则每日复习的次数愈少，复习的总分部就越广，保持量就越大。尽管如此，也要注意若两次复习之间的时距过长，则在最后的一次复习之前，前一次的复习效果可能完全丧失，这一点对于学生来说，尤其难以把握。

当然，分散复习分为平均分配或等距分配时间。一般来说，根据艾宾浩斯的研究，在初次学习 20 分钟后，遗忘就达到了 41.8%，而在 31 天后遗忘达到 78.9%。所以，第一次复习的时间距初次学习的时间最好不要超过一天，此后，间隔的时间可以逐渐加大。

另外，对比较难学的或较为无意义的材料的学习，即需要死记的材料，分散复习的效果要好一些；而对于在很大程度上与发现有关的学习，或形成概念和心理定式的学习，则集中复习的方法较优。但有一个问题需要引起注意，即不适宜的、固执的心理定式容易在集中复习中形成。

一些学生喜欢在期末考试来临之际，为了应付考试而采取集中复习方法来进行学习，从短期来看似乎是可以的；但从长远来看，这种做法是不可取的。

（三）学习中的迁移现象

迁移是学习过程的一个有趣现象，从大的方面来说，它关系到学校教育的成效；从小的方面来说，它关系到学习者个人的学习有效性。个人是有迁移能力的，问题是如何促进学习者形成迁移能力。这里，我们是从学习者方面来探讨这一问题。所谓“迁移”是一种（先行）学习对另一种（后续）学习的影响，或一种情境的学习对另一种情境的学习的影响。

迁移分为正迁移和负迁移两种情况。先行学习对后续学习产生有效的促进作用，称为正迁移；先行学习如果干扰和阻碍了后续学习，称为负迁移。如果前后两种学习没有发生任何影响，就是零迁移。在对迁移的长期探讨中，逐渐形成了以下几种较有代表性的理论。

1. 形式训练说

形式训练说的主要观点是，心理是由若干官能，如记忆、推理、意志等组成，并且这些官能可以通过学习一些特殊的科目而获得改善，就像体育锻炼可以强身健体一样。

2. 共同要素说

桑代克提出了共同要素说，其认为："只有当两个机能的因素中有相同的要素时，一个机能的变化才能改变另一个机能。"他列举了一些相同要素，其中包括目的观念、方法的观念、一般原则的观念和态度的观念等。

3. 概括化说

贾德认为，迁移不在于要素表面的相类似，而在于学习是否用于新的事态的原理与法则。只要一个人对他的经验进行了概括，就可以完成从一个情境到另一个情境的迁移。贾德的观点是基于他的一个水中打靶实验，他给 A 组儿童讲解了光学折射原理，对 B 组儿童则不予讲解，然后在射击水中物体的测验中，A 组儿童比 B 组儿童对不同深度的目标可以做出适当的调整，因而成绩要好很多。这说明，理论原理的学习，有助于迁移的形成。

综上所述，为了有效地学习，同学们在学习中要注意把握以下几点。

①注意所学概念和原理的一致性。共同的概念或原理要比个别事实的知识更能长期保持并促进迁移。

②学习如何学习。学习如何学习的内容包括：学习为某个专题或解决问题制订方案；努力培养自己的观察能力、分类能力、记忆能力、推理能力等基本能力；学习看懂图表的方法，抓住要点的方法；对学习要保持热情。

③注意掌握迁移的重要特征。

④准确理解基本原理。

⑤把握学习情境和应用情境间的相似性，最好的方法就是大量研究相关的案例。

⑥积累和丰富自己的经验。

（四）动机强度和学习活动的关系

所谓动机，是指能引发有机体的连续行为，并朝向一定目标和方向的心理倾向或内部驱力。学习动机是指直接推动学生进行学习的一种内部动力，是激励、引导学生进行学习的一种需要，这个过程取决于有机体内驱力和作为外在条件的行为目标的诱因。诱因具有激发或诱使个体朝向目标的作用，它可以是实物、条件或经验；也可以是眼前的、立即可以得到的东西；还可以是长远的、经过一段时间才能得到的东西。动机强度与效率水平之间存在一定的关系（如图 3 - 3 所示），如前述的"黄金屋""颜如玉"自古就被当作鼓励人们读书的诱因。一定诱因的潜能取决于有关动机的强度，也取决于某个人在认识这个能满足动机的目标时所达到的努力程度，即诱因能在多大程度上转变个体的内在需要。

在学习情境中，强烈的动机可以使人针对教育目标采取积极的和进取的态度。但过强的动机易使人焦虑、肌肉高度紧张和运动失调，还可能引起害怕失败的心理，从而可能造成身体或心理方面退出该活动领域，即放弃学习。在现实中，许多大学生都有学习动

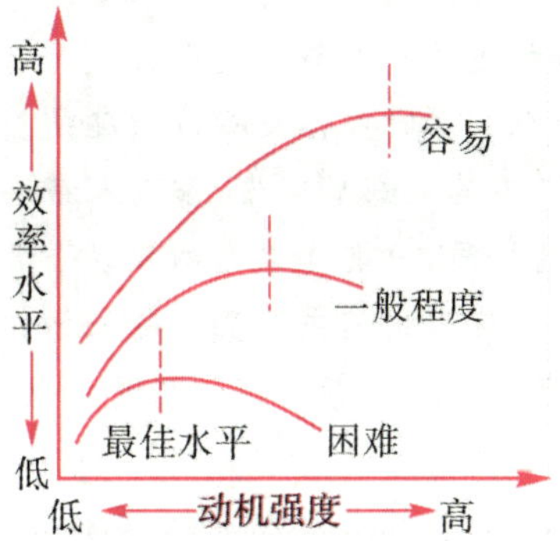

图 3-3　动机强度与效率水平之间的关系

机不当的经历。所谓学习动机不当，包括学习动机不足和学习动机过强，这两种情况都会影响学习者的学业效能感。学习动机不足表现为：无明确的学习目标，为学习而学习，甚至讨厌学习和逃避学习；学习动机过强则表现为：成就动机过强、奖励动机过强、学习强度过大。

心理学的研究表明，动机强度与工作效率之间不是一种线性关系，而是呈倒 U 形的曲线关系。中等强度的动机最有利于任务的完成，即动机强度处于中等水平时，工作效率最高，一旦动机水平超过了中等水平，反而会对行为产生一定的阻碍作用。

如前所述，动机的强度影响学习的效率，动机的性质则影响学习的持续性。对此，我们也要有所了解。如果只承认内驱力的作用，而否定诱因的作用，可能很多人就不会去主动学习。在人群当中，只有一小部分人可以只凭内部动机就足以开始学习并持续学习下去，这是事实。然而知识本身并不能引起学生的动机，所以，现在的问题是，我们如何将诱因与内驱力结合，也就是说，如果某种事实使学习者认为是实现他们所想要达到的目标的手段，那么，这些事实就会使学习者感到有趣而合意。诱因一旦与内驱力结合，就能对个体的行为产生持久的推动力。由此，我们可以肯定，如果与学习有关的各种活动的结果，主要是令人愉快的而不是不愉快的，如果学习者能在学习过程中尽自己的职责和潜心学习的话，那么动机将由外部诱因转移到内部的或者自主的水平，学习者就能从学习中得到内在的满足，这样的学习就能持久而快乐，就不再需要任何物质的和社会的外部强化了，这就达到了最佳的学习境界。如果不能实现这种转化，那就是“被学习”，既痛苦又不能持久。

【心理知识】

归因理论

归因理论由社会心理学家海德于 1958 年提出，它是关于判断和解释他人或自己的行为结果的原因的一种动机理论。在学校情境中，学生常提出诸如此类的归因问题，如“我为什么成功(或失败)”“为什么我生物测试总是考不过人家”等。美国心理学家伯纳德·韦纳认为，人们的行为成败受以下 6 个因素的影响。

①能力：根据自己评估个人对该项工作是否胜任。

②努力：个人反省在工作过程中是否尽力而为。

③工作难度:凭个人经验判定该项工作的困难程度。

④运气:个人认为此次各种成败是否与运气有关。

⑤身心状况:工作过程中个人当时身体及心情状况是否影响工作成效。

⑥其他:除上述5项外,还有其他影响因素,如别人帮助或评分不公等。

伯纳德·韦纳按各因素的性质,分别将它们纳入以下3个向度之内。

①因素来源,是指当事人自认影响其成败因素的来源,是以个人条件(内控),抑或来自外在环境(外控)。在此向度上,能力、努力及身心状况3项属于内控,其他各项则属于外控。

②稳定性,是指当事人自认影响其成败的因素,在性质上是否稳定,是否在类似情境下具有一致性。在此向度上,6因素中能力与工作难度两项是不随情境改变的,是比较稳定的,其他各项则均不稳定。

③能控制性,是指当事人自认影响其成败的因素,在性质上能否由个人意愿所决定。在此向度上,6因素中只有努力一项是可以由个人意愿控制的,其他各项均非个人所能控制。

伯纳德·韦纳将以上因素和3个维度结合起来,组成如下"三维度模式",见表3-2所列。

表3-2 归因的三维度模式

六因素	能力高低	努力程度	身心状况	工作难度	运气好坏	外界环境
三维度	内部的			外部的		
	稳定的	不稳定的	不稳定的	稳定的	不稳定的	不稳定的
	不可控的	可控的	不可控的	不可控的	不可控的	不可控的

伯纳德·韦纳从认知心理学的角度把成功和失败的原因划分为3个维度,比海德的朴素归因理论有所发展,并且有助于人们对成就行为的原因进行分析。他认为,我们对成功和失败的归因,会对以后的行为产生重大影响。如果一个人把考试失败归因于缺乏能力,那么以后考试还会预期失败,这是因为能力是一个稳定性的原因;如果把考试失败归因于运气不佳,那么以后考试就不大可能预期失败,这是因为运气是一个不稳定性的原因。

有成就需要的人会把成就归因于自己的努力,把失败归因于努力不够。不甘于失败,坚信再努力一下,便会取得成功。相信自己有能力应付,只要尽力而为,没有办不成的事。相反,成就需要不高的人认为努力与成就没有多大关系,他们把失败归因于其他因素,特别是归因于能力不足。成功则被看成是外界因素的结果,如任务难度不大、正好碰上好运气等。

作为对成就需要理论的一个补充,归因理论特别强调成就的获得有赖于对过去工作是成功还是失败的不同归因。如果把成功和失败都归因于自己的努力,就会增强今后努力行为的坚持性。反之,如果把失败归因于能力太低、任务太重,就会降低自身努力行为的坚持性。运气或机遇是不稳定的外部因素,过分地归因于这一类因素会使人产生"守株待兔"的坚持行为。总之,只有将失败的原因归因于内、外部的不稳定因素时,即努力的程度不够和运气不好时,才能使行为人进一步坚持原行为。

伯纳德·韦纳认为,教育和培训将使人在成就方面发生激励变化并促进激励发展。培训的重点是教育人们相信努力与不努力大不一样。

二、大学生学习心理障碍的主要表现与调节

(一)学习焦虑

焦虑是指一种缺乏明显客观原因的内心不安或无根据的恐惧,预期即将面临挫折而产生的一种消极不安的情绪,表现为持续性精神紧张(紧张、担忧、不安全感等)或发作性惊恐状态(运动性不安、小动作增多、坐卧不宁等),常伴有自主神经功能失调表现(口干、胸闷、心悸、出冷汗等)。

心理学研究认为,学生在学习过程中保持适当的焦虑是必要的,但严重的学习焦虑则会对学习产生非常不利的影响。大学生的学习焦虑表现为以下几种。

①心理上表现为精神长期高度紧张。

②生理上会出现失眠、多汗、尿频、腹泻等症状。

③在行为上表现为坐立不安。

形成焦虑的原因主要是各种压力,其来源可以归纳为两个因素:一是外部因素,二是个人因素。

外部因素主要有以下几种。

①来自家长的压力。"望子成龙,望女成凤",这是大多数家长的心愿。家长为孩子创造好的学习环境,把希望寄托在孩子身上,这反而加重了孩子的心理压力。这类学生把满足家长的期望作为自己的奋斗目标,唯恐辜负家长的期望,而不是为自己能学到更多的专业技能而努力。

②来自社会的压力。社会上一直存在着唯分数论的现象,这种现象会使学生产生不良的情绪,比如,教师平时对学生的作业提出的要求过高,或学生没有达到要求时对学生严厉批评,学生害怕任课教师。调查中有44.8%的同学害怕这样的教师。

个人因素主要有以下几种。

①个性特征。学业固然给学生带来了很大的压力,但是对于同样的压力,每个人所

感受到的程度不同，这与个人的个性特质有关。主要表现在这部分的大学生自我肯定不足，抗挫折能力差，他们的自我价值全靠别人来肯定，喜怒哀乐受制于别人对他的赞赏或贬损，遇到挫折容易自责，容易产生挫败感。

②认知评价能力。认知评价能力取决于对刺激性质的认识程度、对该刺激利害关系的预测程度。认知评价能力对个体的考试焦虑水平影响非常大。假如一个人对某一次考试很重视，觉得这次考试对自己的一生有重大影响，那么他就会十分在意自己的考试成绩，考试焦虑水平相应较高；反之，焦虑水平较低。另外，当大学生对自己的水平没有把握的时候，焦虑水平也会较高。

③生理因素。有些人的神经系统较脆弱，极易对环境刺激产生紧张反应，因而较易产生考试焦虑。另外，个体的身体健康状况也是影响考试焦虑水平的因素之一。身体健康状况良好的人，精力充沛、情绪稳定，能够对考试做出积极反应，因而考试焦虑水平较低。

调节学习焦虑应注意以下几个方面。

①树立对学习焦虑的自我防范意识。了解学习过程中要消耗大量的心理能量，学习方式不当对心理的健康也有很大的影响。所以大学生要正确评价自己的能力，制订符合自己实际情况的学习目标和计划；学习上也应该循序渐进，及时进行心理上的反馈调节，要逐渐改变不良心理。

②制订科学的学习计划，保证计划与自身条件相结合，做到有序性、节奏性。要学会科学用脑，善于劳逸结合，使学习更有条理性，这样便能在一定程度上缓解学习焦虑。

③参加人际交往和体育活动。大学生同自己信赖的朋友、同学、老师交流、沟通与倾诉可缓解焦虑，运动也是缓解焦虑的方式之一。

④学习一些自我调节的方法。例如，“调整呼吸法”，即情绪极度紧张时，停止有关活动，全身放松，多次做深呼吸，呼吸时大脑最好排除其他杂念，双眼注视一个固定的目标或微闭，反复有节奏地呼吸，这样能有效缓解学习焦虑；“音乐欣赏法”，音乐有调节人身心的作用，焦虑时可选听罗西尼的《威廉·退尔》、鲍罗廷的《勒超人的舞蹈》等音乐。

（二）学习疲劳

学习疲劳是指长时间连续学习后，身心过度疲劳所致的学习效率下降的现象。生理上的反应主要表现为肌肉与神经系统的疲劳，如腰酸背痛、打瞌睡、眼睛模糊、头昏脑涨；心理上的反应主要表现为情绪烦躁、注意力涣散、思维迟钝、反应缓慢等，如易怒、忧郁、厌烦。

学习疲劳也是一种保护性抑制，经过适当的休息即可得到恢复，但如果长期处于这样的状态，不能得到及时缓解，就会对学习产生厌恶，学习效率会大大降低。

学习疲劳产生的原因有很多，现列举如下几个方面。

①学习疲劳产生的生理原因是脑神经兴奋和抑制失衡。在学习过程中，大脑皮质兴奋区域代谢逐步增强。当紧张的学习活动长时间持续时，大脑皮质的血流量和耗氧量消耗过大，大脑来不及补充和恢复，因此学习效率就会下降。若个人长期过度紧张

疲劳，在生理上就会出现头晕、嗜睡、失眠、乏力、视力减退、食欲不振、大脑供血不足等现象，会有心情压抑、烦躁、记忆力减退、缺乏信心等情况发生。

②学习疲劳的产生与个体原因有关。当一个人形成了不良的学习、生活习惯，不注意劳逸结合，把成功与高分联系在一起，会因为厌倦考试而厌倦学习，因厌倦学习而厌倦生活，因厌倦生活而厌倦人生，最终会产生不良影响。

预防学习疲劳要注意以下几点。

1. 合理安排学习课程

研究表明：不同的学科，有不同的疲劳值，学习难易程度也不同；有的学科偏重逻辑思维，有的学科偏重空间思维，如果能做到把两种思维结合起来，疲劳便容易缓解。

2. 学会科学用脑

①确保休息和睡眠。休息可消除疲劳，恢复人体能量。为使休息充分发挥消除疲劳的作用，还应该注意起居有规律，要有基本固定的作息时间。

②注意营养。合理而充足的营养可改善大脑的活动机能，对于正处于身体迅速发育时期又肩负紧张学习任务的学生是非常必要的。特别注意的是：每天营养的摄入度，并非“多多益善”，而应力求均衡，否则会引起许多疾病。

③适度开展体育锻炼可促进血液循环、加强新陈代谢等，丰富的课余生活可减轻心理压力。

第三节　大学生学习策略与学习能力的培养

一、大学生学习观的转变

作为大学生而言，真正的学习除了课本知识之外，还体现在很多方面。从某种意义上讲，课堂之外的学习可能对学生的发展所起的作用比书本知识的学习更重要、更明显。因此，大学生要适应社会的发展。跟上时代前进的步伐，必须树立大学习观。大学习观具有以下几种特征。

（一）学习时间的终身性

它指的是人的整个一生都应该贯穿始终地学习，活到老，学到老，而不应该把学习时间局限于青少年阶段。这也就是终身教育和终身学习的思想，有的也称终身学习观。

（二）学习空间的社会性

它指的是学习不应只是在学校这一特定空间进行，而应把学习的空间扩展和延伸到各个家庭和整个社会。就是说学习要面向全社会，达到这样的境界也就开始走向了学习化社会。

（三）学习形式的多样性

它指的是采用多种多样的教育和学习形式，以适应面向全人生、全社会的学习需要。以往那种单一的学校学习系统的形式已经不能满足社会多方面的学习需求，也不能发挥社会各种学习资源的潜力。

（四）学习内容的综合性和全面性

它指的是现代人的学习不应该局限于继承前人积累起来的某一专业范围内的知识，而应该初步懂得现代生产过程和现代科学技术的基础及社会生活的知识，总之是人类生存发展的比较全面的综合性的知识、技能和技巧，以适应现代社会生活和生产的需要。

（五）学习系统的开放性

它指的是学习系统内部的开放和学习系统与社会大系统的融合，学习与社会生产实践和社会生活广泛的联系。它是相对于小学习，仅限于远离沸腾的生产劳动和社会生活的学校学习之内的狭隘和封闭的观念而言的。大学习观则强调学习是一个开放的系统。

综合大学习观的特征，我们既要重视书面文化的学习，也要重视非书面文化的学习。对此，大学生应该在掌握书面文化的基础上，努力在非书面文化上再下功夫，在社会实践中继续增长才干。只有通过社会实践，才能学到在书面文化中学不到的许多知识和能力。

二、大学生学习能力提升的策略

（一）激发学习兴趣

兴趣是最好的老师。兴趣是人们探究某种事物或从事某种活动的心理倾向，它以认识和探索外界的需要为基础，是推动人们认识事物、探求真理的重要动机。人们往往对有兴趣的东西表现出积极的关注，并且产生某种肯定的情绪体验。若大学生对某学科有兴趣，他就会为此努力学习，广泛涉猎有关的知识。不仅如此，学习兴趣还可以提高其挫折承受能力。那么大学生应如何激发学习兴趣呢？

首先，大学生要善于发现自己的兴趣。大学生可以根据学校开设的不同课程，去发掘自己的兴趣；也可以充分利用自己的业余时间，积极参加各种社会实践活动，找到自己愿意投资时间和精力，并且能给自己带来快乐的事情。

其次，大学生要多进行跨专业领域交流。向不同专业的人士请教可以让自己受益匪浅，也可以深入了解不同专业所需要的能力，并和自己的现状进行对比，从而“对症下药”，寻找自己的兴趣点。

最后，大学生要顾忌“三心二意”。任何领域想要获得一定的成就，都需要时间的累积和精力的付出，三天打鱼两天晒网是不会有收获的，培养兴趣爱好也是如此。

（二）加强时间管理

时间是最宝贵的资源，“日月逝矣，岁不我与”。每个人都应当根据自己的总体目标，对时间做出总体安排，并通过阶段性的时间表来落实。相对于中学时期，大学生活更自主，这种自主在很大程度上体现于对时间的安排上。除了上课，大学生还有许多空余的时间。如何合理地安排学习时间和闲暇时间就成了大学生必须学会的技能。有些学生的学习自主性和自我管理能力很强，对时间管理比较合理。但是，有些学生却不能很好地管理时间，整天浑浑噩噩、放任自流，存在严重的拖延现象。

时间管理是一门重要的人生课程，合理的时间管理可以让学习更有效。

首先，高效利用最佳时间。在不同时间里，人的体力、情绪和智力状态是不一样的，因此对学习时间的要求也有所差异。大学生要根据自己的生物钟安排学习活动,可以根据一周或一天内学习效率的变化安排学习活动,如有些学生在早晨的学习效率较好,有些学生在上午学习效率较好,有些学生喜欢晚上学习。大学生可以根据自己的学习效率和时间模式,合理安排不同的学习内容,确保在自己状态最佳时学习最重要的内容。

其次,利用番茄工作法。长时间连续学习容易积累疲劳,学习效率受到一定影响。使用番茄工作法,选择一个待完成的任务,将工作时间设定为 25 分钟,这期间只专注工作,中途不允许做任何与该任务无关的事,直到计时结束,然后进行 5 分钟短暂休息,接着再启动下一个番茄时段。每完成 4 个番茄时段的任务可以多休息一会儿。这种简单易行的时间管理方法可以极大地提高学习效率。

最后,高效利用零碎时间。利用零碎时间学习一些必须熟记的生词、公式、规则等,有利于加深印象。利用零碎时间的技巧很多,例如,在起床、洗脸、刷牙、就餐等活动场所的墙上,钉上一个与视线等高的小夹子,夹上卡片,写上当天要识记的单词、公式等;准备可随身携带的便签本或平板电脑,记录知识点、关键词,空余时可随时翻阅。

(三)设置合理目标

大学生在面对学习问题的时候,要设置合理的学习目标,把中长期目标和短期目标结合起来。对中长期目标来说,要点是设立自我和谐的目标,让自己做重要的事,那些按照自己的价值观和兴感而选择去做的事情,也更能够实现。对于短期、小型和微目标进行管理简要遵循 SMART 原则。SMART 原则由管理专家彼得.德鲁克(Peter Drucker)于 1954 年在其著作《管理的实践》中最先提出,具体内容如下。

(1)目标必须是具体的(specific, S),比如把目标定为“谈完这本书的第 30～40 页”比“对这本书进行学习”要具体得多,其可操作性也更强。

(2)目标必须是可以衡量的(measurable, M),可以通过核查来确定是否完成。

(3)目标必须是可以达成的(attainable, A),个体应根据自己的实力,设置中等难度的目标任务。

(4)目标必须与其他目标具有一定的相关性(relevant, R)。

(5)目标必须具有明确的截止日期(time-based, T)。

大学生在进行学习目标设置的时候,可以从设置小一点的目标开始,要尽可能做到从小处着手,最终完成大目标。而在目标实现过程中,每个人都要学会将学习目标具体化,将其转化为可操作的学习行为。不要只停留在每天对自己说“我今天要努力学习”,而是要对自己说“我今天要学习以下几件事,分别是……”学会让自己的目标具体化,在行动中逐渐明确、清晰、可触及,并让自己知道这个明确而具体的目标如何才能达到。这样,学习目标最终才能成为自己人生道路上的一个个里程碑。当具体目标逐一成为现实时,你就会为每个进步感到骄傲。

想一想

我的目标计划

结合所学的知识和自己的实际情况,给自己未来一年制定一个学习目标。请按照以下步骤制定你的学习目标。

步骤一:列出未来一年中对你最重要的3个学习目标,填入表3-3。

表3-3 列出3个重要的学习目标

最重要的3个目标	目标对自己的重要性	实现目标的把握

步骤二:要完成目标,必须注意3个方面,如表3-4所示。

表3-4 完成目标要关注的3个方面

目标要求	目标1	目标2	目标3

步骤三:列出你在实现目标过程中的有利条件和不利条件,以及你的应对措施,填入表3-5。

表3-5 目标实施的有利条件、不利条件和具体对策

目标对策	目标1	目标2	目标3
有利条件			
不利条件			
具体对策			

(四)掌握学习策略

1. 计划策略

计划策略包括设置学习目标、浏览阅读材料、评估学习任务难度和所需时间、提出待回答的问题、分析学习任务的解决步骤以及对计划的实施进行调整。

首先是制定学习计划。不论是日常课程学习,还是为了应对考试,学生都应制定自己的学习计划,并依据计划开展学习活动。

其次要能够及时评价自己的学习效果。在学习过程中,大学生要根据计划目标及时评价、反馈学习活动的结果与不足,正确估计自己完成学习目标的程度,并且根据有效性标准评价各种学习行动、策略的效果。如阅读时对阅读材料进行自我提问、自我检测、及时考察自己的学习效果;在考试时合理安排自己的答题速度和答题时间,及时调整自己的作答时间等。

最后是根据对学习活动结果的检查,及时修正、调整计划,以矫正学习行为,补救理解上的不足。例如,在阅读困难或遇到不熟悉的材料时放慢速度进行反复阅读,以达到学会、学懂的目的;在考试测验时,暂时跳过某个难题,先做简单的题目等等。

2. 记忆策略

有效的记忆策略可以提高学习者的记忆效果。根据前面所学的艾宾浩斯的遗忘规律以及大脑的认知规律，可以采用以下记忆策略帮助我们增强记忆的效果。

(1)多种感官协同记忆。研究发现，人们在识记时一般可以记住自己阅读的10%，自己听到的20%，自己看到的30%，自己看到和听到的50%，交谈时自己所说的70%。因此对一项学习任务时，对背要记忆的材料既看又听，既读又练，这样有助于增强记忆材料之间的联系，有助于保持和回忆识记内容。这充分说明多重感觉器官协同参与，记忆的效果会更好。

(2)整体识记与分段识记相结合。对于篇幅短小或内在联系密切的材料，适用于数识记，即通简阅读，直到记住为止。对于篇幅较长的学习材料，最好采取先分散记，后组合是08来整体记忆的方法，效果更好。

(3)过度识记效果最佳。背诵能够减缓记忆的消退过程，但如果刚刚能够完全背通护就停止识记，那么识记的效果就会打折扣。相反，如果这时还能继续学习一段时间，就会有能想不到的效果。

(4)采用阅读和回忆相结合的方法。即可以先阅读一遍要识记的内容，然后尝试回亿一次，再阅读一次，然后再尝试回忆一次，这样有助于提升记忆的效果。

3. 复习策略

复习是巩固所学知识的必不可少的重要环节。这里介绍两种复习策略。

(1)及时进行复习。识记与遗忘是相伴随的过程。识记一结束，遗忘也就开始了，遗忘的特点是先快后慢。因此，学习结束后需要及时复习。

(2)利用组织策略进行复习，可以起到事半功倍的效果。组织策略是学习者按照学习材料的特征或类别，对学习材料进行整理、归纳或编码，以便于学习、理解的一种基本的学习策略。思维导图法或符号纲要法是两种常见的组织策略复习法。符号纲要法也就是制作关系图，它用层次网络和流程图来呈现知识点之间的关系。层次网络法是用来表达不同性质关系的，它节点和连线组成，节点主要用于排列分层，而连线具有不同的性质。例如，我们教材中的学习导图部分就是一种组织策略法的运用。

视频案例 3-3

记忆是怎么一回事？

心理测试

学习动力自我测试

这个量表主要帮助你了解自己在学习动机、学习兴趣、学习目标上是否存在困扰。

共20个题目，请你实事求是地在与自己情况相符的题目后面画“√”，不相符的题目后面画“×”。

①如果别人不督促你，你极少主动地学习。（　）

②你一读书就觉得疲劳与厌烦，只想睡觉。（　）

③当你读书时，需要很长时间才能提起精神。（　）

④除了老师指定的作业外，你不想再多看书。（　）

⑤如有不懂的，你根本不想设法弄懂它。（　）

⑥你常想自己不用花太多的时间学习，成绩也会超过别人。（　）

⑦你迫切希望自己在短时间内就能大幅度地提高自己的学习成绩。（　）

⑧你常为短时间内成绩没能提高而烦恼不已。（　）

⑨为了及时完成某项作业，你宁愿废寝忘食。（　）

⑩为了把功课学好，你放弃了许多你感兴趣的活动，如体育锻炼、看电影与郊游等。（　）

⑪你觉得读书没意思，想去找个工作。（　）

⑫你常认为课本上的基础知识没啥好学的，只有看高深的理论、读大部头作品才带劲。（　）

⑬只在你喜欢的科目上狠下功夫，对不喜欢的科目不下功夫。（　）

⑭你花在课外读物上的时间比花在教科书上的时间要多得多。（　）

⑮你把自己的时间平均分配在各科上。（　）

⑯你给自己定下的学习目标，多数因做不到而不得不放弃。（　）

⑰你几乎毫不费力地就实现了你的学习目标。（　）

⑱你总是同时为实现几个学习目标忙得焦头烂额。（　）

⑲为了应付每天的学习任务，你已经感到力不从心。（　）

⑳为了实现一个大目标，你不再给自己制订循序渐进的小目标。（　）

心理测试解析

拓展实训

实训一：快速阅读自我训练

我们在阅读时眼睛像拍照片一样不断地活动。根据这些分析，一些专家认为，在完全理解的前提下每分钟能阅读800～900个字。已故美国总统肯尼迪能以每分钟2000字的速度阅读小说、新闻报纸和例行报告。

怎样来提高阅读速度呢？

训练(一)

要确确实实按照要求做。把手指轻轻地放在嘴唇上，然后读下去。你的嘴唇在动吗？然后把注意力集中在舌头上，看它是否在动。现在再把大拇指和食指放在喉咙上，看有没有颤动。

假如对以上三个问题的回答都是肯定的，那么就说明这种看书动嘴的习惯妨碍了阅读的速度。因此，在继续下一个训练之前，应重复做训练(一)，直到能改掉这种看书动嘴的习惯，再进行下去。

训练(二)

把头完全挺直，先向左看，再向右看，要注意只许转眼，不许转头，然后固定住眼睛不转动，让头上下摇动。

在阅读下面的英文单词时，要让眼固定住不动，仅仅让头从英文单词的上方移向下方，但必须要看一眼就看到整组整行的英文单词，不要让眼从左跳到右，从一个单词跳到另一个单词地看。

Once a man believes	to do better
That is his	to accomplish more
achieved perfection	is the priceless asset
Once he loses	of the truly
The motivation to do better	self-motivated person
He may as well	it is one of the things
Stop living	that make him
He has nothing more	colorful, dramatic
To contribute	a profitable user of time
This constant urge	

假如能控制眼睛的移动，就证明在阅读速度方面有一定的能力；假如发现自己不得不使眼睛从一个单词跳到另一个单词，那么还得需要多次的训练。这种练习的目的是让人一眼就能看到组成串的单词，在没有进一步练习好训练(二)之前，千万别练习训练(三)。

训练(三)

本训练有双重目的，它可以确定一个人的阅读速度以及提高阅读速度。

找一篇较容易的文章，把这篇文章读两遍。第一遍要按平常的速度去读，但是必须检验一下速度，看看要用几分几秒钟读完这篇文章。

立刻记下你读完这篇文章的时间和文章的字数，然后再算出每分钟能读多少个字。

如果能在不到一分钟内读完 450 个字，就说明阅读速度已远远超过常人。但假如得需 3 分钟多，那么就说明阅读速度太慢了，远不到常人的一半！第二遍要求以最快的速度读，即便漏读一两个字也可以。尽量争取不一个字一个字地读，要使眼睛成组成串地滑过每一行字。

训练(四)

如果想真正提高阅读速度的话，就得每天练习 15 分钟。从报纸上选一些文章，数一下它的字数，然后接着做训练（三）。这样练习两个月后，就会大大提高阅读速度。

体验感悟

每周非计划日程表

请在下表中写下未来一周你的日程表，只需要列出你必须要做的事情。

每周非计划日程表 日期：________

时间	周一	周二	周三	周四	周五	周六	周日
7:00							
8:00							
9:00							
10:00							
11:00							
12:00							
13:00							
14:00							
15:00							
16:00							
17:00							
18:00							
19:00							
20:00							
21:00							
22:00							
23:00							

①你有多少时间用于完成你的目标？

②你有什么感受？是否被所有这些要做的事情搞得心烦？是否对那些没有安排事情的时间感到忧心忡忡？

如果你发现你的空余时间过多，那么更需要的是寻找真正让你感兴趣的事情；如果你发现根本没有多少空余时间，那么我们需要一些技巧来管理时间。

推荐阅读——《学习高手》

作者简介：

李柘远（LEO），创投人、青年作者，被广大读者粉丝称为"90后国民学长"。

在济南和厦门长大，高三时放弃保送，被耶鲁大学录取并获四年全额奖学金。以优异成绩从耶鲁荣誉毕业后进入高盛投资银行，工作表现突出。后放弃金融高薪、探索创业，考入哈佛商学院继续求学，并获工商管理硕士学位。读书期间创办“学长LEO”文教平台，通过文章、视频和课程等形式分享学习干货，全网粉丝超过500万，已出版个人励志随笔《不如去闯》。LEO同时是微博年度阅读大使、福布斯U30入选者和当当网年度青年偶像作家。

内容简介：

如何记忆，才能牢固掌握知识点？如何复习，才能夯实完整知识体系？如何自学，才能实现终身跨界成长？这些问题，《学习高手》里都有答案。

本书是一本写给广大学生和家长的，培养高效学习能力的方法工具书。作者作为哈佛、耶鲁高分毕业生，结合先进的理论知识、经典的学习经验，系统分享了超实用的学习法。全书分为5大模块、30节大课、100方法，帮助你提高学习成绩，打开人生格局。

第四章

左右逢源——大学生的人际交往

学习地图

一直以来，很多大学生将人际交往理解为结识新朋友，这是对人际交往的曲解，会导致在人际交往过程中功利色彩浓厚。

心理学上将人们为了达到传达思想、交换意见、表达情感及需要等目的，而运用语言符号实现的沟通称为人际交往。人们通过人际交往，实现个人社会化、促进自我发展并且实现与社会的联系。大学生在人际交往中往往会出现自卑等心理障碍，严重影响大学生正常的人际交往。通过本章内容的学习，我们将了解什么是人际交往，影响人际交往的因素有哪些，大学生常见人际交往的障碍有哪些以及如何调适人际交往策略。

学习目标

※ 知识目标

1. 了解人际交往的概念及大学生常见的人际交往障碍。
2. 熟悉人际关系的影响因素及人际交往中的心理效应。
3. 掌握人际交往的策略。

※ 能力目标

使学生具有正常人际交往的能力，学会运用正确的方法和策略调适人际交往。

※ 自我认知目标

使学生认识到人际交往的重要意义，进一步增强主动人际交往的意识。

学习导图

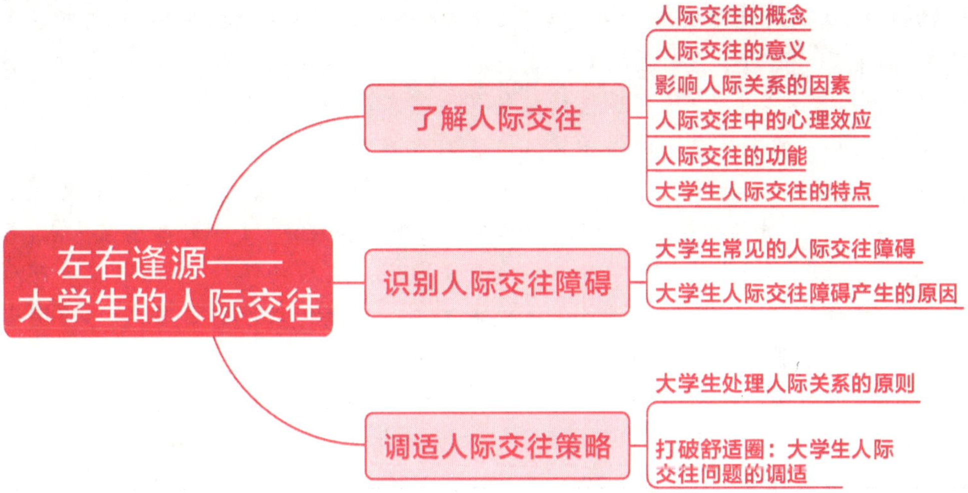

【校园故事回放】

小张是大一新生，性格较内向，从来没有住过校，从小都住在属于自己的房间里，进大学后与7名同学同住，在条件优越的环境中成长的他，看不惯的是同寝室同学“不良”的卫生习惯，更不喜欢他们随便的作息制度，尤其不喜欢他们的高谈阔论，总之，看谁都不顺眼。由于内向的他本来就不擅长与人沟通，再加之看不起那些同学，于是，就以独来独往来减少与同学们的交往。时间一长，他发现寝室同学说说笑笑，进进出出都结伴而行，似乎视他不存在。他开始感到失落了，孤独感油然而生，曾经多次萌发过主动与他们交往的念头。可都事与愿违。他回寝室时总觉得同学们都在议论他。对他评头品足，还窃窃私语，一副嘲笑他、鄙视他的模样。他觉得受不了了。想过换寝室，但没得到批准。为了不和他们交往。他很少回寝室。只有睡觉时才回去，即使这样避开他们。似于还是没有减少他们对自己的议论与不满，他开始失眠，食欲下降，精神状态起来越差，身体急剧消瘦，在寝室，话也越来越少，甚至连笑声都很少听见，他感觉到听课的效率也越来越差，最后终于病倒了。在住院期间，寝室同学轮流守护在病床旁，看到那些平时让自己反感透顶的同学都忙着照顾他，送水喂饭，就像自己的家人生病了似的，他的心被震撼了。他把内心的苦闷与孤独告诉了他们，才知道原来一切都是自己“想”出来的，同学们只是觉得他不愿意与他们交往，却不知道由此引发了他内心如此大的震荡。

【心理专家分析】

小张的由于看不惯寝室同学而拒绝与他们交往，最终落单了，在“单飞”的日子里，他陷入了失落、孤独中，消极的心理状态导致了躯体化反应，终于不堪重负而病倒，而后在同学的温暖中找回了自己和同学之间的友情，他敞开心扉，重新回到了同学们中间。在人际交往中，不要因为任何原因而封闭自己，每个人都需要别人的关心和支持，因此，我们要学会关心，学会理解，学会换位和适当的妥协。

【心理知识】

人能承受多少孤独?

1954年,美国心理学家做了一项实验,该实验以每天20美元的报酬(在当时是很高的金额)雇用了一批学生作为被测者。

实验内容是这样的:为了制造出极端的孤独状态,实验者将学生关在有隔音装置的小房间里,让他们戴上半透明的保护镜以尽量减少视觉刺激。接着,又让他们戴上木棉手套,并在手套袖口处套了一个长长的圆筒。为了限制触觉刺激,又在其头部垫上了一个气泡胶枕。除了进餐和排泄的时间以外,实验者要求被测者24小时都躺在床上,可以说,这样就营造出了一种所有感觉都被剥夺了的状态。实验持续数日后,被测者产生了一些幻觉,如看见大队花栗鼠行进的情景或者听到有音乐传来。到第四天时,被测者会出现双手发抖、不能笔直走路、应答速度迟缓等情况。

结果,尽管报酬很高,却几乎没有人能在这项孤独实验中忍耐3天以上。最初的8个小时好歹还能撑住,之后,被测者就吹起了口哨或者自言自语,有点烦躁不安了。在这种状态下,即使实验结束后让他们做一些简单的事情也会频频出错,精神也集中不起来了。实验后需要3天以上的时间才能回到原来的正常状态。通过这个实验,我们明白了一点:人的身心要想正常工作就需要不断地从外界获得新的刺激。

第一节 了解人际交往

一、人际交往的概念

人际交往也称人际关系,是人与人之间心理上的关系。人际交往表现为人与人之间的心理距离,反映着人们寻求满足需要的心理状态。从动态上看,人际交往是指人与人之间一切直接或间接的相互作用,但都超不出信息沟通与物质交换的范围;从静态上看,人际交往是指人与人之间通过动态的相互作用形成的情感联系。

【心理故事】

苏轼与佛印的故事

苏轼是个大才子,佛印是个高僧,两人经常一起参禅、打坐。

一天,两人又在一起打坐。苏东坡想起平日里和佛印较量多是自己丢脸面,心里很不服气,他一心想找机会戏弄佛印。突然他灵光一现,计上心来。他召唤旁边正在参禅的佛印说:“你看看我像什么?”佛印睁开眼睛看着苏东坡,没有回答,却反问苏东坡:“你看我像什么?”苏东坡上下瞧了一下佛印,对他说:“禅师,我看你这样坐着就像一坨屎。”佛印听到苏东坡的回答没有发怒和责怪的意思,却微微一笑对苏东坡说:“我看你就像一尊佛。”苏东坡很纳闷,但是他很高兴,因为自己终于赢了这和尚一回。

回到家里,苏轼就在苏小妹面前炫耀这件事。

苏小妹却不以为然地说:“哥哥,我看今天输的还是你。佛印因为心中有佛,所以才看你像佛;你说佛印像牛粪,想想你心里有什么吧!”苏东坡听了苏小妹的解释恍然大悟,沉思良久。

【故事解析】

在某种意义上，一个人心中有什么，他看到的就是什么。其实，我们每个人看别人的行为，都是以自己的有色眼镜去看的。当我们戴上了一个黄色的镜片，我们看这个世界的人、事、物都是黄色的；我们戴上了一个黑色的眼镜，我们看这个世界的人、事、物全都是黑色的。所以关键就在于我们自己这个心，是刻薄还是平和。对他人不尊重只会自取其辱。因此，在生活中应该尊重他人，放低姿态。

二、人际交往的意义

（一）良好的人际关系会带来事业上的发展

如果一个人能与人建立良好的人际关系，那么这个人的事业会向前发展；反之，将会事业会受阻。

（二）影响身心健康

如果一个人长期处于恶劣的人际环境中会产生很多疾病，如高血压等。

（三）家庭幸福

与父母、夫妻之间的良好沟通有助于和谐相处，试想如果和家人之间出现了矛盾，又不沟通，则可能造成家庭关系不和谐。

（四）对社会的认识

积极的人际交往有助于大学生获取更丰富的信息，保持与社会的联系，找准自己在社会中的位置，明确自己的社会义务，承担自己的社会责任，促进个体从自然人向社会人转变。

人际关系这么重要，那么，对一个人来说，怎样才能构建良好的人际交往机制呢？这里有必要先看看哪些因素影响人际交往。

三、影响人际关系的因素

（一）表层因素

空间距离、交往频率、仪表风度等会影响人际关系。例如，相互之间的地理位置越近，越容易形成密切的关系；来往密切的人，关系更近，如同宿舍的人，在一起生活、学习，交往频率越高，关系更密切；得体的仪表使人更具有魅力，更容易形成良好的人际关系。

（二）深层因素

个性品质会影响人际关系。人的气质类型、性格特点等，当然最重要的是人品，都直接影响人际关系。随和的人，人们都愿意和他相处，而不随和的人，大家都不愿意和他相处。

相似性原则。人们常说“物以类聚，人以群分”。交往双方在诸多方面的相似性，会使彼此在交往过程中对所交流的信息有相同或相似的理解，有共同的情绪体验，从而产生情感共鸣，致使相互吸引，易建立良好的人际关系，这也就是我们常说的“有共同语言”。

互补性原则。具有不同特长的人之间往往也容易相互吸引，双方一边交往，一边从对方那里看到自己的不足，关系易稳定长久。例如，支配型人格的人往往愿意和被动型人格的人交往并形成融洽的人际关系。

除此之外，人际交往中的一些心理效应也会影响人际关系。

四、人际交往中的心理效应

（一）首因效应与近因效应

首因效应是指人们初次交往时，对各自交往对象的直觉观察和归因判断。在这种交往情景下，我们一般称这种印象为“第一印象”或“最初印象”。首因效应在人际交往的印象形成过程中起着重要的作用。初次见面，人们很重视首先能够观察和感知到的一些特征，如对方的体态、仪表、谈吐等，并根据这些形成第一印象。实验证明，第一印象一旦形成是很难改变的。因此在日常交往过程中，一定要注意第一印象。例如，我们在与人初次交往的时候，非常重视自己的衣着打扮等，想给对方留下一个好印象；大学生在面试时，用人单位也非常重视第一印象。

近因效应是指在人际交往中，交往对象的最近信息使自己对其过去的认识或印象发生了改变。例如，你的好朋友做了一件对不起你的事情，你觉得好朋友不能做对不起朋友的事，从而否定了和他以前的交情，从此不再交往了。这就是近因效应，即因为最近的事情，改变了你对朋友的看法。

视频案例4-1

首因效应搞砸了，巧用近因效应改善人际关系

（二）光环效应

光环效应也叫晕轮效应，它是指根据一个人的某种特征形成一定的印象之后，人们还倾向于推论出该人其他方面的特征。例如，人们常常认为外表漂亮的人各方面都好。你对某人印象好的时候，你就觉得对方什么都好，而你对某人印象不好的时候，就觉得对方什么都不好（如图4－1所示）。“光环效应”是一种以偏概全的评价倾向，是在人们没有意识到的情况下发生作用的。光环效应易使一个人的优点或缺点变成光圈被放大，个体形象被歪曲，妨碍人们进行正常的交流。大家在人际交往中要尽量避免这种光环效应。

（三）刻板印象

刻板印象是指人们对某个社会群体形成的一种固定的看法，如一说到浙江人，总认

图 4－1　光环效应

为他们会做生意;听到四川口音就认为他们喜欢吃辣;一提到知识分子,我们眼前就会出现文质彬彬、戴着眼镜的学者形象。刻板印象是我们在认识他人时经常出现的一种现象,也叫“社会刻板印象”。人们不仅对曾经接触过的人具有刻板印象,即使是从未见过面的人,也会根据其他的信息对其产生刻板印象,例如,我们认为英国人有绅士风度。刻板印象是一种群体现象,反映了人们对一类人的“共识”,但是我们在生活中应注意一类人中也有个体的差异。

五、人际交往的功能

每个人一来到世间就需要和人交往,只要他(她)活着,就必须与别人产生关系,进行交往。不与他人交往的人是不存在的,不管人们愿意与否、自觉与否,都得进行人际交往活动。那么,人际交往究竟对个人、对社会有什么意义呢?

(一)人际交往是个人社会化的必经之路

个体降生来世,最初只有一个赤裸裸的血肉之躯,不但没有穿戴,也没有社会规范的思想意识。这时他(她)并不是个社会人,而只是一个自然人。由自然人到社会人要经历一个漫长的社会化过程。

所谓社会化就是个人学习社会的知识、文化和技能,发展自己的社会性的过程。这个过程的实现和完成离不开人际交往,没有社会其他个体的作用,个人就根本不能社会化。

首先,个人社会化的特点是人际交往,个体最初是从与之交往的他人那里获得社会性的。出生婴儿无社会知识,既不会读书看报,也不会听广播和看电视;既不能去调查研究,也不会反省沉思。他们只能依赖于父母生活,只能从父母那里获得信息。最初,从父母说话中他们逐步听出语意,听的能力来自与父母的交往,读写的能力来自父母和启蒙教师,进行社会学习的基本能力和知识都是他人教给的,都是在人际交往中学会的。

其次,绝大多数社会规范是个人在人际交往中习得和掌握的。一个社会,特别是现代社会,有不计其数的规范,这些规范,少数是成文的,可以通过各种形式传授给个人。比如人们通过上学、开会、阅读等来获取这些规范,即使这样,人们在接受和学习中也少不了与他人交际。然而社会的绝大多数规范是不成文的,人们无法通过正式途径获得,只能从人际交往中获得。比如许多伦理道德规范，人们并不是从伦理学中得到的，而是在与他人的交际活动中自发和自觉地领会的。

最后，个人的社会资格和社会地位的取得是以人际交往为基础的。人们只有与他人交往，才能为他人认知和信赖。人际交往是个人走向社会、自立于社会、取得社会认可的重要途径。

总之，人际交往是个人社会化的必经之路。不参与人际交往，不与他人发生关系，个人就不能了解社会，也不能走向社会，更不能适应社会和自立于社会。离开人际交往，个人就根本不能社会化。

（二）人际交往是个体自我发展的途径

人际交往不但有助于个人走向社会、适应社会，而且有助于个体自我形象的塑造与完善。

首先，人际交往是个体自我保护的必要手段。人们进行交往是为了满足需要，首要是保护自我。个体生存必须借助于他人的力量和智慧。团此，必须与他人交往，建立人际关系。人际交往是个体生活的手段。

其次，人际交往是个体自我能力发展的源泉。个体的知识、能力、经验绝大部分来自同他人的交往。人们通过人际交往，可以获得知识。在交往中，人们向对方学习，以别人的长处弥补自己的短处，学习别人成功的经验，吸取别人失败的教训，借鉴别人行之有效的方法。与此同时，在与他人交往中，人们锻炼了自己的能力，磨炼了自己的意志，陶冶了自己的情操，在交往中充实了自我。

再次，人际交往是个体自我认识的极好机会。自我的价值有多大？自己的威信有多高？自己真正的社会地位如何？离开一定的人际关系就无法弄清楚这些。只有在人际交往过程中，通过他人的评价以及自己与他人的比较，才能弄清。也只有在有了明确的自我认识之后，人们才能进行自我规划。

最后，人际交往是自我表现的途径之一。一个人能力、才华、品格如何，固然可以通过他的学习、工作和生活表现出来，但是，人们在交往过程中的自我表现更具有普遍价值。在与别人的交往中，人们总不免要表露自己的喜爱。人们总是通过人际交往来获得友谊等。

总之，个人的自我发展，一方面离不开社会的制约，另一方面也离不开他人的制约，只有自我目标与社会目标、他人目标不相违背时，自我发展、自我实现才有可能达到。因此，人际交往是自我发展的重要途径。

（三）人际交往是社会联系的纽带

人际交往不但对个人有着极其重要的作用，对社会也有着积极意义。社会是由无数个活动着的个人组成的，人际交往充当了组织个人、联系个人的纽带。人们通过人际交往建立关系，形成整体，这就是人际交往的整合作用。不仅如此，人际交往对社会职能的实现还有更大的作用。

第一，人际交往是社会沟通的一条重要途径。一个社会的存在和发展，离不开社会成员之间的相互沟通，少不了信息交流。整个社会既要随时保持管理机构与下属执行者的信息交流，又要保持机构内部、下属成员之间的沟通。人际交往是社会沟通的一条重要的信息通道。在日常交往活动中，人们总是有意或无意地传递和接受某种信息。因此，人际交往是社会神经系统的组成部分。

第二，人际交往是社会协作的基础。人际交往把无数个人联系为各种群体，它是社会成员、社会的不同集团和群体之间联系的基础。社会成员、社会群体之间关系的建立都得经过人与人之间的交往活动。因此，人际交往通过个人之间的相互联系、相互作用、相互影响，实现整个社会的系统功能。

第三，人际交往具有社会教育的职能。个人的许多知识、能力、技巧以及社会规范，很大一部分是从人际交往中学得的，尤其是一些生活常识和技能。人际交往能培养个人适应他人、适应社会的能力。社会组织和机构所无法实现的某些教育职能，人际交往也能完成。

第四，作为人际交往结果的人际关系是社会控制和调节的重要机制。人与人的交往活动和人际关系对个人具有重要的制约作用。在管理过程中，注意人际关系有助于人才管理和生产管理。在社会管理和社会控制中，要善于运用各种人际关系。同时，管理者更要注意建立管理人员内部、被管理成员内部以及二者之间的良好人际关系。

六、大学生人际交往的特点

（一）强烈的交往愿望

大学生的年龄一般在20岁左右，正处于青春期，自我意识有了新的发展，情感丰富，充满活力，加上他们一般远离家乡，因而大学生的交往愿望非常强烈。一方面，他们把友谊放在了前所未有的重要位置；另一方面，人际交往范围的扩大，也开阔了学生的视野，使他们在大学校园里日渐成熟，自觉地培养自己的人际交往能力，表现出强烈的交往愿望。

（二）平等的交往关系

大学生的人际交往是多方面的，主要是学生彼此间的交往。相近的年龄、相似的经历、相同的心理发展水平和身份角色、相差无几的知识结构和思想特点，决定了大学生之间的交往是平等的。这种平等的关系同师生关系、亲子关系有所不同，由于没有地位的差异也就没有被动的心理负担，因而交流的渠道更加畅通，交往的过程更加自如。同时，大学生正处于思想活跃、情感奔放的时期，他们渴望友情、珍视友情，赋予友情很高的评价，这种对浪漫情怀的憧憬也注定了其交往的纯洁性。

（三）多样的交往方式

大学生的交往范围比较宽泛，不只局限于本宿舍、本班级。思想的活跃、情感的丰富、精力的旺盛以及兴趣的广泛，使得他们常常跨班级、跨年级、跨专业地进行多方面的交往，每个学校都有各种社团、协会，这有利于学生扩大交际范围。大学生有一定的社会实践的机会，借助于这些机会，他们也逐步把自己的交往范围扩大到社会上。正是这种交往的多层次性，决定了他们交往方式的多样性。

（四）独立的交往理念

自我独立意识贯穿于个体发展的全过程。对大学生来讲，独立意识成为自我意识发展的重要内容。他们自强、自立，善于独立思考，对是非对错有自己的判断标准。他们重视自己的想法及内心体验，从自我的角度出发选择交往对象及交往的内容和方式，不受外界的影响。因而，在人际交往上更多地体现出独立性。

第二节　识别人际交往障碍

一、大学生常见的人际交往障碍

（一）交往愿望强烈，但缺乏交往经验

大学生正处于青春期，加上远离家乡，他们迫切希望同他人分享交流自己的体验，融入新的群体之中。随着生理和心理的成熟，大学生自我意识逐渐觉醒，产生了强烈的“成人感”，不再愿意他人把自己当作没有成熟的孩子，而想在各方面都体现出独立的人格。但有不少大学生由于之前接触外界机会较少，缺乏人际交往方面的锻炼，他们入学后难以适应新的群体，不愿暴露自己心中的“秘密”，也不知道如何与人顺利交往，严重地影响了学习、生活。

（二）个性缺陷、不良心理妨碍交往

处于青春期的大学生有着强烈的自尊、认同和归属的需要，非常渴望师生、同学间关系和谐融洽，能从朋友中获得情感的共鸣，更希望他人看到他们存在的价值，希望得到他人的尊重。但有些学生中学阶段成绩一般，往往认为自己不够聪明，自我认同意识较差，信心不足，甚至在人际交往中，经常产生恐惧心理，怕与人交往，不仅形成了孤独、自卑、苦闷等心理感受，还给人际关系的处理增加了难度。

（三）交往功利色彩逐渐浓厚，呈现交往庸俗化的趋势

随着市场经济的发展，当代大学生交往目的的功利色彩逐渐浓厚。不少大学生在交往中往往学习社会上一些“庸俗化”的交际观，认为交际就是相互利用，交朋友也是相互利用。一些大学生沾染了社会不良习气，交往中追求攀比之风，他们往往组合形成以富裕学生为圈子的新的学生群体，出现“贫者近贫，富者近富”的怪圈。

（四）热衷网络交往，疏远现实交往

目前网络已逐渐融入大学生的学习生活中。网络虽然能扩大大学生的交际范围，可一定程度上满足学生的交往需要，但网络交往具有虚拟性，容易使学生沉溺于虚拟的世界，渐渐远离现实生活（如图 4 - 2 所示）。如果学生在现实人际交往中遇到挫折，就会更依赖网络虚拟的交往来寻求精神的慰藉和心理的平衡，这样一来就会形成恶性循环，使得学生忽视现实生活中的人际交往。这不仅阻断了大学生正常社会化的情感渠道，还会增加他们对现实生活的恐惧，出现网络交往的热衷化和现实交往的冷漠化。

图 4-2　网络社交依赖

二、大学生人际交往障碍产生的原因

（一）自身素质的制约

从大学生的日常生活中不难发现，有的大学生因缺乏人际交往技巧和人际交往经验，有的大学生性格内向或对人际交往的认知存在偏差，人际关系紧张。大学生的人际交往常见困扰表现在不敢交往、不愿交往、不善交往上。

不敢交往。很多在现实交往中受到挫折的同学会转向网络，寻求心灵的安慰，网络以其匿名性、隐蔽性、便捷性为大学生孤独的心灵搭建了通往外界的桥梁，拓展了他们与世界的联系。然而网络交往并不能取代现实交往，一个在网络中如鱼得水的人在现实中也许寸步难行。在人际交往的实践活动中，人们都存在不同程度的恐惧心理，只是每个人的反应程度不同。有一部分大学生在这方面反应特别强烈，如受害羞、自卑等心理作用的影响，在与人交往时显得特别紧张，心跳加速，面红耳赤，两眼不敢正视对方；在与人交谈时显得语无伦次，尤其在人多的场合或者在集体活动中更感到恐惧，不敢和人打交道，不敢表现自己，严重地会导致社交恐惧症。

不愿交往。现实生活中确实有部分人因为与人交往的成功经历较少，或者是性格过于内向，所以在现实中缺乏交往的愿望和兴趣，他们自我封闭，但又特别敏感，心理承受能力差，不愿与人交往。在这个推崇社会化的大背景下，这部分人似乎显得不那么合群和社会化。是跟着内心的感觉走还是顺应社会的大趋势？是保持内心的宁静还是勇于突破自我？这是一个不容选择的问题。

不善交往。有的大学生不善于了解和掌握交往的一些知识、技巧，在交谈的过程中显得过于生硬、书生气、木讷，心存感激也不会表达，由于交往的方法欠妥等，在交往过程中既不了解自己，又不了解别人，导致交往失败。长期的交往失败使得一些学生把交往看成一种负担，渐渐地变得自我封闭。有的是认知偏见产生的理解障碍，不注意交往中的"第一印象"，不注意沟通方式，在劝说他人、批评他人、拒绝他人时不讲究语言艺术。有些大学生在与人交往的过程中，不注意交往的原则，开玩笑不注意场合，不懂得给人留面子，或言语粗鲁伤了对方的自尊心，或不懂得尊重对方的风俗习惯，或不懂装懂夸夸其谈等。这些表现有损于自身形象的塑造，影响了同学之间的进一步交往。

（二）社会环境的影响

社会环境对大学生人际交往的影响主要是指社会经济、科技发展、社会风气等因素对大学生人际交往的影响。如今人际关系的一个重要表现就是情感的逐渐淡化，取而代之的是物质利益的交换，科学技术的发展拓展了人际传播的空间，改变了人际交往的方式，扩大了人际交往的范围，但同时也带来了负面影响。现今社会上流行的金钱至上、一切凭关系等不良社会风气也影响了校园风气，势必会误导学生，使其曲解人际交往的作用和功能。

（三）学校思想教育理念的滞后

目前许多大学教育重视专业知识技能的教授，轻视对学生的心理健康教育，没有将心理健康教育纳入教学体系，没有在大学生中普及心理知识教育，只是设置了一些心理咨询机构对心理有问题的大学生进行个别咨询和指导，学生的人际交往得不到正确有效的教育引导。有的学校开设了相关的课程，但效果欠佳。

此外，有些学校为学生提供的交往渠道缺失导致学生交往的活动空间狭小。不少大学生不主动与人交往，在交往中有一种难以克服的惰性，加上每天重复着教室、宿舍、食堂的单调生活，大学生常常独自诉说自己的想法。

第三节　调适人际交往策略

一、大学生处理人际关系的原则

（一）平等尊重原则

平等尊重原则是人与人之间建立感情的基础，也是人际交往的一项基本原则。交往中只有以平等的姿态出现，给他人以尊重，才能形成和谐的人际关系。

（二）真诚信任原则

真诚信任原则主要表现在为人处世言行一致、表里如一，只有这样才能赢得他人的信任。

（三）包容理解原则

人际交往中由于大学生在成长环境、道德修养、个性特征等方面存在差异，会出现认识不一致的情况，或因误会、不理解而产生矛盾，这些是不可避免的。为了减少矛盾的发生，交往双方应遵循包容原则，理解对方，做到不斤斤计较。大学生在人际交往中包容他人，有助于扩大交往空间，并能有效消除人际关系中的紧张情绪和矛盾冲突。

（四）互惠互助原则

互惠互助是一种自觉自愿的相互付出、相互奉献。交往双方应相互关心、相互帮助、相互支持，既要考虑双方的共同价值和共同利益，满足共同的心理需要，又要加强相互间的联系，深化双方感情，强调“相互”。

文字案例4-1

心理故事:听别人把话说完

二、打破舒适圈:大学生人际交往问题的调适

(一)建立与发展良好人际关系的基本条件

1. 交往水平

人际交往是人际关系存在和发展的首要条件。所谓交往水平,就是指彼此间联系的频率、广度和深度。例如,推心置腹、心心相印、同舟共济、患难与共则说明交往较深。一般说来,交往频率越大,人际关系越好。与此相应,相互间的吸引力越强,心理相容的水平越高,人际关系就越巩固。但是,事情不是绝对如此的。有的人虽然交往的时间短,但也有可能情投意合,交往相当深;而有的人,虽然彼此间交往频繁,但仅是一般的往来。所以交往频率只是交往深度的一个条件,在交往中要特别注意提高交往的深度。只有彼此以诚相待、互相信任、相互帮助、共同获得应有的满足,才能建立起良好的、牢固的人际关系。患难与共的人们,之所以成为“莫逆之交”,其道理就在于此。

2. 信念与价值观的一致

信念与价值观的一致,是建立与发展人际关系的最基本条件。如果人们的信念与价值观是一致的,那么他们就有共同的语言和活动,因而他们之间较容易建立起深厚的情感和亲密的关系。

3. 兴趣与爱好的一致

兴趣与爱好的一致是建立与发展人际关系的一个重要条件。兴趣与爱好相同的人,他们“三句话不离本行”,容易形成友好关系。学术友谊就是具有相同学术兴趣的人们,在经常一起参加学术讨论活动中逐渐建立起来的。有的离退休老同志,对种花有兴趣,因而他们之间也易建立友好的关系。

4. 做最真实的自己

我们的人际交往特点与自身的性格特征密不可分,有人偏外向一点,有人偏内向一端,其实这两种性格类型在交往中各有特点,见表4-1所列。有的人更喜欢与外向的人交往,有的人更喜欢与内向的人交往。即使在未来的职场中,用对自己的性格优势,做真实的自己,才能在交往中得心应手。

表4-1 外向者和内向者在交往中不同的特点

外向者在交往中的特点	内向者在交往中的特点
喜欢表达,即便谈话对象是陌生人	喜欢倾听
喜欢亲自参与进去	喜欢观察事物,洞察力强
坦率、随和、乐于助人、直率、开放、轻信、易于适应环境	安静、耐心、富于想象、爱思考、退缩、害羞、防御性、敏感
认识很多人,并将他们视为自己的朋友	只是将关系较深的人视为朋友
高调,喜欢表现,易与人发生冲突	低调,不露锋芒,不易与人发生冲突

文字案例4-2

《内向者优势——如何在外向的世界中获得成功》书评

(二)大学生人际交往问题的调适

1. 加强交往

人际关系是通过交往而建立起来的。经常交往有助于逐步加深相互了解,不断地提高人际关系水平,即使两人的人际关系比较紧张,通过交往也有可能逐步消除猜疑、误会。反之,即使两个人关系很好,但如果长期不交往,彼此了解减少,其关系也可能逐渐淡化。学会交往是提高人际关系水平的重要手段。每逢佳节,看望一下自己的亲朋好友,在节日的气氛中会更加增进友谊的色彩。

2. 严于律己、宽以待人

人际关系好的人大多有一个特点,即严于律己、宽以待人。对自己严格要求,才能让他人尊敬;对他人关心,才能进一步促进人际关系的和谐。宽以待人并不意味着同志、朋友之间一团和气。对同志、朋友的缺点和错误,要真心诚意地规劝。同志之间促膝谈心,使人倍感温暖。一个单位的领导者能做到严于律己、宽以待人,对这个单位建立良好的人际关系有很大影响。一个家庭的长辈能做到严于律己、宽以待人,对这个家庭建立良好的人际关系也会有很大影响。

3. 优化性格

不良性格与人际关系紧张有相当关系,自私自利、虚伪使人厌恶;狡猾、花言巧语使人唾弃;孤僻、冷淡使人不愿接近;清高、自傲使人敬而远之;性情粗暴,易伤害他人的自尊心;心胸狭窄,易引起朋友间的矛盾。因此,改变不良性格是改善人际关系不可忽视的重要方面。例如,助人为乐、豁达、宽容、正直、诚实、谦虚、热情、有礼貌、富于同情心等优良性格品质,具有很大的魅力,易使人产生可亲可敬之感,因而能极大地促进人际关系的发展。

音频案例 4-1

五个实用的人际交往小知识

（三）大学生宿舍人际交往攻略

“精明的王晓薇把买来的鱼皮豆数了数，每天向我抱怨贪吃的舒文，偷偷吃了她多少粒；于乐乐把她的香蕉、沐浴露什么的都锁在了抽屉里，只是一些小小的变动，让我敏感地意识到，舒文大概也动了她的东西了，寝室的风向在日益转变，我开始厌倦和害怕那样的情绪和冷漠的校园。”这是一段《心理访谈——宿舍你我他》中对宿舍关系的生动描述，宿舍是大家朝夕相处的地方，宿舍生活无小事。看似鸡毛蒜皮的事情如果处理不好，也会很影响宿舍的整体氛围。由于每位家庭成员的家庭背景、地域、性格等具有差异，宿舍人际关系非常考验一个人的人际智能，而且影响一个人的情绪。人际智能是指能很好地理解他人和与人交往的能力。较高的人际智能，包括善于观察，从人们的行为中进行推断，读懂他们的面部表情和肢体语言，善与倾听，使得人们善于理解他人。处理好宿舍成员之间的关系有哪些攻略呢？

视频 4-2

宿舍你我他

1. 与舍友统一作息

一个宿舍有三四个，甚至更多的人在一起生活，需要有统一的作息时间。只有大家协调一致、共同遵守，才能减少争执，维持正常的生活秩序。如果你是“夜猫子”，晚上睡得很迟，若待宿舍成员都睡了才洗漱睡觉，就容易惊醒其他人，影响别人休息。久而久之，你就会引起舍友们的厌恶。

因此，宿舍的全体成员应当尽量统一起居时间。倘若实在有事，早起或者晚睡的成员也应尽量减少声响和灯光对舍友们的影响。

2. 不搞“小团体”

在宿舍，应当以平等的态度对待每一个人，不要厚此薄彼，和一部分人打得火热，而对另一部分人疏远。

有些人喜欢同宿舍之中的某一个人十分亲近，平时，总是同一个人说悄悄话，无论干什么事都和这一个人在一起，这样就容易引起宿舍其他成员的不悦。结果，你俩的关系也许搞好了，却疏远了其他人。这就不利于建立和谐的宿舍关系，也是得不偿失的。我们不反对建立有深度的友谊，但绝不能以牺牲友谊的宽度和广度为代价。

3. 不触犯舍友的隐私

每个人都有自己的秘密，也有足够的好奇心。对于舍友的隐私，我们不要想方设法去探求。对方把一个领域化为隐私，对这个领域就有了特殊的敏感，任何试图闯入这个领域的话题都是不受欢迎的。尤其要注意的是，未经得舍友同意，切不可擅自乱翻其衣物。我们要格外注意这个问题，千万不要以为是熟人就忽略了细节。另外，同住一个宿舍，有时难免知道舍友的某些隐私，对此我们也要守口如瓶，将舍友的隐私告诉他人是对舍友的不尊重。

4. 积极参加集体活动

宿舍的活动不单纯是一个活动，更是舍友之间联络感情的重要形式，应该积极参与。千万不要幼稚地把集体活动当作费财费力的无聊之举，表现出一副不屑为伍的样子。其实，那都是感情投资，不可或缺。舍友们决定一起去干什么，我们要尊重他们的选择。若确实不能参加，可以把自己的想法和意见提出来，勉强参与反倒让舍友觉得你在应付了事，更不要一口回绝伤了舍友们的兴致。

可以说，集体活动的有无和多少，也从一个侧面反映了这个宿舍的团结程度，倘若这样的活动你老是不参加，多多少少显得你不合群了。

5. 别人有难要帮，自己有事也要求

良好的人际关系是以互相帮助为前提的。当舍友遇到困难，我们应当主动伸出援助之手，这自不必说。那么，当我们有事时，是否宜向舍友求助呢？答案是肯定的。因为有时求助反而能表明你对别人的信任，能够融洽关系、加深感情。你有事须请人帮忙时，倘若你舍舍友而远求他人，舍友得知后反觉得你不信任他。你不愿求别人，别人以后有事又怎么好意思求你帮忙呢？其实，求助舍友，只要讲究分寸，不使人家为难，都是可以的。

6. 不拒绝零食和宴请

舍友买点水果、瓜子之类的零食到宿舍，分享给你时，你就不要推辞，不要以吃别人的东西难为情而拒绝。有时，舍友因过生日或其他事请你吃饭，你也应欣然前往。即使没有钱“回请”他也无关紧要，因为互酬不仅仅体现在物质上，它更体现在心理上。你接受别人的邀请，从某种意义上说，也是给别人面子。倘若不论零食或宴请，你都一概拒绝，时日一久，别人难免会认为你清高傲慢，就对你“敬而远之”了。

7. 不逞一时口快

“卧谈会”是宿舍的一个重要活动项目。舍友们互说见闻，发表意见，本来是件很愉快的事，若因小事而发生争执，“卧谈会”则会变成了“口舌大战”。有些人喜欢说别人笑话，哪怕玩笑也不肯以自己吃亏而告终；有些人喜欢争辩，试图通过说服对方显示自己的能耐，让舍友“尊重”自己；有些人为引人注意，就故意在“卧谈会”中唱反调，甚至揭人之短，对他人进行人身攻击。这种喜欢逞一时口快的人实际上非常愚蠢，给人感觉太好胜，难以合作。你不尊重别人，别人也不会尊重你。你夸夸其谈，想处处表现得比别人聪明，最后也只会引起别人反感，没人说你好。

8. 完成该做的杂务

宿舍每位成员完成该做的杂务，不仅指做好自己一个人的事，还包括做好集体的事。有些人在家懒惰成性，所有的事都指望家人打理，住集体宿舍难免恶习毕露：开水从来不打，每天喝别人的；衣物乱扔一地；宿舍的公共卫生更是不闻不问，扫地、擦门窗等事都指望舍友来完成……我想，没有哪一个集体会欢迎一个自私、懒惰和邋遢的人。因此，你必须尽力完成属于自己的那份杂务，不要指望别人来“帮助”你，凡事要养成亲力亲为的好习惯。集体的事，要靠集体来完成，你不做，或马虎了事，别人就有理由说你的不是了。

以上 8 点，虽都为日常生活中的小事，倘若我们能够做到，对我们处理好宿舍关系能够起到事半功倍的作用。反之，小小“蚁穴”也能够将我们良好宿舍关系的“千里之堤”给毁了。

心理测试

大学生人际关系综合诊断量表

以下是大学生人际关系综合诊断量表，共 28 个问题，在每个问题上，符合你自己实际情况的画“√”，不符合的画“×”。请你认真完成，然后阅读后面的计分办法和对测验结果的解释。

①关于自己的烦恼有口难言。（　　）

②和生人见面感觉不自然。（　　）

③过分地羡慕和妒忌别人。（　　）

④与异性交往太少。（　　）

⑤对连续不断的会谈感到困难。（　　）

⑥在社交场合感到紧张。（　　）

⑦时常伤害别人。（　　）

⑧与异性来往感觉不自然。（　　）

⑨与一大群朋友在一起，常感到孤寂或失落。（　　）

⑩极易受窘。（　　）

⑪与别人不能和睦相处。（　　）

⑫不知道与异性相处时如何适可而止。（　　）

⑬当不熟悉的人对自己倾诉他的生平遭遇以求同情时，自己常感到不自在。（　　）

⑭担心别人对自己有什么坏印象。（　　）

⑮总是尽力使别人赏识自己。（　　）

⑯暗自思慕异性。（　　）

⑰时常避免表达自己的感受。（　　）

⑱对自己的仪表（容貌）缺乏信心。（　　）

⑲讨厌某人或被某人所讨厌。（　　）

⑳瞧不起异性。（　　）

㉑不能专注地倾听。（　　）

㉒自己的烦恼无人可申诉。（　　）

㉓受别人排斥。（　　）

㉔被异性瞧不起。（　　）

㉕不能广泛地听取各种意见。（　　）

㉖自己常因受伤害而暗自伤心。（　　）

㉗常被别人谈论。 (　　)

㉘与异性交往不知如何更好地相处。 (　　)

心理测试解析

拓展实训

实训一:心理剧场——女孩的烦恼

【剧情介绍】

本剧讲述的是一名女大学生在学习、交友以及与妈妈相处中遇到的一系列问题。她困惑、痛苦,最终在自己的思考和老师的帮助下摆脱烦恼,重拾友情,和妈妈和谐相处。剧情重在体现主人公的心理变化过程。

【人物】

梅梅、晓兰、梅梅妈妈、小刚、群众演员等。

场景一:

梅梅:(焦急地)晓兰,这可怎么办啊?我这次要再考不好就死定了,老师这关先不说,我老妈还不把我吃了啊!

晓兰:我看你最近不是学得挺认真的吗?

梅梅:(叹了口气)唉,别提了,我是想好好学习,可就是静不下心来,一看到那些该死的公式就头疼,拿什么考啊!(讨好地)晓兰,你数学那么好,帮帮我行吗?等会儿做好了偷偷把答案给我看一下。

晓兰:(为难地)不行啊,这是作弊,被老师发现就惨了,再说那也不是你的真实成绩,你不是欺骗自己吗?

梅梅:(无奈地)真实?真实我能拿几分?(哀求地)晓兰,好晓兰,求求你了,我保证就这一次,以后我一定好好学。你放心,我会很小心的,老师发现不了。

晓兰:(犹豫地)可是……

上课铃响了,两人立马坐回自己的位置,晓兰在前,梅梅在她正后方。

场景二:

下课后回家的路上(梅梅垂头丧气地走着,晓兰从后面追了上来)

晓兰:(气喘吁吁地)梅梅,你怎么不等我啊,走那么快,累死我了。

梅梅没理她,气哼哼地继续快走。晓兰快步追上,一把拉住梅梅。

晓兰:(笑着)呦,真生我气啦!

梅梅:(冷冷地)我哪有资格生你的气呀,谁让我妈没给我生个聪明的脑袋和漂亮的

脸蛋呢？(试图挣脱晓兰的手，欲走)

晓兰：(真诚地)梅梅，你听我说，就算我们是朋友，这个忙我也无法帮你，因为这不仅是欺骗老师，欺骗你妈妈，更是欺骗你自己，是没有任何意义的。

梅梅：(仰起头，不屑地)你是在教训我吗，我的好朋友(“好朋友”三个字加重语气)，还是想来看我的笑话？假惺惺！(提高语气)今后我的事不要你管！

梅梅转身跑了，晓兰愣在原地，委屈得眼泪差点掉下来。而此时的梅梅只顾生气，不小心撞上了同班的小刚。

小刚：(故作正经地)呦，梅梅同学，练习百米冲刺哪！

梅梅：(瞪了他一眼，没好气地)你没长眼睛啊，走路也不看着点儿！(跑掉了)

小刚目瞪口呆，半晌，自言自语道：“哎，我招谁惹谁了！”

场景三：

(第二天晚上，梅梅无精打采地回到家，一屁股坐到椅子上)

妈妈：放学了，梅梅？

梅梅懒洋洋地应了一声。

妈妈：(关切地)怎么了，梅梅，身体不舒服吗？

梅梅：(有气无力地)没有。

妈妈：那你是怎么了，脸色这么难看？(看到女儿不出声，嗔怪地)你这个死丫头，有什么事就和妈妈说，不说我怎么能知道呢？我发现你现在还不如小时候了，什么事都不愿意和我讲。

梅梅：(两手把耳朵堵起来，嘴里嘟哝着)天天唠叨，烦死了！

妈妈叹了一口气，走了出去，一会儿拿了个削好的苹果进来递给女儿，轻声问：“是不是数学没考好啊？”

梅梅沮丧地点了点头。

梅梅在等待妈妈暴风雨式的批评，奇怪的是妈妈只是轻轻地叹了口气，什么也没说，就去准备晚饭了。梅梅的心里反而更加不安，随便吃了几口饭，就来到学校上晚自习。

场景四：

(晚自习教室)

梅梅推开门，走进教室，晓兰正在认真地写作业，其他几个同学也都在忙自己的事情。梅梅走过晓兰身边时犹豫了一下，欲言又止，晓兰没有注意到她。梅梅慢吞吞走到自己的座位前，坐下。发了一会呆，上课铃响了，老师走进教室。梅梅拿出英语书，一会儿又换成历史书……她心烦意乱，什么也看不进去……

拓展训练：请大家分组讨论梅梅的问题出在哪里？怎样做才是正确的？把讨论结果分角色表演出来。

实训二：心理训练营——轻解千千结

【目的】体会每个人都可能犯错，包容才能更利于完成任务。

【时间】20分钟。

【操作】

①两个小组分别围成两个圆圈。每个组员都伸出自己的左手，握住不在自己左右两

旁的组员的左手。每个组员再伸出自己的右手,同样,握住不在自己左右两旁的组员的右手。现在我们就形成了两张有千千结的网,这个网是一定能被解开成一个大的圆圈,或者两个套着的圆圈。先打开圈子的小组获胜。

②请各小组派一名代表总结解手绳的过程。当有队友提出了想法,大家按此折腾了很久后,却发现行不通时,你的心情怎么样?当自己和其他几个同学提出了看法,但是团体没有选择自己的观点时,自己的感受是怎么样的?不一定每个人的行为都会符合自己的愿望,那么是不是该怨恨他们呢?

③主持人找出典型的案例在全班分享。

实训三:戴高帽子(优点大轰炸)

【目的】学习发现别人的优点并欣赏,促进相互肯定与接纳。

【时间】40分钟。

【操作】

①5~8人一组围圆圈坐。请一位成员坐或站在团体中央,戴上纸糊的高帽子。其他人轮流说出他(她)的优点及欣赏之处(如性格、相貌等)。

②被称赞的成员说明哪些优点是自己以前就知道的,哪些是以前不知道的。

③每个成员到中央戴一次高帽。

④规则是必须说优点,态度要真诚,努力去发现他人的长处,不能毫无根据地吹捧,这样反而会伤害别人。

⑤参加者要注意体验被人称赞时的感受。怎样用心去发现他人的长处?怎样做一个乐于欣赏他人的人?

⑥小组交流体会并派代表在团体内进行交流。

体验感悟

25个细节帮你赢得好人缘

①长相不令人讨厌;如果长得不好,就让自己有才气;如果才气也没有,那就总是微笑。

②气质是关键。如果时尚学不好,宁可选择纯朴。

③与人握手时,可多握一会儿。真诚是宝。

④不必什么都用“我”做主语。

⑤不要向朋友借钱。

⑥不要“逼”客人看你的家庭相册。

⑦与人一起乘出租车时,请抢先坐在司机旁。

⑧坚持在背后说别人好话,别担心这好话传不到当事人的耳朵里。

⑨有人在你面前说某人坏话时,你只要微笑就行。

⑩自己开小车时,不要特意停下来和一个骑自行车的同事打招呼。人家会以为你在炫耀。

⑪同事生病时,去探望他。很自然地坐在他病床上,回家再认真洗手。

⑫不要把过去的事全让人知道。

⑬尊敬不喜欢你的人。

⑭对事不对人；对事无情，对人要有情；做人第一，做事其次。

⑮自我批评总能让人相信，自我表扬则不然。

⑯没有什么东西比围观者更能使你提高成绩了。所以，平常不要吝惜你的喝彩声。

⑰不要把别人的好视为理所当然，要知道感恩。

⑱尊重传达室里的师傅及打扫卫生的阿姨。

⑲说话的时候记得常用“我们”开头。

⑳为每一位上台唱歌的人鼓掌。

㉑有时要明知故问，比如：你的钻戒很贵吧！有时，即使想问也不能问，比如：你多大了？

㉒话多必失，人多的场合少说话。

㉓把未出口的“不”改成：“这需要时间”“我尽力”“我不确定”“当我决定后，会给你打电话”……

㉔不要期望所有人都喜欢你，那是不可能的，让大多数人喜欢你就成功了。

㉕当然，自己要喜欢自己。

☞推荐阅读——《3步赢得人心——善用顶级说服术“上方宝剑”》

作者简介：

鞠远华，北京现代华式教育创始人，兼通实用心理学、人际关系学和口才学。提供的培训课程有“管理沟通”“深层心理分析”“心理现象分析”“情绪管理”“人际交往的13把‘小飞刀’”“公众演说技巧”“职业心态”等。曾为海尔、中国移动、中国国航、IBM等数百家国内外知名企业进行培训，培训学员10万余人。已出版著作《5分钟打动人心——善用赞美的13种方法》《5分钟洞察人心——你能看穿任何人》《为自己工作到最好》等。

内容简介：

在工作和生活中，为什么有人把事办得恰到好处，进退方寸间俘获人心，而有人总和人话不投机，与成功失之交臂？《3步赢得人心》介绍了最实用、最有效的沟通方法和说服技巧，为你找到成败得失的根源，帮助你找对门路说对话，快速获得别人的认可，轻松向人表达你的观点和推销你的产品，让你职场顺利。

人际沟通培训专家鞠远华潜心研究20年，从实践中打磨出高效沟通的方法，可助你在“人际江湖”上左右逢源，所向披靡。

第五章

阳光心态——大学生的情绪管理

学习地图

情绪健康与我们的人生幸福和快乐息息相关，在成长的道路上，我们最大的敌人并不是缺少机会或资历浅薄，而是缺乏对自己情绪的控制。愤怒时不能制怒，使周围的合作者望而却步；消沉时放纵自己的萎靡，把许多稍纵即逝的机会白白浪费；快乐时不要在快乐中迷失自己，否则痛苦的箭就会向我们射来；痛苦时，不要在痛苦中迷失自己，否则第二只、第三只痛苦的箭就会接踵而至。因此，任何时候，一个人都不应该做自己情绪的奴隶，不应该使一切行动受制于自己的情绪，应该管理好自己的情绪。通过本章内容，我们将要学习并了解什么是情绪和情感，在日常生活中如何识别自己的情绪和情感问题，我们怎样及时地应对和调适情绪、情感问题。本章将带领你与情绪相遇，感受和识别自己丰富多彩的情绪，及时缓解情绪问题带给你的困扰，掌握不良情绪预防与调适的方法，养成积极乐观的情绪。

学习目标

※ **知识目标**

1. 了解情绪的有关概述。
2. 能够准确识别情绪问题。
3. 掌握管理情绪的策略。

※ **能力目标**

使学生具有及时识别自己和他人情绪变化的能力，并具有能够预防和管理自己情绪的能力。

※ 自我认知目标

使学生能够认识到情绪和认知的关系，改变自己对自己、他人和外界事物的解释、评价和认知，从而改变自己的情绪。

学习导图

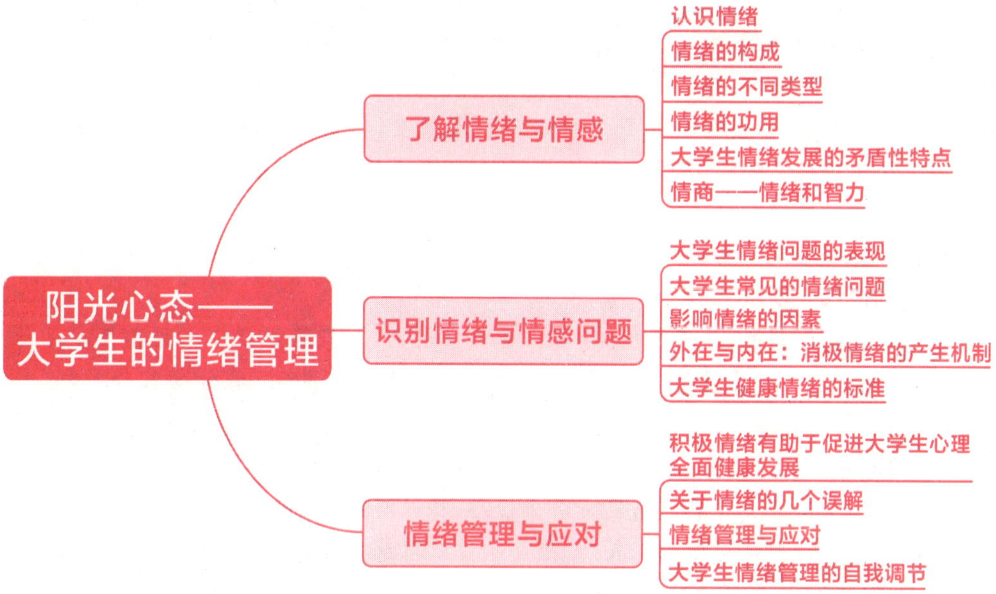

【校园故事回放】

都说我是一个性格开朗活泼的女生

认识我的人都说我是一个性格开朗、活泼的女生，长相比较秀气，善于与人交往而且很健谈，有亲和力以及组织协调能力。也许正因如此，刚进入大学时我就被老师任命为班长，并有幸加入了校学生会。在别人眼里，我是非常幸运的，我也确实为此而感到很开心，就是那种因为被肯定而发自内心的喜悦。一般在新生入学后，学校为了让新生更好地了解、适应大学生活，通常会通过多种途径举办丰富多彩的活动。我所在的系部也不例外，根据同学们的需求组织了一场新生座谈会，分别邀请了校内几位较有名望的老师来和同学们进行面对面交流，为同学们答疑解惑。我作为这场活动的组织者之一，负责联系一位心理老师。正因为如此，我有幸了解了心理咨询的一些相关知识……

不开心，活得很累

其实，又有谁知道，在活泼开朗的外表下，我内心深处有着多少难言的苦楚，只能一个人默默承受……时间一天一天过去了，不知不觉已进入大三。不知怎么，我感觉大三这一年的冬天格外寒冷，看着周围同学忙忙碌碌，我的心情却日渐沉重和苦闷……在彷徨与犹豫之后，我走进了学校的心理咨询室。在老师关切的目光下，我坦诚地向老师倾诉了我的烦恼和困惑。老师问我这种状态是从什么时候开始的、持续多长时间了，我想了想，有六七年的时间了，一直觉得自己不开心、活得很累，甚至常常感觉生活没有什么意义。老师问我都发生了什么事、有什么样的感受。多年来埋藏在心底的往事又一幕幕闪现出来……

我生长在一个普通的家庭里，爸爸妈妈都是小镇上普通的工人，我还有一个弟弟。在我的心里，我多么希望我的家里能时刻充满欢声笑语啊！但事实并非如此。记得小时候，爸爸妈妈之间不是很和睦，经常会因为一些事情而争吵，每当这时我就充当和事佬。尽管那时我还很小，但我会分别看着爸爸妈妈的脸色行事，并分别对他们进行劝解……亲戚邻居们都说我很乖、很懂事，可他们不知道，我心里是多么渴望能像其他小孩子一样可以随意地玩、随意地躺在爸爸妈妈怀里撒娇啊！过早的成熟给我的童年蒙上了一层灰色……在我上初二时，爸爸得了重病，医治无效去世了。对我而言，我觉得好像没受什么太大的影响。这时，家里的一切完全由妈妈一人撑着，我觉得妈妈真的很不容易。后来妈妈在工作上遇到了挫折，具体是什么我并不清楚。虽然妈妈并未对我和弟弟说什么，但我能感觉到妈妈的不快乐。每天在上学、放学的路上都会想这件事，想今天会怎样，妈妈会有什么样的心情。

我总觉得自己很笨

在学习上我很刻苦，一直很优秀，各方面都很出色，在班级里经常名列前茅。尽管如此，我仍然总是觉得自己很笨，怀疑自己不够聪明。考上高中后，我开始住校了，这是我第一次住校，开始有些不太习惯，后来因为和一位室友发生了矛盾，我就搬到附近的奶奶家住，直到高考完毕。我觉得自己高考时的状态并不好，考上大学完全是凭高一、高二打下的基础。与室友产生矛盾让我觉得很受挫，从那时起，我感觉特别自卑，经常会觉得不开心，心情很沉重，一直到现在。另外，不知从什么时候开始，原先对学习充满兴趣的我，却变得很讨厌学习，完全是凭借着一种责任感才坚持下去的。我妈妈一个人撑着这个家，特别不容易，我一定要好好报答妈妈并且照顾好我妈妈和弟弟，如果我不好好学习，将来没有出息，那我妈妈和弟弟还指望谁啊？所以我现在感觉特别累！

我觉得自己缺少主见

我对自己很多方面都不满意。我经常会觉得自己没有主见，人云亦云。在这方面，我特别欣赏我的妈妈和姑姑，她们很有自己的想法，做事非常有原则。与人交往方面，虽然我很渴望和别人友好交往，但感觉总是有距离，不能很密切。我曾经交了一个男朋友，和他在一起时，他经常说我幼稚、不成熟、不细致，导致我在他面前表现很不自然、很紧张，生怕做不好。我很苦闷，也很烦恼。

现在进入大三了，同学们无论是准备专升本的，还是打算找工作的，都忙碌起来了。而对于我来说，我却没什么心情。不愿意学习，对什么事都没有太大兴趣，对未来感到一片迷茫，不知道何去何从。长时间的灰暗的心情让我失去了进取的动力，我渴望解脱，而现实又让我感到特别无助……

【心理专家分析】

每个人都希望活得轻松、快乐，但每个人又时常会感受到焦虑不安、烦躁和痛苦。究其根源，一切的一切都与“我”有关。

小君的案例给我留下了很深刻的印象。小君谈到累、沉重、不开心等都深深触动了我，让我觉得是那么想帮助她，那么希望她尽快解脱……我知道，我这么强烈的要帮助她的愿望源于我自身，因为我也会时常感受到累、沉重、不开心……但同时我知道，我和小君看到的都是自己创造出来的。所有自己生命里所看到的、感受到的，根本原因都在于自己，正所谓一切都源于内心，源于自己的内在。

小君从小的生长环境并不和谐，父母不和，经常争吵，她会分别看着爸爸妈妈的脸色行事，并分别对父母进行劝解。尽管她很渴望幸福温暖的家庭，但是她压抑真实的自己而不敢表达，因为她的内心是恐惧的。一方面，她害怕冲突；另一方面，父母间的冲突会使她很自责，让她觉得是因为自己不够好。这种情绪未能很好的疏导，不断积压之后她就会觉得很累、很沉重，甚至觉得生活没有什么意义。这与她在更早时期未能很好地建立信任感、安全感有关，也与她自身较为敏感的气质有关。在以后的发展中，虽然她很渴望与他人建立亲密关系，但内心深处的不信任感、不安全感使其总觉得与别人有距离，难以培养亲密的关系。

把脸一直朝向阳光，这样就不会见到阴影。

——海伦·凯勒

第一节　了解情绪与情感

情绪，这个词语对于我们每个人来说都不陌生，从出生到现在，我们体会着各种各样的情绪，它是我们内心世界的晴雨表，我们无时无刻不处在一定的情绪状态当中，有时欣喜若狂，有时愤怒不已，有时抑郁焦虑，有时迷茫不知所措……各种各样的情绪不仅让我们对外界的信息格外敏感，还使得我们的内心世界有着多彩斑斓的体验。大学生正值青春年华，体验着人生的酸甜苦辣，情绪起伏变化较大。因此，大学生认识和了解情绪并能够随时觉察自己的情绪体验变化，是大学生心理健康的重要组成部分。

一、认识情绪

情绪是人对客观事物是否满足自身需要而产生的内在体验。从心理学上讲，情绪既是人的心理活动中动力机制的重要组成部分，也是个性形成的重要方面。这说明情绪是以个人的愿望和需要为中介的一种心理活动。当客观事物或情境符合主体的需要和愿望时，就能引起积极肯定的情绪；而当客观事物或情境不符合主体的需要和愿望时，就会产生消极否定的情绪。从这个意义上来说，情绪是个体与环境之间关系的维持或改变的重要因素。

情绪不是自发的，它是由来自外部和内部的刺激所引起的。引起情绪的外在刺激不胜枚举，生活环境中的任何人、事、物的变化，都会引起人的情绪变化。至于引起情绪变化的内在刺激，有的是生理方面的，如腺体的分泌、器官功能的变化等；也有的是心理方面的，如记忆、联想、想象等心理活动。

情绪是一种复杂的心理历程。对同样的刺激，不同的人可能产生不同的情绪反应，或者有不同的表现方式。即使同一个人对同一件事物，不同的情况下的情绪反应也有可能不同。如在学校常碰到的走廊歌声，当我们在休闲的时候可能觉得很愉悦，而当我们在紧张地复习功课或考试时就觉得那就是一种噪声。完全相同的行为，却引起了截然不同的情绪反应，可见客观事物或外界情境本身并不决定情绪，不是情绪的真正来源，真正决定情绪的是个体内心的一套信念系统，包括个人信念、价值观念和行为准则等。

文字案例5-1

关于猴子的心理学实验

二、情绪的构成

情绪表达了人与客观事物之间极其复杂的相互关系，组成了多样化的情绪类别。情绪的构成主要包括以下4个部分。

一是生理变化。情绪是人类的一种心理现象，伴随着情绪活动会发生一系列变化。这些客观的生理变化，称为情绪生理反应。它涉及广泛的神经结构，如中枢神经系统及外周神经系统和内、外分泌腺等。情绪生理反应是一种生理的激活水平，不同的生理反应模式是不一样的，如满意、愉快时心跳节律正常；恐惧和暴怒时，心跳加速、血压升高、呼吸频率增加甚至出现间歇或停顿；痛苦时血管容积缩小等。

二是主观感觉。主观体验是个体对不同情绪和情感状态的自我感受。每种情绪都有不同的主观体验，它们代表了人们不同的感受，构成了情绪和情感的心理内容。情绪引起的主观感受具有两极性的特点，表现为积极的和消极的、紧张的和轻松的、激动的和平静的。积极的主观感受可以提高人的活动能力，如愉快的主观感受驱使人积极行动；消极的主观感受则会使人的活动能力下降。

视频案例5-1

《别对我撒谎》之微表情识别

三是表情。表情是情绪状态发生时身体各个部分的动作量化的形式，包括面部表情、姿态表情和语调。情绪的外部表现涉及发声、共鸣的技巧，还涉及表情语、手势语、身势语等。人在交往时，不断表达着情绪。表情向交往的人提供着刺激，而对方则对刺激予以反应，做出“应答性”的表情。心理学家关心的正是如何在情绪上表达自己以及如何确切地从别人处识别情绪。识别并非针对表情本身，而是针对它背后的意义。

图 5－1　各种身体姿势代表的情绪含义

四是行为冲动。在负性的情绪比如生气、恐惧、难过、紧张等作用下，人们会产生行为的冲动；而在正向的情绪比如高兴、喜欢、骄傲、关爱等作用下，人们会产生情绪的顺应。行为因情绪而发生的反应分为 3 类：一是攻击性行为，当负面情绪需要排解而无法控制时，人们往往会产生攻击行为。二是退缩性行为，在委屈、沮丧或者害怕等情绪的作用下，当事人会采取一种消极的态度，躲开或躲避接触令自己产生这些情绪的人或事。退缩行为虽然在表面上可以缓解负向情绪，潜意识里却在不断地积累负向情绪。三是固执性行为，在正向情绪的作用下，人们往往能够将引起这些愉快情绪的行为继续下去，以保持正向情绪；但有时出于逆反心理，当事人也会在负面情绪的作用下，固执于自己原本的行为。

三、情绪的不同类型

人类的情绪是复杂的。根据情绪发生的速度、强度和持续时间，心理学家把情绪状态分为心境、激情和应激。

（一）心境

心境是一种微弱而又深入、持久的情绪状态，具有弥散性的情绪特点。“感时花溅泪，恨别鸟惊心”这句诗，描述的就是心境对人的影响。个体越看重一件事情，心境持续的时间就越久，并且个体容易不自觉地把这种情绪带入工作、学习和生活中，影响自身感知、思维和记忆。愉快的心境让人精神抖擞、感知敏锐、思维活跃、待人宽容；而不愉快的心境让人萎靡不振、感知和思维麻木、多疑、意志力减退。

（二）激情

激情是一种猛烈、迅疾和短暂的情绪状态，它的发生具有明显的指向性，比如获得成功后的巨大的喜悦，失败后的伤心欲绝。激情状态时，会出现意识狭窄、认知活动的范围缩小、不能正确评价自己等副作用。

（三）应激

应激是出乎意料的紧迫与危险情况引起的快速而高度紧张的情绪状态，指当人们处于巨大压力之下而又要迅速做出决定时所产生的一种适应性反应，如肌肉紧张、血压升高、心率加快等。

在我国，人们通常按照情绪及其表现将情绪分为“喜、怒、哀、惧、爱、恶、欲”。这是几种常见的人类情感体验，也是我们生活中最常见的分类方式。除此之外，情绪还有害羞、憎恶、可怜等。一个人的情绪状态很多时候是复合的，很多时候我们的情绪是百感交集，包含着各种“酸甜苦辣”的心情。

从情绪形成与发展的角度，可将情绪分为基本情绪和复合情绪。基本情绪主要与人的生理需要相联系，例如悲伤、恐惧、快乐等。复合情绪是与人的社会性需要联系在一起的，表现为一种较为复杂而又稳定的态度体验，例如价值感、羞耻感、幸福感等。复合情绪是在基础情绪上形成和发展起来的，同时又通过基本情绪表现出来。

从情绪的功效来看，人们将愉快、欢乐、喜悦等归纳为正性情绪，将痛苦、烦恼、气愤、悲伤等归纳为负性情绪。我们在生活中不断体验着这两种情绪，他们之间可以相互转化，甚至同时产生。但是在我们的生活中，正性情绪和负性情绪对我们都是有意义的。

四、情绪的功能

（一）适应功能

有情绪是有机体适应生存和发展的一种重要方式，情绪也是人类早期赖以生存的手段。婴儿出生时，不具备独立的生存能力和言语交际能力，这时主要依赖情绪来传递信息，与成人进行交流，得到成人及时的照顾。

在成人的生活中，情绪帮助我们更有效地应对生活中的各种变化，促使人们产生行动，更好地适应环境。情绪与人的基本适应行为有关，包括攻击行为、躲避行为、寻求舒适、帮助别人等等。例如：当人处于危险的境地，恐惧的情绪反应能促使人在行为上更快地脱离危险；当人在工作或学习中承担的负荷超出了自身的承受能力时，疲惫的情绪状态会使人不得不放弃一些工作而获得休息；在面对侵害时，愤怒的情绪会促使人奋起反抗，自我保护；当遭遇意外事件时，悲伤的情绪会获得别人的同情、关注和支持；人还通过情绪进行社会适应，如用微笑表示友好，通过移情维护人际关系，通过察言观色来了解对方的情绪状况，进而采取相应的措施应对等。总之，人通过情绪状况来了解自身或他人的处境，适应社会的需求，从而得到更好的生存和发展。当然，情绪有时也有负面作用，如一些球迷因为输球被负性情绪影响，在赛场闹事斗殴，破坏公共财产，甚至造成人员伤亡。

（二）动机功能

情绪的动机功能表现为情绪所具有的的激励作用，具体来说是指情绪对个体的行为起到的发动、促进和调控的作用。当一个大学生正准备推开寝室门，听到了室友们说到他的名字，好奇心驱使他停下推门的动作，想听听室友们说他什么？当听到室友们在议论他的不好的事情时，他怒气冲冲的踢开门。如果个体意识到“因为我生气，所以我才会做出这种行为”，那么个体就可以知道，这里的情绪实际上成了驱动其行为的动力。从这种角度来说，情绪的动机功能是通过唤醒个体对于正在经历或想象中事件的行动来进行体现的，进而引导和维持个体行为以达到特定的目标。比如，当个体爱上弹钢琴时，个体就会全力以赴将时间和精力投入钢琴练习中，直到个体能够弹奏出优美的旋律。

情绪动机功能具体体现在两个方面：首先，情绪具有重要的学习动机功能，正所谓“知之者不如好之者，好之者不如乐之者”。兴趣和好奇心等强烈的学业情绪能够激励学习者积极地学习取得成就。其次，情绪是一种重要的道德动机，例如：感激和移情能够激发个体的亲社会行为，而愤怒则易激发个体的攻击行为。同时，情绪既可以驱使人发动或高效地进行某种行为，也能阻止或干扰正在进行的行为，即具有增力或减力作用。此外，同一种情绪也可能既具有增力作业，有具有减力作用。例如，悲痛可以使人意志消沉，但也可能使人化悲痛为力量。

（三）信号功能

情绪具有传递信息、沟通思想的动能，是非言语沟通的重要组成部分，在人际沟通中具有信号意义。这种功能是通过情绪的外部表现，即表情来实现的。在社会交往中，表情可以起到信号传递和交流的作用，是一种非言语性沟通交流方式。比如，点头微笑常常表示赞赏和认可；皱眉、摇头、摆手示否定和不认同；面色铁青表示愤怒或者不开心等。

心理学究显示，在人们的日常生活中，仅有7%信息是由言语传递的，其余93%的信息都是通过非言语传递的。而在非言语传递的信息中，有55%体表情和手势表等进行传递的，还有38%信息借调的高低进行传递的。比如，当有学生听课走神时，老师的一个眼神就可以传递提示和警醒的信息。另外，在日常生活中，人们还可以通过“察观色”，即通过对他人表情的认知，来了解他人对某人某事的看法，这也是情绪信号功能的体体现。

（四）组织功能

情绪的组织作用是指情绪对其他心理过程的影响。情绪心理学家认为，情绪作为脑内的一个检测系统，对其他心理活动具有组织的作用。这种作用表现为积极情绪的协调作用和消极情绪的破坏、瓦解作用。中等强度的愉快情绪，有利于提高认知活动的效果，而消极情绪如恐惧、痛苦等会对操作产生负面影响，消极情绪的激活水平越高，操作效果越差。

情绪的组织功能还表现在人的行为上。当人处在积极、乐观的情绪状态时，易注意事物美好的一面，其行为比较开放，愿意接纳外界的事物；而当人处在消极的情绪状态时，容易失望、悲观，放弃自己的愿望，或者产生攻击性行为。

五、大学生情绪发展的矛盾性特点

大学阶段是青年人心理成熟的重要时期，也是情绪丰富多变、相对不稳定的时期。随着社会地位、知识素养的提高以及所处年龄阶段的变化，大学生的情绪具有鲜明的特点，具体表现在以下几个方面。

（一）稳定性和波动性

大学阶段是人生面临多种选择的时期，社会、家庭、学校及生活实践都对大学生的情绪有着一定的影响。虽然随着认知水平的提高、知识水平的积累，大学生对自己的情绪有了一定的控制能力，情绪总体上趋于稳定，但是和成年人相比，大学生的情绪仍然带有明显的波动性，情绪起伏较大。学习成绩的优劣、奖学金的多少、同学关系的好坏、恋爱的成败等，都会引起大学生情绪的波动。

（二）冲动性和理智性

大学生对自己的情绪已经能够有所控制，理智、自控能力已经得到了较高程度的发展，多数情况下能理性地思考问题。但是，大学生在外界的刺激下很容易产生冲动性的行为和情绪，喜欢感情用事，校园里的打架斗殴事件很多是由于情绪失控引起的。心理学家霍尔认为青年期处于“蒙昧时代”向“文明时代”演化的过渡期，其特点是动摇的、起伏的，他把这一时期称为“暴风骤雨时期”。

（三）复杂性和层次性

大学生的情绪心理发展既有明显的层次性，同时又复杂交错。在不同的大学生群体中，也呈现出不同的情绪特点：男生、女生情绪存在差异。女生的情绪相对具有热情开放、富有激情和幻想等特点，但容易出现抑郁、焦虑、多愁善感等不稳定情绪；男生的情绪状态相对趋向稳定，主动性和敢为性强，更有独立性和刚毅性，但当情绪冲动时，也容易出现失控的言行。不同年级学生的情绪存在差异。一年级新生，往往对各种知识都充满了疑问与兴趣，对自己的评价往往过于自负，对自己缺乏全面认识，处于不定阶段；二年级是大学生情绪波动较大的阶段，突出反映在大学生活、学业、人际交往等方面；从三年级开始，大学生的情绪自控能力有所增强，他们已经适应大学的生活环境，并具备了一定的情绪自控能力，情绪状态相对比较稳定；但到了四年级后，由于即将踏上社会，人生将面临重要的转折，大学生此时的情绪状态会再次呈现出矛盾性和复杂性。

（四）外显性和内隐性

当代大学生大多数是独生子女，从小学开始就接受突出个性的教育，对外界的刺激反应迅速敏感，喜怒哀乐常形于色，比起成年人更为直接和外露，但比起中小学生，他们又表现得更会掩饰、隐藏或抑制自己的真正情感和感受，表现出内隐、含蓄的特点。大学生的情绪很多时候是明显的、外露的，在一些重大事情上会喜怒形于色，但很多时候大学生的自制力还是很强的，因为大学生情绪的社会性逐渐完成、心理逐渐成熟，他们能够根据特有规范或目标来表达自己的情绪，所以自己的情绪与内部体验会表现出不一致性。

六、情商——情绪和智力

情商通常是指情绪商数，简称 EQ，主要是指人在情绪、意志、耐受挫折等方面的品质。哈佛大学的丹尼尔·戈尔曼在1995年出版的《情绪智力》一书中明确提出情商一词。他认为，情绪智力是个体重要的生存能力，是一种发掘情感潜能、运用情感能力影响生活各个层面和未来人生的关键性因素。简单来说，情绪智力，是一个人管理自我情绪以及管理他人情绪的能力指数。丹尼尔·戈尔曼认为，在人的成功要素中，智力因素是重要的，但是更重要的是情感因素。

情绪智力大致可以概括为5个方面。

1. 自我认知能力

自我认知能力，也叫自我察觉，它是指能够察觉自己的情绪、压力、弱点、价值和目标等的能力。能敏锐感知自己的情绪对生活非常重要，这种感知包括对自己的了解和对情绪的判断，如在班上被人误解时，他能认识到自己的情绪是愤怒、失望。

2. 自我控制能力

自我控制能力，也叫自我规范，它是指能控制破坏性情绪和冲动，并不断适应环境的变化的能力。情绪管理必须建立在自我认知的基础上，当处于情绪低谷时仍然能够较快恢复，保持稳定，是一种非常重要的能力。

3. 自我激励能力

保持高度的热忱是一切成就的动力，能够自我激励并且达成目标的人，做事效率也很高。

4. 同理心

同理心是指在作出决定时能考虑其他人的感受，能够设身处地地理解他人、感受他们的情绪，并且做出相应的调整。早在两千多年前的孔子就说过："己所不欲，勿施于人。"这就是同理心所说的，要做到"推己及人"：一方面自己不喜欢或不愿意接受的东西千万不要强加给别人；另一方面，应该根据自己的喜好推及他人喜好的东西或愿意接受的待遇，并尽量与他人分享这些事物和待遇。

5. 人际关系管理能力

人际关系管理能力是指管理人际关系，让它朝着理想的方向前进的能力。人类就是一切社会关系的总和，我们生活在社会关系中，因此，人际关系的管理能力是一项重要的指标。比如，大学生能够对自己的社交关系做出评估和决定："现在我最好做……的行动"，能够主动决定和朋友关系的发展。

看完这五大指标，你觉得自己情商怎么样呢？如果你想提高自己情绪智力，可以从体会自己的情感开始。当你能够完全地理解自己的情绪、管理自己的情绪时，那么对他人的情绪也会有更多的理解。

第二节　识别情绪与情感问题

大学生正处在人生发展的关键阶段，在这个阶段，有生活环境的急剧变化，有学习环境和学习方式的适应性改变，有身边好友的更新，有对真挚爱情的渴望，有对未来规划的徘徊迷茫……与此相伴的就是丰富多样的情绪体验。那么，大学生常见的情绪困扰有哪些呢？情绪问题一方面导致大学生认识范围缩小，自制力、学习效率降低，甚至容易产生心理障碍和心理疾病；另一方面又会降低大学生的免疫功能，引起各种疾病。那么什么在影响着我们的情绪呢?

一、大学生情绪问题的表现

大学生正处在逐步摆脱对父母和家庭的依赖,走向独立和成熟的时期,面临很多重要的人生发展课题,因而最容易出现情绪问题,表现在生活中的方方面面。

(一)适应能力差,人际关系不融洽

大学新生面对新的环境、新的学习方式以及新的交往人群,特别是高中时期各方面能力突出的同学,难免会产生心理落差。如果不能很好地调控情绪,就容易从优越感、自豪感下降转化为自卑,出现意志消沉、压抑、焦虑、精神压力大等现象。若与同学相处不愉快容易造成沟通不畅、自我封闭,从而形成性格缺陷。人际关系不融洽对来自贫困山区、不善沟通或性格内向的学生来说无疑是沉重的负担。

(二)情绪不稳定,心理承受能力差

现实生活中不少大学生情绪不稳定,经常莫名其妙地焦虑、烦恼、浮躁不安。在日常的学习生活中,一些大学生在某件事上失败了,就认为自己很没用,是个失败者;碰到某些不幸,就觉得自己前途渺茫;某一次考试不理想,就认为自己头脑笨,将来肯定不会有什么好的前途;某个同学对自己不友好,就觉得自己人缘太差,缺乏交际能力;一次失恋,就断定自己不讨人喜欢,对异性没有吸引力等。长期下去,这些压力和挫折就会影响情绪的稳定。当前很多大学生是在家长和老师的呵护下一帆风顺地成长起来的,缺乏独立承受压力和挫折的心理能力,面对压力和挫折时,容易束手无策、自暴自弃,甚至产生悲观绝望、逆反等不良的心理,没有积极地克服困难的心理和参与实践活动的主体性、积极性、能动性等优秀心理品质。

(三)存在消极情绪,缺乏自我调适能力

面临日益增多的社会心理压力以及学习、生活和社会适应等方面遇到的困难和挫折,一些适应能力不强的大学生对某些变化容易感到迷惑不解、难以适应,出现焦虑、恐惧和心理压力大等心理,从而导致心理失调。他们往往具有丰富而强烈的情感,在遇到挫折时常常意志消沉、悲观叹气;不积极主动参加学校和班级组织的各种活动,对于学习也是被动地应付,常常是“临阵磨枪”;面对激烈的人才竞争和严峻的就业形势,很多大学生由于学历不够、能力有限、观念偏差等而找不着工作。对那些性格内向、自我调适能力较差的大学生来说,面对难以解决的现实矛盾时,更容易产生抑郁、烦躁等不良心理,甚至有人对生活和前途失去希望,认为学习和生活都没有意义。

二、大学生常见的情绪问题

(一)焦虑

焦虑是一种紧张、害怕、担忧、焦急混合交织的情绪体验,当人们在面临威胁或者预料到某种不良后果时,便会产生这种体验。焦虑是人处于应激状态时的正常反应,适度的焦虑对唤起人的警觉、集中注意力、激发斗志是有利的。过度焦虑和焦虑症是大学生中常见的异常情绪和心理障碍,主要表现为考试焦虑、身体健康焦虑和适应性焦虑3种。

其中以考试焦虑最为常见。例如，考试对大学生而言，是一种令人感到紧张的事情，考试的期待、动机水平以及考试的难易程度都会影响大学生的焦虑程度和成绩表现，因而考试会引起大学生的焦虑是正常的，但过高的焦虑或无焦虑一般而言不利于考生能力的正常发挥。如果你是个考试容易焦虑的人，你可以尝试在考场上用一些积极的暗示，例如"我知道我肯定能做到""我会做得很好"等。

另外，重度焦虑也会影响大学生的学习和生活，对其身心健康造成不利影响。焦虑情绪的表现有以下 5 个方面：一是身体紧张，常常觉得自己没有办法放松，出现全身紧张、眉头紧锁、表情严肃、长吁短叹等身体语言，没有安全感，存在着紧张不安和忧虑的现象；二是自主神经系统反应强烈，表现为眩晕、呼吸急促、心跳过快、身体时冷时热、手脚冰凉或发热、胃部难受、喉头有阻塞感等生理变化；三是对未来产生无名的担心，常常担心自己的职位、工作、亲人、财产和健康；四是过分机警，每时每刻都像一个站岗放哨的士兵，对周围环境的每个细微变化和人们的言行充满警惕；五是发作性惊恐，运动性不安、小动作增多、坐立不安或激动哭泣，出现血压升高、心动过速、胸闷、心悸、头痛、出冷汗、双手颤抖、厌食、便秘等症状。

（二）抑郁

"我很郁闷"成了不少大学生的口头禅，很多人来到大学后，由于适应环境、学业、人际等方面出现了问题，又没有得到及时的处理，经常觉得自己很郁闷。抑郁是一种心情低落的情绪状态，是一种复合的负性情绪体验，常表现为情绪低落，对任何事情都不感兴趣，觉得前途渺茫，不愿与人交往，反应变慢，甚至悲观厌世等，常常伴有躯体上的一些表现，如失眠、食欲下降、心跳减缓、血压降低、疲劳、头昏、头痛等。抑郁的实质不是过度的悲伤感，而是丧失愉快感和对愉快信息的注意。

抑郁情绪与抑郁症是不一样的，可以从以下几个方面区别正常的抑郁情绪与病理性抑郁。一是有无原因，正常人的情绪抑郁是基于一定客观事物的，即"事出有因"；而病理性情绪抑郁通常无缘无故地产生，缺乏客观精神应激的条件。二是持续时间，一般人的情绪变化有一定的时限性，通常是短期性的，人们通过自我调适通常可以缓解；而病理性抑郁症状常持续存在，甚至不经治疗难以自行缓解，抑郁症症状往往超过 1 个月，甚至数月或半年以上。三是严重程度，前者忧郁程度较轻，后者程度严重，并且影响患者的工作、学习和生活，影响其社会功能的发挥，严重者会产生自杀行为。四是生理症状，病理性抑郁往往伴有明显的生理性症状和精神病性症状，如持续的顽固失眠，体重、食欲和性欲下降，全身多处出现难以定位性的功能性不适。五是变化规律，典型病理性抑郁症有节律性症状特征，表现为晨重夜轻。六是发作倾向，病理性抑郁症可反复发作，每次发作的基本症状大致相似，有既往史可供印证。七是家族病史，病理性抑郁症的家族中常有精神病史或类似的情感障碍的发作史。

一个追求成功的人如果产生抑郁，那么既有的成功也会离他而去，因为成功带给他的不是喜悦，不能使他兴奋起来，他沉浸在自己的琐碎体验里难以自拔。著名文学家卡夫卡，也是一位抑郁症患者，他曾这样形容自己的抑郁体验："在我的周围围着两圈士兵，手执长矛。里面的一圈士兵向着我，矛尖指着我；外面的一圈士兵向着外面，矛尖指着外面。他们这样密不透风地围着我，使我出不去，外面的人也进不来。"

(三)嫉妒

嫉妒是与他人比较,发现自己在才能、名誉、地位或境遇等方面不如别人而产生的一种由羞愧、愤怒、怨恨等组成的复杂情绪状态。嫉妒是社会尊重受到现实的或潜在的威胁时产生的情绪体验,是一种包含敌意、憎恨、羡慕、羞耻等错综复杂的情绪体验。有的人能将嫉妒转化为积极的行为动力,而有的人则使之转向消极的一面,产生痛苦、忧伤的体验和行为。嫉妒的一般表现为:一是害怕失去自己所拥有的一切,二是自己不拥有而嫉妒拥有者。嫉妒是当代大学生普遍存在的不良情绪。

由于大学生心理发展不完全成熟以及社会交往范围日益扩大,置身于一种充满竞争的学校或社会环境中,于是个别差异在相互交往中凸显出来,地位成为他们追求的目标。羡慕他人的优势,激发起个人奋发图强的精神,这是积极方向,但也可能使人因此产生嫉妒心理,内心产生一种痛苦的刺激,从而造成情绪上的抵触和对立,最后把这种情绪发泄到对方身上。

嫉妒使人心里充满恶意和伤害。如果一个人在生活中产生了较严重的嫉妒情绪,那么他也许会从此生活在阴暗的角落里,在面对别人的成功或优势时咬牙切齿。嫉妒者首先伤害的是自己,因为他不是把时间、精力和生命放在人生的积极进取上,而是放在了日复一日的蹉跎之中。嫉妒同时也会使人变得消沉,或是充满仇恨。如果一个人心中变得消沉或是充满仇恨,那么他距离成功也就越来越遥远。

(四)易怒

易怒是指情绪容易进入愤怒状态或具有愤怒倾向。愤怒是指人的主观愿望或活动与客观事物相违背,或愿望受阻、无法实现时产生的激烈的情绪反应。愤怒的程度可以从不满、生气、愤怒、激愤到暴怒。当人们遭受不公平或挫折时,最容易产生愤怒情绪。愤怒是大学生常有的一种情绪体验,路见不平、受到不公正的待遇或者是看不惯别人的毛手毛脚、笨手笨脚都可能使他们怒发冲冠。愤怒是情绪的积累和爆发,人在愤怒时理智和判断能力都会降低,愤怒情绪发泄的结果往往是消极的。

通常当人发怒时,会出现心跳加速、心律失常等现象,易怒而导致心悸、失眠、高血压、胃溃疡、心脏病以及猝死的也不在少数。此外,易怒易使人无法理智思考,降低自制力。人在愤怒情绪的支配下,往往不顾及别人的尊严和面子,而严重地伤害了别人的自尊。实际生活中一时的愤怒冲动,可能导致当事人付出高昂的代价,愤怒导致的损失往往是无法弥补的。

(五)恐惧

恐惧是对真实存在的危险所产生的一种自然的、适应性的反应,这是一种正常的心理反应。但是,当明知危险已过去而恐惧心理仍难以消除或对并不可怕的事物产生过分的恐惧心理,或自知恐惧不必要、不正常却难以自控,感到不安、害怕,就属于产生了恐惧情绪障碍,例如,对社交、考试、新环境的恐惧,对争吵、异性交往的恐惧等,严重的可能会发展为恐惧症。恐惧产生时,常伴着一系列的生理变化,如心跳加速或心律不齐、呼吸短促或停顿、血压升高、脸色苍白、嘴唇颤抖、嘴发干、冒冷汗、四肢无力等,这些生理功能紊乱的现象,往往会导致或促使躯体疾病的发生。恐惧会使人的知觉、记忆和思维过程发生障碍,失去对当前情景的分析、判断的能力,并使行为失调,如旅馆失火时,住在旅馆的人常常显得慌乱、紧张、不知所措，争先恐后往外跑，跑不出去就跳楼。大学生中常见的恐惧主要是社交恐惧。患有社交恐惧症的大学生，往往表现出明显的回避行为，如面部表情紧张、手足无措、语无伦次、内心紧张不安、心慌、胸闷等。

（六）自卑

自卑是个体低估自我价值、轻视自己或看不起自己的表现。自卑的表现主要有自我评价过低，这也是自卑的实质表现，认为自己的生理条件，如外貌、身高等方面明显不如他人。同时，呈现出概括化或泛化的特点，即某一方面的原因造成的自卑情绪容易泛化到其他方面。很多时候适度的自卑也是一种强大的动力，它激励个体不断地努力以达到自己的理想目标。每个人都有优点和缺点，只有从内心接纳自己，接纳自己的不足和缺陷，才能真正地走向自信。

三、影响情绪的因素

我们每天的活动都伴随着各种各样的情绪，那么是什么影响着我们的情绪？到底情绪是怎么发生的呢？

（一）情境与情绪

人们常说，人逢喜事精神爽，积极的环境如学业成绩优异、良好的人际关系等，会使人产生积极的情绪；反之，人际的冲突、学习的压力、生活的挫折，甚至恶劣的天气可能都会给人带来负面情绪。除了外界的环境，人自身的身体状态、心理状态也会影响情绪反应，例如青春期的学生、处于月经期间的女性等，由于身体内分泌系统的变化也会产生情绪的反应。

（二）需要与情绪

为什么有的人可以在讲台上大大方方地表达，而有些人则非常紧张、面红耳赤呢？这些情绪变化的背后反映着我们的需要，当我们被他人接纳、赞赏时，会感到高兴，被拒绝、否定时会感到沮丧。当你对某件事情怀有巨大的期待，希望让每个人都满意时，往往自己也会格外紧张与焦虑。大学阶段，我们既需要完成学业、保持人际关系和谐，又需要被认可、接纳、赞赏等，为了满足这些需求，我们的情绪必然会受到影响。

（三）认知与情绪

你认为富翁和平民谁会更快乐和幸福呢？越有钱的人就越幸福吗？你会怎么感知你的幸福呢？你是否注意过你在生活中是怎么来评价你的幸福的？如果你拥有健康的身体、可以思考的大脑，那你是不是幸福的呢？在我们的生活中，有些人根据自己的拥有来判断自己的幸福感，而有些人却是用自己的不足来判断幸福感，同样的事情，因为我们认知的不同，往往会有完全不同的情绪后果，如图 5－2 所示。

四、外在与内在：消极情绪的产生机制

影响情绪的最底层是人对于自身的根本性的思考和判断，包括人格但超出了人格的含义，包括生命力、精神、灵性、核心、本质等（如图 5－3 所示）。关于生命力，我们可以理解为一个人的心理能量，这种能量让自我充满信心和对未来的渴望。

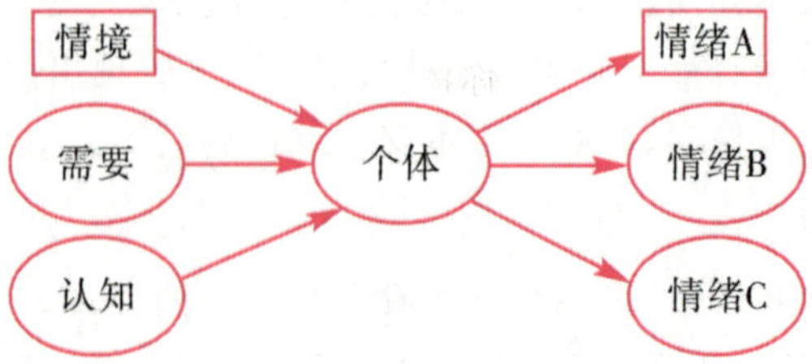

图 5-2 影响情绪的因素

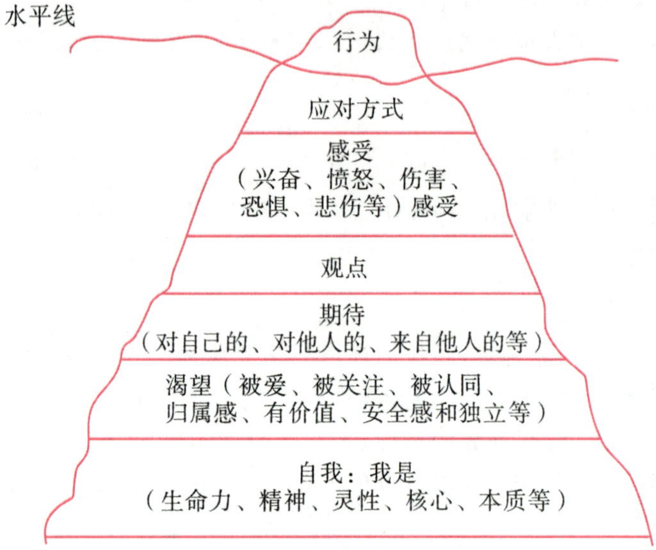

图 5-3 影响情绪的内在冰山模型

渴望包括被爱的渴望、被关注的渴望、被接纳的渴望、被认同的渴望、有意义的渴望、有价值的渴望、自由的渴望、被尊重的渴望、被欣赏的渴望、有力量的渴望、有能力的渴望、有用处的渴望等。人类是具有灵性的，从开始具有自我意识，便有了爱与被爱的渴求，只是我们在不同阶段表达的方式不一样。有一句话说得很好，没有人爱的人是可怜的，但没有可以爱的人是可悲的。总之，我们都渴求爱与被爱，渴求一种重要感、温暖感。

因为我们有了渴望，所以就有了期待，这份期待包括了对自己的期待、对他人的期待和来自他人的期待。对爱与被爱来说，因为我们期待自己是一个有爱心的人，所以我们甘心付出、乐于分享，同时我们期待自己是一个被人关注、被人喜爱、值得别人爱的人。我们对他人的期待是情感互动的本源，我们期待我们的自我形象能够得到别人的认可和喜欢，期待自己的爱和关怀得到别人积极的回应和感激。更重要的是，我们期待来自他人对我们的爱、关怀、肯定、喜欢、欣赏、尊重等。

因为我们有了期待，我们便有了基本的观点，包括信念、假设、预设立场、主观现实、认知。我们对自己和对他人的期待，形成了我们对这个社会的基本预设和预判，也就是说，我们对这个社会有了自己的预想和描述。这是我们从情感到情绪影响的最重要一步，因为我们有了预设，我们就有了标准；有了标准，我们才有认知和判断；有了认知和判断，我们才有情绪的基本感受。比如你认为自己一直努力成为一个多才多艺、有魅力的男生，这是你的自我思考和自我具象，你这么做的渴望是得到别人的关注和爱，当然你也可能是为了自己的人生更丰富多彩；而你渴望得到别人的关注和爱，便对自己有了基本的期待，比如自己的行为举止应该如何，如何展示自己的才艺，当然你这么做的目的是期待你有好感的或者你认为对你重要的人能够注意你、亲近你。例如现在你有一个暗恋的女生，你一直期待得到她的青睐，你希望和她建立恋人关系。请注意这个就是你的预设，自从你预设之后，你和这个女生的互动关系就有了标准，也许你们并不认识，但你会对她和其他男生走在一起感到不开心，甚至嫉妒，你对她没有注意到你而感到郁闷，这就是情感到情绪的最关键环节——来自期待的预设。

再来看感受，也就是我们的情绪，如满意对不满意、喜欢对厌恶、兴奋对恐惧、喜悦对悲伤、狂热对愤怒等。事实上，这些情绪在绝大多数情况下先由感受决定，也就是积极的情绪或者消极的情绪，然后才是具体的满意或不满意、喜欢或厌恶、兴奋或恐惧、喜悦或悲伤、狂热或愤怒。这些根据情绪的强度、情绪的紧张度、情绪的激动程度、情绪的快感程度、情绪的复杂程度等变化而组合出来的情绪千差万别，但都会影响行为。情绪对行为影响的特殊之处在于，它既有冰山隐于水面之下的心理体验部分，又有显于水面之上的应对方式的表现部分。

当你负性情绪更多的时候，不妨找一个独处的环境，"聆听"自己的情绪，深入地体会自己正经历的感受是什么：是内疚、怨恨、害怕、惊讶，还是哀伤？人的情绪很复杂，常常是几种情绪混杂在一起。这时，你要仔细分辨一下：究竟哪种情绪是你目前最主要的，并留意自己此时的身体反应。然后，你需要与情绪"对话"。

视频案例5-2

社会情感能力

五、大学生健康情绪的标准

健康的情绪就是指良好的情绪状态，主要表现为情绪的成熟，即一个人情绪的发展水平、反应水平、自我控制能力和年龄与社会要求相适应。美国心理学家赫洛克提出了情绪成熟的四条标准。一是能够保持健康，自己能控制因身体疲劳、睡眠不足、头痛、消化不良、疾病等引起的情绪不稳定。二是能够控制情绪，并预料到后果。做事之前考虑到事情的后果，并且能够做出恰当的决策。三是能够理解情绪，不压抑情绪。自己能控制因身体疲劳、睡眠不足、头痛引起的负面情绪，并将负面情绪控制在合适的范围之内。四是能够适应社会，理解情绪发生的环境。

美国人本主义心理学家马斯洛在阐述"自我实现者"的情绪特点时，曾经提出了健康情绪的六个特征：平和、稳定、愉悦地接纳自己；有清醒的理智；适度的欲望；对人类有深刻、诚挚的情感；富于哲理、善意的幽默感；丰富、深刻的自我情感体验。

根据大学生的情绪特点，大学生情绪健康的标准可以归纳为以下几个方面。

情绪有适当的形成原因。一定的事物引起相应的情绪是情绪健康的标志之一。情绪的产生是由各种不同的原因引起的，情绪反应适时、适度（如高兴是因为有喜事，悲哀是因为遇到不愉快或不幸事件，愤怒是挫折引起的，等等），并且情绪的反应符合引起情绪发生的情境。

情绪的作用时间随客观情况变化而转移。通常当引起情绪的因素消失之后，人的情绪反应也相应逐渐消失，情绪目的性明确，表达方式恰当。例如，生活中不小心把东西丢了，当时可能会非常生气，之后，慢慢也就能自己调节过来。如果长时间生气，就是情绪不健全的表现。

情绪反应持续稳定。情绪稳定表明个人的中枢神经系统活动处于相对的平衡状况，反映了中枢神经系统活动的协调。如果一个人的情绪长期不稳定，喜怒无常，就是情绪不健康的表现。

心情愉快平静。心情愉快，积极情绪多于消极情绪。心情愉快是情绪健康的重要标志。愉快表示人的身心活动和谐与满意。愉快表示一个人的身心处于积极的健康状态。一个人经常情绪低落，总是愁眉苦脸、心情苦闷，则可能是心理不健康的表现，要注意自我调节。

自我调整情绪。情绪健康的大学生，能够保持一个正确客观的理性认知，善于采用多种方式及时调整自己的情绪，找到情绪背后的原因。愤怒时，能将情绪控制在他人可以接受的程度内；兴奋时，也能将情绪控制在不使自己失态的状态下；忧虑时，尽可能将情绪控制在不影响自己正常学习和生活的范围内，能把消极情绪转化为积极的情绪，也能将激情转化为冷静。

第三节　情绪管理与应对

一、积极情绪有助于促进大学生心理全面健康发展

积极心理学倡导人类用一种积极的心态面对生活中遇到的问题，可以提高个体的积极性和思维认知能力，激发个体潜在的积极心理品质和力量，从而使人能够克服困难，走向自己幸福的彼岸。

（一）积极情绪有助于扩大认知范围，开发个人资源

学习是大学生的主要任务和关注点，高效率的学习，在很大程度上需要调动个体的认知资源，包括记忆能力、注意范围以及思维活动等。弗雷德里克桑提出积极情绪扩展和建设理论：消极的情绪会缩小个体瞬间的思维活动序列，缩小个体的认知范围，而处于积极情绪下的个体则表现出更强的观察力、注意力、创造力、记忆力等认知思维能力，解决问题更有效率，且更容易发现事件的积极意义。大学生思维活跃、个性鲜明，渴望爱情和友谊，然而由于他们的人际交往具有单纯性、开放性以及追求完美性等特点，往往不能正确认识和评价自己和他人的角色定位，极易出现人际交往恐惧症等人际心理障碍。根据弗氏的积极情绪扩展和建设理论，积极情绪能够建设个体的资源，包括身体资源（身体

机能、健康)、智力资源(知识、心理理论、执行控制)、人力资源(友谊、社会支持网络)和心理资源(心理复原力、乐观、创造性)。因此积极乐观的情绪体验对大学生处理人际关系、促进人际交往、扩展人际资源、提高应对水平,进而适应社会具有积极的意义。

(二)积极情绪有助于促进大学生身心健康

积极心理学强调,从积极的层面来探讨心理健康问题,并且把主观幸福感作为心理健康状况的重要指标。有大量研究表明,一个主观幸福感很强的人具有很高的免疫能力,因此更加长寿。关于笑和幽默的研究也表明,笑能增加人的积极情绪和增强免疫系统的功能,更重要的是,这种免疫系统功能的改善是通过积极情绪的主观体验来调节的。对大学生生活满意度的一项研究发现,影响大学生主观幸福感的因素主要是学习压力和人际关系问题。因此,一旦这些问题解决,大学生的主观幸福感也将随之提高,大学生也会变得更加富有活力,生活也就更幸福。可见,积极的情绪情感体验能有效地帮助大学生改善自身的身心健康状况。

二、关于情绪的几个误解

(一)负面情绪是不好的

我们常常听到这样的话,“不要难过”“大男人有什么好哭的”“要坚强”“你怎么这么脆弱”,这些表达了我们对情绪的看法,我们不希望有负面情绪。好像人应该永远都保持着积极的情绪,表达负面情绪是不对的。事实上,情绪是一个报警器,它在提醒着我们,我们的心理状态出现了一些问题,我们需要去关注,去调整。尤其是当我们遇到了一些挫折时,身为凡人,我们怎么可能没有负面情绪呢?负面情绪是生活中一种非常正常的现象,我们要去接纳自己真实的情绪,这样别人也会知道你此时可能需要帮助。

(二)要压抑情绪

压抑是一种防御机制,通过把那些危险或痛苦的想法、感觉排除在感知系统之外,帮助人们控制因某些情境而产生的负面情绪。或许有些时候压抑确实可以帮助我们处理遇到的困难,让我们暂时回避内心的痛苦,但是实际上,我们很多身体疾病都是长期压抑负面情绪造成的,如偏头痛、胃溃疡等,长期压抑自己的情绪,不仅容易诱发身体疾病,还会导致精神疾病的发生。合理的做法是,感知自己的情绪,并学会通过合适的方式表达出来。

(三)情绪不重要

生活中,有些人会觉得,人要永远保持理性与客观,我们根本不需要情绪,情绪都是为弱者发明的。短时间内,或许我们可以通过强大的控制力来让自己保持冷静,专注于工作。但是,只有当心情变得真正舒畅起来,我们才可以心无旁骛地投入到当前的工作中,才可以积极地做事,产生更大的效益。

三、情绪管理与应对

(一)学会表达情绪

1. 要觉察自己真正的感受

有些时候,我们会为了当时的情境而选择压抑自己的感受,而有些人又会放大自己的情绪，造成恶性事件的发生。其实，这是因为我们无法感知到我们真正的情绪，并随意放纵，因此在任何情况下都要保持清醒，并了解自己的真实感受，让别人也意识到你的感受，这样才能进行有效的沟通和交流，从而增进人际关系。

2. 要选择适当的时机表达自己的情绪

了解你自己的感受后，在适当的时候表达出来也很重要。否则，别人无法了解你的心情、关注你的情绪，人与人之间的沟通常常因此受到阻碍，你的情绪可能仍然得不到正确的理解。

3. 选择适当的表达方式

每个人都需要学习如何表达情绪。有效的表达方式是平静地叙述真实的情感体验，而不是发泄情绪。同样的情绪，表达方式得当与否，效果完全不同。如果你还没有更好的表达技巧，不妨试用以下公式来表达情绪：“当……的时候，我觉得……，因为……”

4. 适时表达积极情绪可增进人际关系

在人际交往中时常会有一些好的感受，不妨将它表达出来，因为真诚的赞美可以拉近彼此的关系。我们常常有这样的体验，当你和你的朋友彼此表达出真诚的想法时，你们的距离就拉近了。分享情绪感受和体验，不仅可以增进了解，还可以多一分支持的力量，携手面对负面情绪。

视频案例5-3

我们的情绪需要被倾听被接纳

（二）掌握情绪管理的调适方法

1. 合理情绪疗法

合理情绪治疗（Rational-Emotive Therapy，简称 RET）也称“理性情绪疗法”，是帮助求助者解决因不合理信念产生的情绪困扰的一种心理治疗方法。它是 20 世纪 50 年代由美国著名心理学家阿尔伯特·艾利斯在美国创立的，他认为外界事件为 A，人们的认知为 B，情绪和行为反应为 C，因此其核心理论又称 ABC 理论。在 ABC 理论模式中，A 是指诱发性事件；B 是指个体在遇到诱发性事件之后相应而生的信念，即他对这一事件的看法、解释和评价；C 是指特定情景下，个体的情绪及行为结果。通常人们认为，人的情绪的行为反应是直接由诱发性事件 A 引起的，即 A 引起了 C。ABC 理论指出，诱发性事件 A 只是引起情绪及行为反应的间接原因，而人们对诱发性事件所持的信念、看法、解释才是引起人的情绪及行为反应的更直接的原因。

一般来说，观念 B 有合理和不合理之分。合理的信念会引起人们对事物的适当的、适度的情绪反应；而不合理的信念则相反，会导致不适当的情绪和行为反应。当人们坚持某些不合理的信念，长期处于不良的情绪状态之中时，最终会产生情绪障碍。因此，合理情绪疗法认为，改变不合理的观念，建立合理的观念，就会产生积极的情绪反应，达到情绪改善的目的。

例如，两个同学一起上街，碰到他们的辅导员，但对方没有与他们打招呼，径直过去了。这两个同学中的一个认为："他可能正在想别的事情，没有注意到我们。即使是看到我们而没理睬，也可能有什么特殊的原因。"而另一个可能有不同的想法："是不是上次顶撞了辅导员一句，他就故意不理我了，下一步可能就要找我麻烦了。"两种不同的想法就会导致两种不同的情绪和行为反应。前者可能觉得无所谓，而后者可能忧心忡忡。从这个简单的例子中可以看出，人的情绪及行为反应与人们对事物的想法、看法有直接的关系。在这些想法和看法背后，有着人们对一类事物的共同看法，这就是信念，前者在合理情绪疗法中被称为合理的信念，而后者则被称为不合理的信念。合理的信念会引起人们对事物适当、适度的情绪和行为反应；而不合理的信念则相反，往往会导致不适当的情绪和行为反应。人们坚持某些不合理的信念，长期处于不良的情绪状态之中，最终将导致情绪障碍，也就是 C 的产生。

现实生活中的许多情绪困扰，就是因为我们用不合理的信念去认识某件事情，而感到愤怒、沮丧，但换个角度去思考、评价，便会减弱或消除愤怒或沮丧情绪。因此，在日常生活和工作中，当遭遇各种失败和挫折，要想避免情绪失调，应先看是否存在一些"绝对化要求""过分概括化"和"糟糕至极"等不合理想法，如果有，就要有意识地用合理观念取而代之。

大学生运用合理情绪疗法时要把握 3 点：第一，要认识到不良情绪不是源于外界，而是由自己的非理性信念造成的；第二，情绪困扰得不到缓解是因为自己仍保持过去的非理性信念；第三，只有改变自己的非理性信念，才能消除情绪困扰。

【心理故事】

空船理论

《庄子·山木》篇里讲了一个小故事。一个人在乘船渡河的时候，前面一只船正要撞过来。这个人喊了好几声没有人回应，于是破口大骂前面开船的人不长眼。结果撞上来的竟是一只空船，于是刚才怒气冲冲的人，一下子怒火就消失得无影无踪了。

其实你会发现，生气与不生气，取决撞来的船上有没有人！这就是著名的"空船理论"。

【心理解析】

情绪，与生俱来，人人都有。而这些情绪，往往是来源于一些我们不认同，看不惯的事情。但总有一些人，活得云淡风轻，只专注自己，从不会被外界所扰。王阳明说："天下无心外之物。"明明是相同的一件事，但在两个人眼中呈现出的有可能是完全不同的两种状态：心态好的人，事事都顺，心态不好的人，好事也变坏事。为什么？这其实就是"空船理论"所传递的道理，一个人的态度决定了看法，看法又决定了做法，做法指导了行为，行为导致了结果。

2. 转移注意法

转移注意法是指把注意力从产生消极否定情绪的活动或事物上转移到能产生积极肯定情绪的活动或事物上来，其生理机制是大脑皮质优势兴奋中心的转移。当不良情绪出现时，可以采取转移注意力的方法，寻找一个新的刺激，激活新的兴奋中心，以抵消或冲淡原来的兴奋中心，使不良情绪逐渐消失。情绪转移的关键是要主动及时，不要让自己在消极情绪中沉溺太久。立刻行动起来，你会发现自己完全可以主宰情绪。当我们觉察到自己的情绪不佳时，我们可以选择自己喜欢的事情来做，还可以通过改变环境来转移注意力，你不妨试试下面一些简单可行的方法，看是否对你有帮助。

当你心情烦躁时——收拾一下宿舍，改变一下房间的布局，点缀一些花草。

头脑错乱时——先把桌上杂乱放着的书、用具整理一番，再去看书。

心情沉重、压抑时——换件舒服柔软的内衣，穿上漂亮的外衣到室外走一走，到风景优美的环境中玩一玩。

头痛腰酸，心情不佳时——听听音乐，做做健美操，打打球。

内心忧郁时——可以读读幽默小说，看看漫画及相声表演。

能够转移注意力的活动除了听音乐、读书、绘画、搞科研、学技术等，还有一些层次较低的活动，比如吃东西、逛街、打牌等。当然，我们强调层次较高的转移。例如，有的受挫者总结出了“一读解千愁”的办法，即用如痴如醉的读书兴趣取代逆境后的苦恼，可将注意力由逆境的“苦”转移到读书的“甜”上来。

水管阻塞了，如果不及时疏导，可能会有破裂的一天，情绪也是如此，如果不及时将不良情绪释放出来，会越积越多，最终导致情绪的崩溃。古人云：“忍让者易哀，忍忧者易伤。”人的情绪处于压抑状态时，应给予合理的宣泄，才能调节机体的平衡，缓解不良情绪的困扰，恢复正常的情绪状态。

3. 合理宣泄法

压力有很多种，学习上的压力、工作上的压力、生活上的压力、人际关系上的压力等。这些压力在某些事件的刺激下会转换为强烈的负面情绪。当你面对这些负面情绪时，正确的处理方式是在适当的场合，采取适当的方法，把不愉快的情绪释放出来，排解心中的不良情绪。现实生活中宣泄的方式有很多，如倾诉、运动、哭泣等。

(1)倾诉

当你心中产生烦恼和忧虑等消极情绪时，可以向老师、父母、好友、同学倾诉，把心中的不快、郁闷、困惑等一股脑倒出来，这不仅可以减轻你的心理负担，还可以听到别人好的建议。在很多情况下，一个人对问题的认识往往是有限的，甚至是模糊的，旁人点拨几句，可能使你茅塞顿开。别人的理解、关怀、同情和鼓励，会给你的心理带来极大的安慰。

(2)运动

当对某一特殊事物产生不满、厌恶的情绪时，可以在没人的场地大喊几声，也可以进行比较剧烈的体育活动，通过体力上的消耗，把负面情绪释放出去。

(3)哭泣

美国专家威费雷认为，眼泪能把有机物体在应激反应过程中产生的某种毒素排出去。从这个角度讲，遇到该哭的事情忍住不哭就意味着慢性中毒，很多人都有这样的感受，哭过以后心情就好多了。所以当感到委屈、遭受挫折或遇伤心事产生不平、沮丧、悲哀的情绪时，可在独处时或在亲朋好友面前大哭一场，以消除压抑的情绪。

不过，情绪的宣泄要有节制，要注意方式、方法和时间，以不影响别人和不危害自己为原则，否则会带来新的情绪困扰。

4. 自我暗示法

自我暗示法是以内心的主观想象，并自信它能引起相应的生理、心理变化来进行自我刺激的自我心理疗法。它包括积极的自我暗示和消极的自我暗示，前者让人自信乐观，后者令人消沉悲观。心理学的实验表明，当一个人静坐而默念“勃然大怒”“暴跳如雷”等词语时心跳会加剧，呼吸也会加快，仿佛真的发怒起来；相反，如果默念“喜笑颜开”“兴高采烈”之类的语句，就会产生一种愉快的体验。由此，自我暗示法的实质是自觉地诱发积极、良好的心理状态，并使其保持稳定，从而改变消极、不良的心理状态，产生良好的心理激励与平衡作用。例如，当个体在学习、就业、人际交往中遇到了困难和挫折，可以适当地进行自我暗示，比如用“比上不足，比下有余”的心理，以缓解消极、抑郁的心态；也可以用“塞翁失马，焉知非福”等词语来进行自我暗示；还可以用“酸葡萄”的心态来弱化目的的价值，从而减轻失落感。这种方法，对于帮助人们在大的挫折面前接受现实、保护自己、避免精神崩溃是很有益处的。

5. 音乐疗法

音乐疗法，又称“心理音乐疗法”，研究表明，音乐对人的情绪有着极大的调节作用，如心理学上的“莫扎特效应”。同时，音乐在某些疾病的康复中起一定的作用，如降低血压、减轻疼痛及消除紧张等。

合适的音乐治疗，常可取得很好的疗效，如忧郁的人宜听“忧郁感”的音乐。不管是“悲痛”的“圆舞曲”还是其他有忧郁成分的乐曲，都是具有美感的。当病人的心灵接受了这些乐曲的“美感”的沐浴之后，很自然会慢慢消去心中的忧郁，这是最科学、也是最易见效的方法。

性情急躁的人宜听节奏慢、让人思考的乐曲，这可以调整心绪，克服急躁情绪，如一些古典交响乐曲中的慢板部分。

悲观、消极的人宜多听宏伟、粗犷和令人振奋的音乐，这些乐曲对缺乏自信的病人是有帮助的。乐曲中充满坚定、无坚不摧的力量，会随着旋律而洒向听者“软弱”的灵魂，久而久之，会使病人树立起信心，振奋精神，认真地考虑和对待自己的人生道路。

记忆力衰退的人最好常听熟悉的音乐。熟悉的音乐往往与过去难忘的生活片段紧密缠绕在一起。想起难忘的生活，就会情不自禁地哼起那些歌曲；哼起那些歌曲，也同样会回忆起难忘的生活。

总之，音乐治疗不同于一般的音乐欣赏，它是在特定的环境气氛和特定的乐曲旋律、节奏中，使病人心理上产生自我调节的作用，从而达到治疗的目的。每个人都可以根据自己的情绪状况，选择合适的音乐来调节自己的情绪情感状态。

6. 心理咨询法

当你尝试了许多自我调节的方法，情绪仍没有好转时，可以求助学校的心理咨询老师，或寻找心理咨询机构进行咨询。心理咨询是指运用心理学的方法，对心理适应方面出现问题并企求解决问题的求询者提供心理援助的过程。来访者就自身存在的心理不适或心理障碍，通过语言、文字等交流媒介，向咨询师进行述说、询问与商讨，在其支持和帮助下，通过共同的讨论找出引起心理问题的原因，分析问题的症结，进而寻求摆脱困境、解决问题的对策，以便恢复心理平衡、提高对环境的适应能力、增进身心健康。

7. 放松训练法

放松训练是一种通过练习，学会在心理和躯体上放松的方法。放松练习可以帮助人们减轻和消除各种不良身心反应，如焦虑、恐惧、紧张、失眠等症状。可以用以下步骤进行放松练习：①以舒服的姿势坐好，保持身体两边的平衡；②用鼻子深深地、慢慢地吸气，再从嘴巴慢慢地吐出来；③想象身体各部位的放松，放松的顺序：脚、双腿、背部、颈、手心。还可以放轻音乐，想象自己在轻柔的海滩上，暖暖的阳光照在身上，赤脚走在海滩上，海风轻轻吹拂，听海浪拍打海岸，将头脑放空，达到放松的目的。

8. 情感升华法

情感升华是指当人的情感或心理受挫时，设法将消极心理转化为积极心理的过程。情感升华是对消极情绪的一种高水平的宣泄，将消极情感引导到对他人、自己和社会都有利的方向去。平常我们所说的"化悲痛为力量"，就是情感升华的结果。例如，某同学因失恋而痛苦万分，但他没有因此消沉，而是把注意力转移到学习中，以证明自己的能力。在日常生活中，还有很多处在消极心态下的人，他们不甘沉沦，凭借顽强的意志去不懈努力和奋斗，使情感得到升华，终于在学习、事业上获得成功，实现了自己的人生价值，成为生活的强者。

四、大学生情绪管理的自我调节

大学生情绪管理的自我调节就是指大学生根据自身情况及周围环境，对自己的情绪进行管理，以有效地调节行为，从而适应外界情景与人际关系的需要，最大限度地发挥自身的潜能。

（一）有选择性、有针对性地读书

大学生思维敏捷，求知欲强烈，对外面的世界更加关注，但由于受社会经验和人生阅历的限制，分析认识问题受感性认识影响较大，因而不能正确结合社会实际深层次地看待问题，这不仅会导致他们对社会产生片面认识，同时也会严重打击他们积极进取的精神，对社会产生不满情绪。针对大学生存在的问题，我们提出以下建议：其一，选择几本有代表性的政治类、历史类或哲学类书籍，更好地了解我国社会的发展规律，正确分析当今社会的一系列复杂问题，提高政治素养，激发为社会服务的热情，从而产生积极乐观的心态。其二，多读一些心灵成长类和励志类的书籍，这不仅能够使大学生们感受到智慧的光芒，更重要的是当他们感到苦闷、彷徨、退缩、失望的时候，这些书会给他们带来希望和勇气，让他们相信人生的道路并非一帆风顺，只有乐观地面对挫折和失败，才能勇敢地继续前进。

（二）积极参加学校组织的集知识性、娱乐性于一体的活动

大学生正处于青年时期，精力充沛、朝气蓬勃、创造力丰富，且具有较强的自我意识和交往欲望，因此非常需要通过一个平台来展现自己的才华和创造力，以得到内心的满足，体现自身的价值。有关对大学生自信状况的调查研究表明，相当比例的大学生存在着不同程度的自信心不足的状况，一部分学生甚至有强烈的自卑感。因此，大学生应适当地参加一些诸如文体表演、知识竞赛、演讲比赛等活动，这些活动不仅能够缓解他们学业上的压力，同时还能锻炼他们的人际交往能力，增强他们的自信心。

(三)有意识地运用积极的思维方式

大学生情感丰富,情绪强烈且易冲动,加之处在一个开放且具有多元价值观的社会当中,多种文化思潮的冲击和社会一些不良现象的存在,极易使他们产生悲观失望等消极情绪,因此看待问题往往带有片面性和局限性,如果不加以注意,久而久之就会形成消极的思维方式。这些消极思维反过来又会强化并放大他们的消极情绪,这将严重阻碍大学生自身的发展,使之难以适应社会的需要。所以,大学生要有意识地培养自己的积极思维,辩证地看待问题,遇事要多往积极的方面思考,即使有些事情不尽如人意,但只要对自己说"最坏也不过如此",那么一切前进中的困难也许会变得不再可怕,烦恼的情绪也许会随之烟消云散。

(四)主动地创设能够产生正向情绪的环境

赏心悦目的环境可以使人心旷神怡,奋发图强的气氛可以使人奋进。著名心理学家格罗斯的情绪调节理论,在某种程度上也强调了环境对人心境的影响。他还提出了情景选择、情景修正的调节策略。这两种情绪调节策略都强调了人的主观能动性,表明人们有能力针对不同的情境,采用不同的情绪调节策略进行情绪的调节。虽然人们日常生活中所遇到的绝大部分事件都是发生在一定的环境之中的,而且绝大部分环境是人们难以改变的,但是这并不能说明人们在改变环境上是无能为力的。人类的生存与发展,正是通过其对环境不同程度的改变而实现的。因此,对于大学生而言,主动地去创设能够产生正向情绪的环境是调节大学生情绪的一种非常有效的策略。

大学生可以创办情感支持小组或是可以倾诉情感的网络社区或论坛,通过类似这样的一些渠道来排解自己的烦恼、苦闷。当然,这是在不攻击他人、不伤害他人的前提下进行的。这样便产生一个良性循环,大学生就会潜移默化地被这样的氛围所感染,积极的正向思维模式也就会随之产生,进而产生更多的正向情绪。

(五)正确认识问题情境和自身的关系

大学生对自身和周围问题情境的关系要有准确的判断。这里所谈到的问题情境有两种情况,即大学生所感知的问题是可控的还是不可控的。能感知的问题情境为可控时,建议大学生使用问题解决策略去改变情境,找出多种解决问题的方案,然后选择其中一种最为可行的方案解决问题,从而降低问题情境对情绪的消极影响;而当感知的问题情境为不可控时,大学生就无法对问题情境做出改变,那么就应该有意识地从改变自身的角度来考虑解决策略,如可以通过改变自身对问题情境的看法、问题情境对自身的意义等途径来消除刺激情境所带来的压力。

知识拓展

1. 心理情绪中的"蝴蝶效应"

心理变化非常微妙,一丝不快的心情或许会导致一天的心境不快,或许还会带来诸多烦恼,或许还会带来一连串的厄运。

1960年,美国麻省理工学院教授洛伦兹研究"长期天气预报"问题时,出现了疑难问题:她在计算机上用一组简化数据模拟天气的演变,原本是想利用计算机的高速运算来提高天气预报的准确性。但是，事与愿违，多次计算表明，初始条件的极微小差异会导致错误的结论。心理情绪也是如此，有一组漫画显示，一个人在单位被领导训了一顿，心里很恼火，回家冲妻子发起了脾气，妻子无来由地被训，也很生气，就摔门而去。走在街上，一条宠物狗拦住了其去路，“汪汪”狂吠，妻子更生气，就一脚踢过去，小狗受到踢打，狂奔而去，路过一个老人面前时把老人吓了一跳。正巧这位老人有心脏病，被突然冲出的小狗一吓，当场心脏病发作，不治身亡。

洛伦兹发现了微小差异导致的巨大反差，她用一个形象的比喻来表达这个发现：一只小小的蝴蝶在巴西上空振动翅膀，它扇动起来的小小旋涡与其他气流汇合，可能会在一个月后的美国得克萨斯州引起一场风暴——这就是混沌学中著名的“蝴蝶效应”。人们在情绪上也有类似的“蝴蝶效应”。如甲对乙说了丙一句坏话，被乙传给了丙，丙愤怒地去找甲算账，两人话不投机，动起手来，结果甲被丙用刀刺伤，这样可能会导致两个家庭家破人亡。

不注意微小的不良情绪，很可能酿成大祸。西方流传的一首童谣这样讲：掉了一颗铁钉，丢了一只马蹄铁；丢了一只马蹄铁，折了一匹良驹；折了一匹战马，损了一位将军；损了一位将军，输了一场战争；输了一场战争，亡了一个帝国。我国有“失之毫厘，谬以千里”的说法，这个说法和前面的童谣以及“蝴蝶效应”的理论都告诉我们：要注意初始条件的微小差别，要对这方面的微小差别保持高度的“敏感性”，及时调整心态和情绪，时刻保持一种健康清醒的心态是十分重要的。

遗憾的是，许多人至今仍缺乏这种必需的健康心态，放任不良心态的扩散，或者不注意生活中的细节。例如在生活中，当身体某个部位不舒适时，总觉得没什么大事。可有时，病毒就在不经意间逐渐侵袭了整个身体，当病入膏肓时再去治疗就有些晚了。癌症令人闻之色变，其实，有的癌症如果及早被发现，治疗并不难。但是，人们往往疏忽大意，到中晚期才发现，那时治疗起来事倍功半，疗效不佳。所以，治病的心态也是如此，没病要注意预防，有病要及早发现并治疗。

“蝴蝶效应”对负面情绪有着不可忽视的作用，但同时，它对正面情绪也有不容忽视的影响。有这样一个故事：一个小伙子听说自己被人挤对，就愤愤不平去找人打架，路上走得口渴，便向路边的小屋主人要一杯水喝。主人热情好客，看他满头大汗除了送水之外又递过来一条毛巾。他谢过之后走出屋外，主人又追出来送给他一把伞让他遮阳。这个小伙子出门以后，心胸豁然开朗，只走了几步就转头回家了。因为小屋主人的热情招待使他心里充满了感激，原来那充斥在他心中愤愤不平的想法被冲淡了，他不想为区区小事去拼命了。如果你用健康的心态面对生活，你的生活自然会充满阳光，即使偶然产生负面情绪，你一定会注意及时调整，防微杜渐；偶尔遇到意外的委屈、屈辱，你也一定会处理得大度、得体，那么，你的生活依然充满阳光。

2. 情绪 ABC 理论——你的不合理信念

情绪 ABC 理论的含义

情绪 ABC 理论的创始者埃利斯认为：正是我们常有的一些不合理的信念才使我们产生情绪困扰。如果这些不合理的信念长久存在，还会引起情绪障碍。情绪 ABC 理论中 ABC 代表的意思分别是：A 表示诱发性事件；B 表示个体针对此诱发性事件产生的一些信念，即对这件事的一些看法、解释；C 表示自己产生的情绪和行为的结果。

通常人们会认为诱发事件A直接导致了人的情绪和行为结果C,发生了什么事就引起了什么情绪体验。然而,你有没有发现同样一件事,对不同的人,会引起不同的情绪体验。同样是报考英语六级,结果两个人都没过,一个人无所谓,另一个人却伤心欲绝。

“为什么?”就是诱发事件A与情绪、行为结果C之间还有个对诱发事件A的看法、解释的B在作怪。一个人可能认为:这次考试只是试一试,考不过也没关系,下次可以再来。另一个人可能说:我精心准备了那么长时间,竟然没过,是不是我太笨了,我还有什么用啊,人家会怎么评价我。于是不同的B带来的C大相径庭。

不合理观念的特征

依据情绪ABC理论,分析日常生活中的一些具体情况,我们不难发现人的不合理观念常常具有以下三个特征。

一是绝对化要求。它是指人们常常以自己的意愿为出发点,认为某事物必定发生或不发生的想法。它常常表现为将“希望”“想要”等绝对化为“必须”“应该”“一定要”等。例如,“我必须成功”“别人必须对我好”等。这种绝对化的要求之所以不合理,是因为每一客观事物都有其自身的发展规律,不可能以个人的意志为转移。对于某个人来说,他不可能在每一件事上都获成功,他周围的人或事物的表现及发展也不会依他的意愿来改变。因此,当某些事物的发展与其对事物的绝对化要求相悖时,他就会感到难以接受和无法适应,从而极易陷入情绪困扰之中。

二是过分概括化。这是一种以偏概全的不合理思维方式的表现,它常常把“有时”“某些”过分概括化为“总是”“所有”等。用艾利斯的话来说,这就好像凭一本书的封面来判定它的好坏一样。它具体体现在人们对自己或他人的不合理评价上,典型特征是以一件事或几件事来评价自身或他人的整体价值。例如,有些人遭受一些失败后,就会认为自己“一无是处、毫无价值”,这种片面的自我否定往往导致自卑自弃、自罪自责等不良情绪;而这种评价一旦指向他人,就会一味地指责别人,产生怨怼、敌意等消极情绪。我们应该认识到,“金无足赤,人无完人”,每个人都有犯错误的可能性。

三是糟糕至极观。这种观念认为如果一件不好的事情发生,那将非常可怕和糟糕。例如,“我没考上大学,一切都完了”“我没当上处长,不会有前途了”,这种想法是非理性的,因为对任何一件事情来说,都会有比之更坏的情况发生,所以没有一件事情可被定义为糟糕至极。但如果一个人坚持这种“糟糕”观时,那么当他遇到他所谓的百分之百糟糕的事情时,就会陷入不良的情绪体验之中,从而一蹶不振。

因此,在日常生活和工作中,当遭遇各种失败和挫折,要想避免情绪失调,就应多检查一下自己的大脑,看是否存在一些“绝对化要求”“过分概括化”和“糟糕至极观”等不合理想法,如有,就要有意识地用合理观念取而代之。

心理测试

(一)焦虑自评量表(SAS)

焦虑是一种比较普遍的精神体验,长期存在焦虑反应的人易发展为焦虑症。本量表包含20个项目,分为4级评分,请您仔细阅读以下内容,根据最近一星期的情况如实回答。

填表说明：所有题目均共用答案，请在A、B、C、D下画“√”，每题限选一个答案。

自评题目：

①我觉得比平时容易紧张或着急。	A	B	C	D
②我无缘无故地感到害怕。	A	B	C	D
③我容易心里烦乱或感到惊恐。	A	B	C	D
④我觉得自己可能将要发疯。	A	B	C	D
*⑤我觉得一切都很好。	A	B	C	D
⑥我手脚发抖打战。	A	B	C	D
⑦我因为头疼、颈痛和背痛而苦恼。	A	B	C	D
⑧我觉得自己容易衰弱和疲乏。	A	B	C	D
*⑨我觉得心平气和，并且容易安静坐着。	A	B	C	D
⑩我觉得心跳得很快。	A	B	C	D
⑪我因为一阵阵头晕而苦恼。	A	B	C	D
⑫我觉得要晕倒似的。	A	B	C	D
*⑬我吸气呼气都感到很容易。	A	B	C	D
⑭我感到手脚麻木和刺痛。	A	B	C	D
⑮我因为胃痛和消化不良而苦恼。	A	B	C	D
⑯我常常要小便。	A	B	C	D
*⑰我的手脚常常是干燥的。	A	B	C	D
⑱我脸红发热。	A	B	C	D
*⑲我容易入睡并且一夜睡得很好。	A	B	C	D
⑳我做噩梦。	A	B	C	D

答案：A没有或很少时间；B小部分时间；C相当多时间；D绝大部分或全部时间。

心理测试(一)解析

（二）抑郁自评量表(SDS)

此量表由20道题组成，请根据自己一个星期之内的感觉来回答的。20个题目分别反映出抑郁心情、身体症状、精神运动行为及心理方面的症状体验，因为是自评，不要别人参加评价，也不用别人提醒。

1分：从无，没有或很少时间；2分：有时，小部分时间；3分：经常，相当多时间；4分：持续，绝大部分或全部时间。

指导语：请您仔细阅读每一条，把意思弄明白，然后根据您最近一星期的实际感觉，选择最适合您的答案。

	从无	有时	经常	持续
①我觉得闷闷不乐，情绪低落				
*②我觉得一天之中早晨最好				
③我一阵阵哭出来或觉得想哭				
④我晚上睡眠不好				
*⑤我吃得跟平常一样多				
*⑥我与异性密切接触时和以往一样感到愉快				
⑦我发觉我的体重在下降				
⑧我有便秘的苦恼				
⑨我心跳比平时快				
⑩我无缘无故地感到疲乏				
*⑪我的头脑跟平常一样清楚				
*⑫我觉得经常做的事情并没有困难				
⑬我觉得不安而平静不下来				
*⑭我对将来抱有希望				
⑮我比平常容易生气激动				
*⑯我觉得做出决定是容易的				
*⑰我觉得自己是个有用的人，有人需要我				
*⑱我的生活过得很有意思				
⑲我认为如果我死了，别人会生活得好些				
*⑳对常感兴趣的事我仍然感兴趣				

心理测试(二)解析

拓展实训

实训一：情绪传染圈

【主题】探讨情绪的表达。

【人数】15～30人。

【游戏方法】

①围圈而立。协作者请大家把快乐的情绪表现出来，再逐步说出喜、怒、哀、乐等请大家表达，作为游戏的热身。

②协作者先说一种情绪，自己先一边以动作、表情和声音配合表达，一边向其中一位参与者走去，并取代其位置，该参与者须把该种情绪延续，即以自己的表达方式，一边以动作、表情和声音配合，一边向另一位参与者走去并取代其位置。如此这般把情绪传播出去，每种情绪传播六七个人后，协作者说出另一种情绪，须注意不同程度的情绪。

③协作者事先拟定不同情境（如见到老板向自己走来、见到暗恋对象、见到债主……），方法基本同上，但是被传染和被取代位置的参与者可以根据不同的情境表示相应的情绪。六七次后，协作者换另一个情境。协作者须留意参与者对同一情境表达的不同情绪。

④围圈而坐。大家讨论自己在不同情境下通常产生的情绪，自己的情绪表演是否适当，有无表错情，自己的情绪受别人的影响和自己情绪对别人的影响、平日自己处理情绪的方法等。

【小锦囊】

①协作者须注意不同程度的情绪，如愤怒和狂怒，悲哀和极度悲伤，轻松自在、快乐和狂乐等，请大家尽量精确地表达不同的情绪。在拟定不同的情境时也可多加入有趣的情境，如患上绝症只有几个月的生命了、垂死求救、被老板斥责、很焦急上厕所等，务求对比不同参与者的情绪反应。

②这组游戏有助于参与者加深对自己的情绪反应的理解，协作者在讨论时可特别提出以下内容：情绪在大家面对问题时所产生的影响；如何驾驭情绪，而不是让情绪控制自己。协作者可真诚地强调表达和抒发情绪的重要性，但同时须注意情绪会传染和对别人产生影响，所以做自己情绪的主人是重要的。

实训二：情绪表达技巧的训练

1. 负面情绪的表达

【活动目标】

让学生掌握与人分享负面情绪的表达方式，避免采用责备、抱怨的方式表达自己的情绪。

【活动准备】

安排学生排演一个因为没有恰当表达负面情绪而造成人际冲突的情景剧。

【情景剧表演】

【讨论】

①为什么会发生冲突？冲突的结果对双方造成怎样的影响？

②是否需要向对方表达自己的负面情绪？怎样表达？

2. 正面情绪的表达

【活动目标】

让学生掌握与人分享正面情绪的表达方法，与他人进行情感交流，增进关系。

【活动步骤】

①小组练习(6～8 人一组)

每个同学分别赞美其他的小组成员，赞美内容提示如下：

a. 特别漂亮的身体部位。

b. 特别优秀的个性特征。

c. 出众的才能或本领。

②小组分享

接受别人赞美时的内心感受。

【小组讨论】

①别人怎么赞美自己会比较乐于接受？

②虚伪的谄媚与真诚的赞美有什么不同？

【赞美练习】

全班同学在教室里随意走动，分别找 5 位同学表达真诚的赞美。

【建议】

当你情绪低落时，想想别人赞美你的这些话。

来源：方平，《自助与成长——大学生心理健康教育》，北京：教育科学出版社，2010 年，第 115-116 页。

体验感悟

调节和控制情绪十法则

①学会转移。当火气上涌时，有意识地转移话题或做点别的事情来分散注意力，便可使情绪得到缓解。在余怒未消时，可以做些如看电影、听音乐、下棋、散步等有意义的轻松活动。

②学会宣泄。人在生活中难免会产生各种不良情绪，如果不采取适当的方法加以宣泄和调节，这些不良情绪对身心将产生消极影响。因此，如果一个人遇到不愉快的事情及委屈，不要压在心里，可向知心朋友和亲人说出来或大哭一场。这种发泄可以释放积于内心的郁积，对于人的身心发展是有利的。当然，发泄的对象、地点、场合和方法要适当，避免伤害他人。

③学会自慰。当一个人追求某项事情而得不到时，为了减少内心的失望，常为失败找一个冠冕堂皇的理由，用以安慰自己，就像狐狸吃不到葡萄就说葡萄酸的童话一样，这种安慰自己的心理称作“酸葡萄心理”。

④语言节制法。在情绪激动时，自己默诵或轻声警告自己“冷静些”“不能发火”“注意自己的身份和影响”等词句，抑制自己的情绪；也可以针对自己的弱点，预先写上“制

怒”“镇定”等条幅置于案头或挂在墙上。

⑤自我暗示法。估计在某些场合下会产生某种紧张情绪,先为自己寻找几条不应产生这种情绪的有力理由。

⑥愉快记忆法。回忆过去经历中的高兴事,或获得成功时的愉快体验,特别应该回忆那些与眼前不愉快体验相关的愉快体验。

⑦环境转换法。处在剧烈情绪状态时,暂时离开激起情绪的环境和有关人物。

⑧幽默化解法。培养幽默感,用寓意深长的语言、表情或动作,用讽刺的手法,机智、巧妙地表达自己的情绪。

⑨推理比较法。解剖困难的各个方面,把自己的经验和别人的经验相比较,寻觅成功的秘密,坚定成功的信心,排除畏难情绪。

⑩压抑升华法。不受重用、身处逆境、感到苦闷时,可把精力投入某一项你感兴趣的事业中,通过成功来改变自己的处境和改善自己的心境。

推荐阅读——《不抱怨　不生气　不失控》

作者简介:

胡锋,心理学硕士,多年从事心理学工作。对家庭教育、情绪心理学等领域研究颇深。已出版家庭教育类图书多部,其中,《不抱怨　不生气　不失控》《世上没有懒孩子》等多部图书在市场产生影响强烈,被全国多家媒体报道,其教育模式经过百场现场交流会已广为流传。

内容简介:

成功,因宽容和积极而充满机遇;失败,因抱怨和消极而困难重重。优秀的人,都是不抱怨的人。

心若改变,情绪就会改变;情绪变了,行为就会变;行为变了,习惯就会变;习惯变了,性格跟着变。性格决定命运,情绪左右人生。

人的一生,最大的陷阱并不是缺少机会,或是资历浅薄,而是缺乏对自己情绪的控制。如果你想掌控自己的命运,请先掌控自己的情绪!

第六章

爱情花开——大学生恋爱心理

学习地图

在大学这段美好的时光，恋爱会被人们常常提起。美好的时间遇见一段美好的爱情，无论擦出怎样的火花，或者留下怎样的回忆，爱情总会带来不一样的体验。每个品尝过恋爱酸甜苦辣的人都会去探寻爱情的真谛。我想每个人理解的爱情都是不一样的，正如周国平所说："爱有一千个定义，没有一个定义能够把它的内涵穷尽。"有人说，爱情不是最初的甜蜜，而是繁华退却后依然不离不弃。诚然，爱情是门艺术，需要学习，需要体验，需要掌握。

学习目标

※ 知识目标

1. 了解恋爱的相关概念。
2. 熟悉大学生恋爱的心理特点和常见的心理效应。
3. 培养大学生恋爱的能力。

※ 能力目标

培养学生恋爱的能力，使学生了解恋爱的相关概念、学会处理恋爱过程中常见的心理困扰。

※ 自我认知目标

使学生认识到爱的能力的培养的重要性，帮助学生树立正确的爱情观。

学习导图

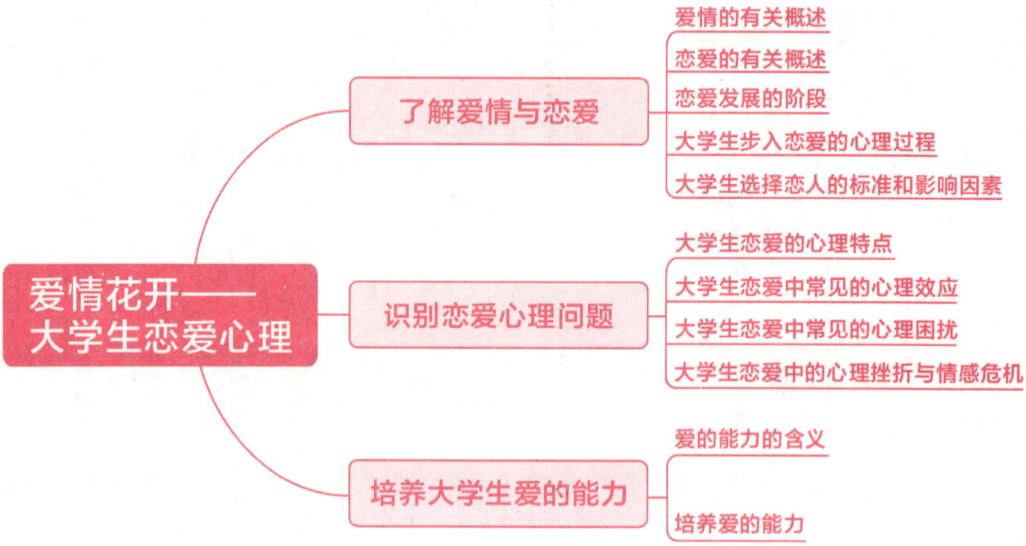

【校园故事回放】

来访者：我和男友是在朋友聚会上认识的。刚开始，我们谈各自的生活和理想，谈小时候的趣事、现在的学习生活情况以及今后的打算，我觉得他不仅人长得帅，而且有能力、有智慧，因此对他非常崇拜和喜欢。我们也顺其自然地成了男女朋友，但是好景不长，在认识不到一个月的时候，他暗示希望进一步发展两人的关系，比如婚前性行为。我被吓到，拒绝了他，他很生气，但是也没说什么。几次被拒后，他开始脾气暴躁，骂我装清纯，甚至对我动手动脚，之前的幽默风趣、绅士风度荡然无存。老师，我也不是不能接受婚前性行为，只是觉得我们之间还没发展到那一步，而且爱情难道就是性吗？

【心理专家分析】

一项关于婚前性行为对大学生的影响的调查结果显示，大多数男生认为婚前性行为没有什么影响，大多数女生认为有害。关于能否尝试婚前性行为，我的建议是一切以安全为底线，包括以下方面。①亲密关系安全。打算尝试前，得先问下自己：你们对彼此非常了解吗？对你们的恋爱关系可以发展为婚姻关系有足够的信心吗？每段亲密关系都可能会有成功或者失败的结果，你打不打算去承担失败的结果？这些要提前做好评估。②生理安全。事前要学习一些科学的性知识，避免错误的行为对身体造成伤害。③心理安全。面对这种两难问题，大学生自己应该有更多冷静的思考和充分的心理准备，万一出现意外怀孕或恋爱失败的情况应冷静处理，切不可做出过激行为对双方造成身体或心理伤害。

视频案例6-1

爱情的三角理论

第一节　了解爱情与恋爱

一、爱情的有关概述

（一）爱情的定义

爱情是指男女之间相互爱恋的感情，男女双方基于共同的生活理想，发自内心形成相互爱慕，并渴望对方成为自己终身伴侣的一种强烈的、纯真的、持久的、专一的感情。爱情由性爱和情爱两部分组成。

性爱是以性欲为基础的对异性的倾慕、怜惜、亲近的感情体验。

情爱是由异性间的依恋感及理想、价值观、个性追求等复杂因素混合升华而成的。

性爱是构成爱情不可缺少的部分，情爱是爱情的本质表现，只有性爱、缺乏情爱的爱情是不健康的。

（二）爱情的特征

> 真正的爱情是专一的，爱情的领域是非常狭小的，它狭小到只能容下两个人生存；如果同时爱上几个人，那便不能称作爱情，它只是感情上的游戏。
>
> ——席勒

1. 直觉性

直觉性，即直觉直接启动恋人间的亲近，比如“一见钟情”“相见恨晚”。性爱注重身体外表吸引、气质相投等感觉因素。第一次见面感受到对方的外在美而产生感情，这在恋爱中尤为重要。但是，直觉未必准确，过于依赖往往后患无穷。

2. 冲动性

冲动性，即热恋中往往带有很强的非理智性。恋人们经常会感觉到对爱情的激动兴奋，产生要与对方进一步密切关系的需求。恋爱的冲动性使爱情充满活力、生机勃勃。热恋中的男女常为一些小事而高度兴奋，也具有比平时更高的创造热情。但冲动的不可遏制也会造成性欲需要的增强，如不加以克制就可能会引起性行为。

3. 排他性

爱情是无私的，它将全部身心倾注于所爱的人，甚至愿为爱情奉献一切；爱情又是自私的，具有独自占有所爱对象的欲望。因此，爱情是排他的，反对自己的恋人与其他异性发生情感关系(外排他),同时也不接受其他异性爱上自己而干扰甜蜜的热恋(内排他)。排他性有利于维持爱情稳定,但极端的排他,如不允许恋人与其他异性正常交往,就会给恋爱双方带来高度的心理压力,双方甚至会因此产生冲突。

4. 心理相容性

心理相容建立在恋爱双方有了比较深刻的了解并能接受和容忍对方的基础上,双方生活习惯、文化修养、兴趣爱好,特别是理想、价值观、人生态度、道德品质、审美情趣等相容是心理相容的重要因素。心理相容需要一个过程,不是一朝一夕的事,那种"一见钟情""闪婚"式的恋爱由于缺少心理相容的过程,有时是冒险的。

5. 持久性和阶段性

真正的爱情是持久的、专一的,把婚姻看成爱情的坟墓的观点是错误的,在恋爱过程中朝秦暮楚,把爱情当儿戏的态度更是不道德的。爱情又具有阶段性,不同的年龄阶段和恋爱的不同时期,爱情的表现形式有所不同。

(三)健康的爱情观

关于爱情,每个人都有自己的感受。每个人的爱情都是一部电影,自己是这部电影的主角兼导演,自己诠释这部电影是文艺片还是商业片,这都取决于自己对待爱情的态度。

健康的爱情观应包括事业、尊重、承诺和责任。

1. 事业

弗洛伊德认为,只有会工作的人,在工作中能疏解体内过剩的能量并体会到稳定、持久的成就感和幸福感的人才能以稳定的情绪和状态应对生活中的各种事件,包括爱情。爱情是生活的一部分,人生因爱情而变得完美,对事业的执着追求也会促进爱情健康发展。

2. 尊重

男女双方在从恋爱到结婚组成家庭的过程,都需要以相互了解、彼此尊重为前提,任何以自我为中心、自以为是的态度都是不明智的,任何强迫、威胁、欺骗都是不道德的。尊重,不仅要尊重对方的人格和决定,还要尊重对方的父母和背景,尊重对方的信仰和价值观。

3. 承诺

忠贞专一,这是爱情最重要的原则。恋爱双方要彼此忠诚、互守承诺、珍惜爱情,不见异思迁;即使感情变了,也应该以适当的方式告知对方。践行承诺,不轻易违反,是爱情稳定和幸福的保证。

4. 责任

恋爱过程中应该用符合社会道德规范的方式表达互相爱慕的感情,理智驾驭自己的行为。任由自己的爱情泛滥或流失,不仅会因为失去自我而得不偿失,也可能会给对方造成伤害。以责任感为指引,负责任地对待自己、对待对方、对待爱情,才是爱情长久的法宝。

二、恋爱的有关概述

（一）恋爱的定义

恋爱是指一对异性互生爱慕，产生爱情，建立爱情关系直到结婚的过程。这是恋爱健康发展的一般规律。

（二）大学生恋爱的意义

关于恋爱对大学生可能产生的影响，有动力论、阻力论、均衡论三种观点。恋爱对大学生学业事业发展、道德观念健全、心理成熟的影响都是一把双刃剑。

恋爱作为一种交往方式能促进大学生自我意识的提高，恋人就如一面镜子，可以照出你自己；美好纯真的恋爱能唤起爱的觉悟、陶冶情操、优化心理结构，可以促进心理健康成熟。但大学生恋爱也受社会环境的影响，大学生需要承担繁重的学业任务与未来发展的任务，需要更多的时间发展自我；另外，大学生的恋爱心理还不够成熟，“恋爱开始容易，相处难”，恋爱中可能出现的问题往往会给他们造成困扰。

大学的时间是个常量，大学生精力的分配将决定其未来发展的可能性，是否可以谈恋爱并非一个绝对的规定，其与个体的身心成熟与社会性成熟有关。

三、恋爱发展的阶段

（一）对异性的敏感期

刚进入青春期的青年人，身体迅速发育，生理和心理也急剧变化，尤其第二性特征的出现和性意识的觉醒，使男女青年对性别差异非常敏感，在异性面前时常会感到羞怯和不安。此阶段中，往往男女学生界限分明，彼此疏远、相互回避。

（二）异性向往期

随着性生理的发育成熟，性心理开始发展，男女情窦初开，产生了异性之间的相互吸引，出现彼此希望接触的意愿。处于此阶段的青年男女，开始特别注意自己的容貌和风度，希望引起异性的注意和兴趣，博得他（她）们的好感和青睐。生活中，开始关心周围发生的爱情方面的趣闻轶事，喜爱阅读和观看描写爱情内容的文学作品、影视作品。经常与同龄人谈论爱情问题，并利用各种机会与异性接触。甚至个别学生开始递纸条、写情书，明确地向异性求爱。但是，这一时期的男女青年，由于其生理和自我意识具有不成熟性，他们对异性的向往，基本上是泛化的、不稳定的、缺乏专一性的，是一种不成熟的恋爱心理。所以，有人又称此阶段为泛爱期。

（三）恋爱择偶期

这一阶段的男女青年，性心理已逐步成熟，社会阅历在不断丰富，恋爱观开始形成，对异性的向往逐渐专一，开始相互寻求和选择自己的对象，建立和培育双方的爱情，进入成熟的恋爱心理状态。目前的高校大学生，年龄一般在 17～24 岁，正是处于“异性向往期”向“恋爱择偶期”的过渡时期，也正是一个人的恋爱心理开始形成和逐步走向成熟的重要时期。

四、大学生步入恋爱的心理过程

大学生爱情的产生和发展，一般说，大致要经过好感、爱慕和相爱等过程。

（一）好感

好感是指在人际交往中所产生的一种彼此欣赏的情感体验。例如，人们在生活、工作和学习中，通过相互接触、相识与往来，而产生彼此希望进一步接触的心情。男女之间的好感，是爱情产生的必要前提。异性之间的好感会增强相互的吸引，形成一种内在动力，促使双方的接近和情感交流。

（二）爱慕

男女之间在好感的基础上，通过更多地了解对方的爱好、志趣、性格、为人等方面，而产生更深刻的情感体验，以致这种内在感情使人心旷神怡，萌发了希望与其结合的强烈情感倾向，并在理智的支配下，发展成对对方的爱慕之情。

（三）相爱

男女之间单方面的爱慕还不是爱情，只有相互爱慕，爱情才能建立。在恋爱中，从单方爱慕到互爱，可能是同步到来，也可能是异步的，或者还会经受一些波折与非难。

文字案例 6-1

钱钟书与杨绛的爱情故事

五、大学生选择恋人的标准和影响因素

（一）情投意合

一些大学生认为爱情是最纯洁、最真挚的感情。大学生们觉得自己的爱情少有功利、世俗的色彩，选择恋人不过于看重金钱、家庭背景等，有的欣赏某人的聪明才智，有的喜欢对方的温柔体贴，有的是在一起很开心、能玩得到一起，有的是谈得来、志趣相投。只要情投意合，都有可能成为恋人。

（二）外在形象

外在形象是男生们选择女友的重要标准，而女生选择恋人的标准，更看重学识、性格等因素。

（三）来自父母的影响

人的成长过程中，最初对男人、女人的认识，以及与男人、女人建立关系，就是从父母开始的。大学生在选择恋人时，会受自己对父母的印象和态度的影响。简而言之，一个非常崇拜父亲的女生，会按照父亲的样子来选择男友。同样，一个对母亲欣赏备至的男

生，也会按母亲的标准去选择恋人。当然，父母的感情如何，父母之间相处方式如何，也会直接影响到大学生对异性的态度。如果一个女孩觉得父亲对母亲不好，可能会对男人产生不好的印象，会希望找一个尊重女性，使其有安全感的男孩；男孩同样如此。不过由于情感世界具有复杂性，每个人对父母也会产生非常复杂的情感，所以在选择恋人上会表现得捉摸不定、犹豫不决、复杂多变。

（四）心理需要的满足

选择什么样的恋人也与每个人的成长经历、特殊的心理需要有关。在心理上如果对某一方面特别渴望，就会特别看重对方的某一点。曾有一个男生和一个女生去看望一个生病的同学，同去的女生对生病的同学照顾得特别细心周到，令这个男生特别感动，觉得她特别善良，爱慕之心油然而生。这个男生生长在一个比较穷困的家庭，父亲工作在外，小时候自己常被人欺负，他需要的是善意的对待，渴望的是善良的心灵。那个女生的品行一下就打动了他。

（五）性格特点

性格特点是选择恋人的一个重要因素。除了一般意义上的性格特点，如内向、外向等，另一个重要的关于性别特征的研究表明，性别特征对青年男女选择恋人有影响。

一般人们会觉得女性选男友，希望其更具有男性特征，比如勇敢、坚强；而男性选择女友注重女性特征，比如温柔、顺从等。不过现实中越来越多的女大学生在选择恋人时，会在标准上加上一些女性化的特征，如温柔、体贴；越来越多的男大学生在选择女友时，会在标准上加上自信、独立等男性化的特征。这涉及一个重要概念，就是双性化。双性化不但成为一种性格特征，而且直接影响青年男女选择恋人的标准。桑德拉·贝姆提出了双性化的概念，她认为适应最好的人是同时具备男性特征和女性特征的人，她把这称为双性化。男性化主要由固执己见和控制等特征构成，女性化则主要涉及人际关系和情感表达。男性化和女性化得分都高的人，被划分为双性化人。一项研究表明，大学生认为双性化的人比男性化、女性化以及未分化的人更受欢迎、更有趣、适应更好、能力更强、更聪明而且更成功，双性化的人会是最好的伴侣。因为双性化的人更能意识到爱意并能表达出来，他们具有产生亲密感的敏感性和理解力，而且愿意冒险。

（六）社会时尚

由于人在社会上生活，特别是每个时代有着各自的特点，大学生也会受时代和社会时尚的影响。现代社会崇尚的开放、竞争、务实等特点，也会成为大学生选择恋人的标准。“男孩不坏女孩不爱”“干得好不如嫁得好”等带有争议性的讨论，多少反映了现在大学生选择恋人的心态。一些大学生在选择恋人时从大学校园转移到社会上，金钱、地位等不自觉地成为选择恋人的标准。

第二节　识别恋爱心理问题

一、大学生恋爱的心理特点

（一）自主性强

大学生是一个特殊的青年社会群体，有着文化层次高、思想比较开放、易接受新观念、独立意识强等特点。在恋爱问题上，个性比较突出，不太受他人尤其是长辈的影响。

（二）注重情感

大学生谈恋爱对精神层面看得比较重，注重情感体验和交流。

（三）比较重形式

比较重形式，有些表面化。也许你很容易发现某个大学生是否在谈恋爱，因为在一起上自习、吃饭，在校园散步、看电影，所有常见或流行的恋爱方式，都不自觉地在谈恋爱的人身上出现。

（四）不稳定性

大学生谈恋爱的成功率是很低的，研究证明能真正一直相爱并在毕业后走入婚姻殿堂的不多。一方面大学生自身有许多不稳定性因素，如经济条件、年龄特点等，另一方面确实有些大学生谈恋爱并不是为了结婚。

（五）与自我概念紧密相关

处于青春期的大学生对自我比较敏感，他们对自己有一定的评价，也在意别人对自己的态度，所以恋爱似乎成为他们检验自我的一个试金石。恋爱常会是一种心理补偿，谈恋爱，似乎意味着有人爱自己，便自信心大增，如果恋爱不成功便会对自我产生怀疑。

二、大学生恋爱中常见的心理效应

（一）光晕心理

光晕心理，又称为光环效应或成见效应，指人际交往中形成的一种夸大的社会印象。人们对他人的认知判断首先是根据个人的好恶得出的，然后再从这个判断推论出认知对象的其他品质。在恋爱初期，恋爱对象一般总被标明是"美好"的，并被赋予一切好的品质，甚至对方身上一些明显的性格缺陷或品质问题也被认为是好的，即人们通常所说的"情人眼里出西施"

（二）逆反心理

逆反心理，是指因客观与个人主观需要不相符，而产生强烈的抵触情绪，并引发一种负向要求和行为的心理活动倾向。例如有的学生恋爱过程中，受到双方父母的反对，或其他不利因素的阻挠，但彼此相爱的态度更加坚决、关系更加紧密，难舍难分。在心理学中此类现象又称为"罗密欧与朱丽叶效应"。

（三）自卑心理

自卑，是由于自我评价偏低而引起的害羞、不安、内疚、胆怯、忧伤、失望等消极的情绪体验。自卑产生的消极心理作用，对大学生恋爱心理的不良影响较大。自卑感过强的人，在对待恋爱上，常会因怀疑自己的能力、惧怕自尊受到伤害，而无法敞开心扉；一旦恋爱中受到挫折，又往往会采取自我封闭、不再与他人交往的方式，以逃避现实。

大学生恋爱中的自卑心理大都是由自身的"缺陷"和"不足"造成的。例如，认为自己的相貌、身材不如他人，或者认为自己的家庭出身、社会地位、经济条件低人一等，或者感到自己的学习成绩、社交能力、个人修养等方面总不如人等。从实质上讲，自卑心理是人的一种性格上的缺陷，其原因往往是个人的成长经历、生活环境、自我认识偏差等造成主观上不能正确地认识自己、评价自己和接纳自己。

三、大学生恋爱中常见的心理困扰

（一）寂寞与爱情

大学生活中，由于种种原因，如离开父母和朋友来到新的环境、对学习没有兴趣或不适应等，常会使大学生陷入孤独寂寞之中，一些同学会不自觉地希望寻求异性知己，试图以"爱情"来抚慰自己，消愁解闷，寻求寄托，即所谓"寂寞期的恋爱"。

（二）好感与爱情

好感与爱情是大学生异性交往中经常遇到又难以区分的两种感情。青年人在性发育成熟时，便开始被异性所吸引，对异性产生好感，开始有寻求恋人的需要，这是人生理上的自然本能。但生活中，一些大学生容易将这种异性间的相互吸引、好感等同于爱情。其实异性之间有好感并非便可产生爱情；异性之间的好感一般来讲是广泛的、无排他性的，而爱情则是专一的、排他性的、具有性爱的因素。好感常常表现为人们一时出现的情绪感受，而爱情则是在长时间的相互了解中形成的。

（三）虚荣与爱情

一个杂志曾报道，有一个住 5 人的女大学生宿舍，其中 4 个人有了男朋友，另外一个女生就发誓一定尽快找一个男朋友，理由是难道自己"嫁"不出去吗？此女生的想法与虚荣心紧密相关。从心理学角度来说，虚荣心理是人的一种情感的反映，也反映着人的某种需要。美国心理学家马斯洛需要层次理论认为，需要是人的心理活动的基本动因，人的需要有各种不同的层次和广泛的内容，其中包括受他人尊重的需要。虚荣心理是一些人试图以追求名誉、荣耀等表面的光彩，来满足自尊需要的心理。谈恋爱，有一个令人羡慕的男朋友或女朋友，似乎便满足了这种需要。

（四）友谊与爱情

现实中确实有不少大学生把一般的友谊误解为爱情。常有同学讲："那个男同学为什么总是帮我们送报纸、送信？""为什么在一些活动中，那个女生总是对我特别关心？"大学生与异性相处中，一个眼神、一个动作，常都会赋予很特别的意义。确实，友谊和爱情有时很难严格划分。日本青年心理学家曾对异性间的友谊和爱情的异同做过区分，他认为在 5 个方面有不同。

支柱不同：友谊的支柱是理解，爱情的支柱是感情。

地位不同：友谊的地位是平等，爱情的地位是一体化。

体系不同：友谊的系统是开放的，爱情的系统是关闭的。

基础不同：友谊的基础是信赖，爱情则纠缠着不安和期待。

心境不同：友谊充满“充足感”，爱情则充满“欠缺感”。

四、大学生恋爱中的心理挫折与情感危机

大学生恋爱中的心理挫折主要有以下几个方面。

（一）单相思

单相思是指异性关系中的一方倾心于另一方，却得不到对方回报的单方面的“爱情”。还有的人可能已向对方表示了自己的爱慕之心，但被婉言拒绝，面对现实无法解脱，仍执着地爱慕着对方。

（二）恋爱中的感情纠葛

这里讲的感情纠葛，是指恋爱过程中由某些主客观原因而引发的欲爱不能、欲罢不忍的强烈内心矛盾与感情冲突。

①陷入三角恋。有的学生在寻求爱情的过程中，落入三角恋爱的漩涡里，即同时喜欢上两个人，或同时被两个人所追求，忧心如焚，不可自拔。

②爱情遭遇阻力。也有的人恋爱中可能遭到父母的反对，或者周围人的非议，心烦意乱，辗转反侧。

③爱情中的误解。还有人恋爱中被彼此间无休止的矛盾、误解和猜疑所困扰，忧心忡忡，郁郁寡欢。

（三）失恋

恋爱是一对男女为寻求和建立爱情而相互了解和选择的过程。交往中，一旦双方或者某一方出于这样或那样的原因，不愿再保持彼此的恋爱关系，就意味着双方恋爱的终止。恋爱的一方失去另一方的爱情，就是通常所说的失恋。

对任何人来说，失恋都是一种痛苦的情感体验，会不同程度地造成剧烈而深刻的心理创伤，有时会使人处于极其强烈的自卑、忧郁、焦虑、悲愤甚至绝望的消极情绪状态之中，甚至有的人对生活失去信心或勇气。个别人由于失恋而形成各种心理障碍，或者从此怀疑和不信任任何人，把自己的感情之门永远封闭起来，变得郁郁寡欢；或者看破红尘、自暴自弃，从而消沉下去；或者反目为仇、图谋报复、损人害己。失恋可以说是人生中特别严重的心理挫折之一。

视频案例 6－2

三个方法让你更快走出分手的痛苦

文字案例 6－2

气质对恋爱心理的影响

第三节　培养大学生爱的能力

一、爱的能力的含义

什么是爱的能力?

爱的能力是指和他人建立亲密关系的能力,它对人一生的发展有着重要的意义。爱的能力会引导一个人真正地爱他人,也真正地爱自己,能真正体验爱给人带来的快乐和幸福。恋爱的过程也是培养爱的能力的过程。

在心理学家弗洛姆看来:“爱是人的一种主动的能力,是一种突破使人和其他同伴分离之围墙的能力,一种使人和他人相联合的能力;爱使人克服了孤独和分离的感觉,让他允许他成为他自己,允许他保持他的完整性。”

弗洛姆所讲的爱的主动性,包括关心、责任、尊重和认识。

爱包含着关心,爱是对我们所爱的生命成长的主动关注。缺乏这种主动的关注就不是爱。爱是对另外一个人的主动渗透,是对对方的尊重及责任感。一对恋人精神交往的最大欢乐,就是在智慧上、美学上的相互充实,逐渐地去认识和发现更新的美,其中包括两人之间彼此贪婪地吸取更好的东西,然后彼此奉献出更好的东西。

二、培养爱的能力

爱的能力实际是一种综合素质,表现为在爱的过程中许多方面的能力。

(一)表达爱的能力

如果我们有了喜欢的人,我们要如何表达呢?一般恋爱中的人喜欢用的表达方式主要包括直接表达和间接表达。直接表达方式又包括面对面的口头表白以及打电话、写情书、发短信甚至微信等,而间接表达方式主要有送礼物、邀请看电影或者邀请吃饭、邀请一起游玩等。

当我们想要向自己喜欢的人表白时,须考虑到双方的想法,尤其是一定要揣摩对方的想法。具体来说,我们在表白时,须注意以下几个方面。

①表达时机要适宜:相互了解再表白,双方情绪轻松愉悦时再表白。

②表达地点要合适:一般选择在私下场合。

③表达方式要恰当:主要是考虑双方的性格,用对方希望的方式来表达。

④表达对象要区分性别:女生宜用委婉的方式,男生宜用大胆的方式。

⑤表达后要有平常的心态:向心中的爱慕对象表达爱意是幸福的,但假如被对方拒绝,难免会有失败之感,此时,要学会调节自己的负面情绪,以积极的心态面对挫折。

(二)接受爱的能力

当期望的爱来到了身边,能否勇敢地接受也是爱的能力的表现。我们不仅要勇于、善于追求爱,掌握表达自己爱的能力,还要学会接受他人给予的爱。接受爱的能力包括接受爱的讯号的能力和接受爱的勇气。

①接受爱的讯号的能力。在大学生中,有的同学说自己至今未接受到任何爱情的表

白，其实爱情并不一定要说出口，有的人的一些举动已经是行为上的一种表白了。

②接受爱的勇气。有的大学生在别人向自己示爱后，内心挺高兴，但又不敢接受别人的爱，或者对爱缺乏心理准备，或者觉得自己不配，不值得爱；还有的大学生害怕自己接受对方的爱意，确定恋爱关系之后，发现与自己想象中的爱情有区别，自己接受不了，因此而失去发展爱的机会。这些是没有自信的一种表现，对自己没有信心，对对方也没有信心。如前文所述，并不是所有的爱情都是完美的，只有接受了爱才能感受到爱的真谛，在恋爱过程中共同成长。爱，不仅是付出，也是收获，一个人只有感受到他人对自己的爱，才有可能给他人更大的爱。

（三）拒绝爱的能力

有爱的能力的人不会对爱来者不拒，也不会将认为不属于自己的爱简单地拒之千里。当然也有不少大学生在别人向自己示爱时有些优柔寡断，既怕伤害对方，又怕对方误会。拒绝爱的能力，首先表现为对他人的尊重，要感谢对方对自己的欣赏和感情；其次要态度明确，表达清楚，即和对方说清楚双方只能是什么样的关系，同学还是一般朋友，或者什么都不是；三是行动与语言要一致。可能有些同学怕对方受伤害，虽然语言上拒绝了对方，但是行动上还与对方有较亲密的接触，如单独去看电影、吃饭等，这容易使对方误解，认为还有机会，还纠缠在自己的情感中，所以拒绝爱时，一般要注意以下几点。

①拒绝之前须慎重考虑：求爱者是不是自己喜欢的人，做出一个明确的决定。

②拒绝要果断、坚决：要及时做出决定，不宜拖延太久；要说到做到、言行一致、前后一致，不要给对方留有幻想和希望。

③要维护对方自尊：不可嘲笑、挖苦、刺激对方。

（四）鉴别爱的能力

鉴别爱是指能较好地分清什么是友情和爱情。友情和爱情既可以让人感受到爱和温暖，也可以让人感受到愉悦和温馨，但是它们之间又有着本质的不同，无论是沟通方式还是情感内涵都有极大的差异，那么到底如何分辨它们呢？爱情可以以友情为基础，但是友情不一定可以发展为爱情。友情是人们与接触比较亲密的朋友之间所存在的感情，它是人与人在长期交往中建立起来的一种特殊的情谊，互相拥有友情的人叫作朋友。爱情是男女之间强烈的依恋、亲近、向往以及无私专一并且无所不尽其心的感情。一般来讲，爱情有一个发展的过程，先是好感，然后是喜欢，最后成为爱情。好感和喜欢都停留在友谊的阶段，而爱情已经到了亲密关系的层次。

有鉴别爱的能力的人，是有自信也尊重别人的人。有鉴别爱的能力的人，会自然地与别人交往，主动扩展交往的范围，珍惜友谊，会尽量多体验他人的感受。过于自我孤立，站在自我的角度考虑问题，对他人和自我感受的认识往往会发生偏离。

（五）解决爱的冲突的能力

爱的冲突一方面来自日常生活中价值观的不一致、不协调，或来自性格的差异。另一方面，恋爱双方产生矛盾的一部分原因在于男性和女性对事情不同的心理感受。因此，了解男女的差异对于经营爱情非常重要。恋爱中的男女差异见表 6－1 所列。

表 6－1　恋爱中的男女差异

	女性	男性
在感情上的需求	关心、照顾、了解、尊重、专一、肯定、承诺	信任、接纳、欣赏、认可、鼓励
在爱的关系中	需要感到被爱，而不仅仅是得到生活照顾、物质满足	需要感到他的能力被肯定，而不是简单奉承
在情绪低落时	需要别人聆听她的感受，而不是替她分析和建议	需要安静独处，而不是勉强他细说原因
在寻找自己的价值时	从人际关系中肯定自己	从成就中建立自我
在增进爱情时	需要感到被对方了解和重视	需要感到被对方欣赏和感激
在相互沟通时	总以为男人的沉默代表对她的不满和疏离	总是以为女人的宣泄代表向他寻求解决问题的方法

相爱的人不是寻求两人的一致，而是看如何协调、合作。爱需要包容、理解、体谅。沟通是非常有效的方式。恋人间需要有效的沟通，表达清楚自己的思想、感受。伤害性的争吵或者冷战都不利于问题的解决。

（六）面对失恋的心理承受力

失恋可以讲是人生中一个很大的挫折，考验的是人承受挫折的能力。失恋使人产生痛苦的感觉是很自然的事。失去爱会使人感到一种重要关系的丧失，一种身份的丧失，需要一定的时间去面对和适应。我们应该正确认识失恋。

1. 失恋只是一种选择的结果

别人不选择自己不等于自己就是失败的。每个人在爱的关系中心理需要不同，看重的关键点也不同。每个人都有可爱的一面，只是每个人欣赏的角度不同。

2. 在失恋中学习，把失恋作为一笔人生的财富

也许失恋给人带来的强烈的内心冲击是其他事件所不能代替的，失恋的人从这个过程中体会到的挣扎与痛苦，实为一笔人生财富，这使人有了更多的人生体验，人会在失恋中变得更加成熟。

3. 失恋给人再恋爱的机会

一次失恋不等于整个爱情生命的结束，人还会再恋爱，再体验美好的爱情，只要用心去体验、建设、学习和感受。

（七）保持爱情长久的能力

保持爱情长久的能力，其实是上述多种能力的综合。爱需要两个人真正地关心对方，走进对方的内心世界，以对方的快乐为自己的快乐。要保持爱情的常新，需要智慧、耐力、持久及付出，同时又有自己的个性、有自己的追求与发展。学新的东西、善于交流、欣赏对方，是爱的重要源泉。

①有爱的能力的人，是独立的人，有自己独立的价值观，有自己的生活空间。有爱的能力的人也不排斥对方，是尊重他人、关心他人的人，他会尊重对方的选择，尊重对方的个人隐私，尊重对方的发展。

②保持爱情的长久，同时要学习如何处理恋爱与学业、与其他人际交往的关系等，将爱情作为发展的动力。

③爱需要学习和培养，每个人都有爱的能力。

心理测试

爱情温度计——你的恋爱观

【指导语】

恋爱观就是对恋爱问题的看法，它体现了一个人对美的认知尺度、择偶的标准、恋爱的目的、恋爱方式以及对幸福伴侣的理解等。你或许正在绿荫下徘徊，渴望着爱神的降临。那么，在行动前，不妨来认识一下自己的恋爱观是否正确吧。

【开始测试】

1. 你认为恋爱作为人生中一个极其重要的环节，其最终所达到的目的应当是：

A. 找个情投意合的伴侣

B. 成家过日子，抚育儿女

C. 满足性需求

D. 只是觉得新鲜有趣，没有明确的想法

2.（男女单独做）

①如果你是位先生，你对未来妻子的要求最主要的是：

A. 善于持家，利落能干

B. 容貌漂亮，气质高雅

C. 人品不错，能体贴帮助自己

D. 只要爱，其他一切无所谓

②如果你是位女士，你在选择丈夫时首先考虑的是：

A. 潇洒大方，有男子气度

B. 有钱有势，社交能力强

C. 为人诚实正直，有进取心，待人和蔼可亲

D. 只要他爱我，其他都不考虑

③你决定和对方建立恋爱关系时的心理根据是：

A. 彼此各有想法，但大体相互尊重

B. 我比对方优越

C. 对方比我优越

D. 没想过

④你对最佳恋爱时间的考虑是：

A. 自己已经成熟，懂得了人生的意义和爱情的内涵

B. 随着年龄增长，自有对象光临，“月老”不会忘记一个人的

C. 先下手为强，越早越主动

D. 还没想过

⑤你希望怎样结识恋人：

A. 青梅竹马,情深意长
B. 一见钟情,难舍难分
C. 在工作和学习中逐渐产生恋情
D. 经熟人介绍

⑥你认为增进爱情的良策是:
A. 极力讨好、取悦对方
B. 尽力使自己变得更完美
C. 百依百顺,言听计从
D. 无计可施

⑦人们通常认为,恋爱是个相互了解、相互适应和培养感情的过程,但了解、适应就需要花时间。那么,你希望恋爱的时间是:
A. 越短越好,最好是"闪电式"
B. 时间依进展而定
C. 时间要拖长
D. 自己无主张,全听对方的

⑧谁都希望完整全面地了解对方,你觉得了解他(她)的最佳途径是:
A. 精心安排特殊场面,不断对恋人进行考验
B. 坦诚地交谈,细心地观察
C. 通过朋友打听
D. 没想过

⑨经过一段时间的交往后,你发现了恋人的一些缺点,这时你:
A. 采用婉转的方式告知对方并帮助对方改进
B. 因出乎意料而伤脑筋
C. 嫌弃对方,犹豫动摇
D. 不知道如何是好

⑩当你已在爱河之中,一位条件更好的异性对你表示爱慕时,这时你:
A. 说明实情,忠实于恋人
B. 对其冷淡,但维持友谊
C. 向其献媚并瞒着恋人和其来往
D. 感到茫然无措

⑪当你有机会接触爱慕已久的异性时,你忽然发现她(他)另有所爱,你:
A. 静观其变,进退自如
B. 参与角逐,继续穷追
C. 抽身止步,成人之美
D. 不知道

⑫当恋爱中出现了矛盾、波折时,你感到:
A. 既然已经出现,也是件好事,双方正好趁此了解和考验对方
B. 伤心难过,认为这是不幸的
C. 疑虑顿生,就此提出分手

D. 束手无策

⑬由于性情不合或其他原因，你们的恋爱搁浅了，对方提出分手，这时你：

A. 千方百计地缠着对方

B. 到处诋毁对方名誉

C. 说声再见，各奔前程

D. 不知所措

⑭当你十分信赖的恋人背信弃义、喜新厌旧，要与你分手，这时你：

A. 只当自己眼瞎，认错了人

B. 既然他(她)不仁，休怪我不义

C. 吸取教训，重新开始

D. 痛苦得难以自拔

⑮你的爱情路途坎坷，多次恋爱均告失败，随着年龄增长进入"男大当婚，女大当嫁"的行列，这时你：

A. 一如从前，宁缺毋滥

B. 厌弃追求，随便凑合一个

C. 检查一下择偶标准是否实际

D. 叹息命运不佳，从此绝望

心理测试结果解析

拓展实训

实训一：姑娘和水手

【操作流程】

①老师给大家讲一个故事：

一艘船遇上了暴风雨，不幸沉没了。船上的人中有五个人幸运地乘上了两艘救生艇。一艘救生艇上坐着水手、姑娘和一位老人；另一艘救生艇上坐着姑娘的未婚夫和他的亲戚。气候恶劣，波浪滔天，两只救生艇被打散了。

姑娘乘的救生艇漂到一个小岛上。与未婚夫分开的姑娘惦记着未婚夫，千方百计寻找，但找了一天一点线索也没有。第二天，天气转好，姑娘仍不死心，继续寻找，还是没找到。有一天，姑娘远远地发现了大海中的一个小岛，她就请求水手，"请修理一下救生艇，带我去那个岛上好吗？"水手答应了姑娘，但提出了一个条件，必须和他睡一夜。陷入失望和困扰的姑娘找到老人，与他商量："我很为难，怎样做才好呢？请你告诉我一个好方法。"老人说："对你来说，怎么做正确，怎么做错误我实在不能说什么。你扪心自问，按你的心愿去做吧。"姑娘万般无奈,寻未婚夫心切,结果满足了水手的要求。

第二天早上,水手修好了救生艇,带着姑娘去了那个小岛。远远地,她看到了岛上未婚夫的身影,不顾船未靠岸,从船上跳进水里,拼命往岸上跑,一把抱住了未婚夫的胳膊。在未婚夫温暖的怀抱里,姑娘想:要不要告诉他昨晚的事呢?思前想后,她下决心说明情况。未婚夫一听,顿时大怒,一把推开她,并吼道"我再也不想见到你了",转身跑了。姑娘伤心地边哭边往海边走。见此情景,未婚夫的亲戚走到她的身边,用手拍着她的肩膀说:"你们两人吵架我都看到了,有机会我再找他说说,在这之前,让我来照顾你吧。"

②故事讲完后,老师给每人发一张表,要求大家对刚才故事中出现的5个人物按照自己的好感程度排序,然后简单写下原因,再进行集体讨论。

【活动目的】澄清爱情中的价值观。

实训二:完成句子

①在确立恋爱对象时,我最注重的品质是:________________。

②对我而言,朋友是________,爱人是________________。

③婚姻在我生活中所占的位置将会是:________________。

④爱情与我目前生活的关系是:________________。

⑤爱一个人是________,被人爱是________________。

⑥我对异性交往中最困惑的是:________________。

⑦在两性情感的处理方面,我想得到的帮助是________________。

体验感悟

爱情就是一场精确匹配的游戏——有趣的爱情配对心理实验

一、实验准备

实验人员找来100位大学生,男女各半,然后制作了100张卡片,卡片上写了从1到100总共一百个数字,单数的50张卡片给男生,双数的50张卡片给女生。但他们并不知道卡片上写的是什么数字。工作人员将卡片折封,然后贴在该大学生的背后。

二、实验规则

这个实验设置很简单,就是要男女都能找到适合自己的异性,争取能凑到最大的总和(奖金金额为编号总和翻10倍)。比如,83号男生找到了74号女生配对,那么两人可以获得(83+74)×10=1570美元的奖金。但如果2号女生找到了3号男生配对,那么两人只能拿到50美元了。

三、实验开始

由于大家都不知道自己背后的数字,因此首先就是观察别人,很快分数高的男生和女生就被大家找出来了。例如,99号男生和100号女生。这两人身边围了一大群人,大家都想说服他们和自己配成一对,"来跟我一起嘛!我会给你幸福的!""我们简直天作之合啊!"

但一夫一妻制决定了,人不可能同时和多人配对,因此他们变得非常挑剔,他们虽然不知道自己的分数具体是多少,但他们知道自己的分数一定不低。

为什么?看看围在自己身边的狂蜂浪蝶就知道了,从这些追求者们殷切的眼神中就能够看出来。

那些碰壁的追求者迫于无奈只能退而求其次，原本给自己的目标是一定要找90+的人配对，慢慢地发现80+也可以了，甚至70+或者60+也凑合着过了。但那些数字太小的人就很悲催了，他们到处碰壁，到处被拒、被嫌弃。

据一位学生事后表示，在参加了这场游戏之后，他对人生的理解都有了不同。因为他在短短几小时里就感受到了人间的冷暖——他们背后的数字太小了(基本都是个位数)，要找一个愿意配对的人简直是难上加难。最后他们想出来的办法无外乎两条路：一个是大家自己找个差不多的凑合凑合算了，比如5号和6号俩人配成一对，虽然奖金只有110美元，那也好过没有；二是和对方商量，如果你愿意和我配对，那么拿到奖金的时候就不是对半分，我愿意给你更多，比如三七分或四六分等，或者事后再请你吃饭，虽然请客吃饭花的钱肯定多过奖金数额，但是找不到人配对实在是太没面子了。经过了漫长的配对过程，眼看时间就要到了，还有少数人没有成功配对，这些人没办法了，只能赶紧草草找人完成任务——因为单身一人的话是拿不到奖金的……最后的倒数阶段，没有配对的都胡乱找了个人。当然也有坚持不配对，单身结束游戏的大学生。

四、实验结束

心理学家发现，绝大多数人的配对对象背后的数字都非常接近自己的数字，换言之中国古人说的“门当户对”还是很有道理的。比如55号男生，他的对象有80%的可能性是50～60号的女生，俩人数字相差20以上的情况非常罕见。

你们猜100号的女生的配对对象是谁？好玩的是，100号女生的配对对象竟然不是99号男生，也不是97号或95号，竟然是73号男生，两人相差了27！为什么会相差这么多？

原来100号女生被众多的追求者冲昏了头，她采取的策略是“捂盘惜售”(因为她并不知道100是最大值，也不知道自己就是100号)，她还在等待更大数字的男人，等到大家都配对完毕，她终于开始慌了，于是她在剩下的男生里找了一个数字最大的，就是那位73号幸运儿。她最后也尝试过去找90+的男生，但是人家都已经有女伴了，让他们抛弃现有的女伴跟她配对并不现实，因为人家已经多少有了点感情(更多的应该是友情)，犯不着为了多这点美元就换人。

五、感悟

实验者们还总结出很多经验：

①因为人太多、地方太小，你并不可能跑去看每个人背后的数字(圈子，地域限制)。

②你只要看谁边上围着的人多，谁就是数字较大的人，而那些身边门可罗雀的人，肯定是数字小的，通过这个方法你可以立刻筛选出目标对象(多数抉择)。

③小数字的人追求大数字的人一般都很辛苦，因为要大数字的人接受小数字的人总不是那么甘心，因此追求方要付出更大的努力才行，但更大的可能是你再怎么努力，对方也不理你(优秀的女生与差的男生)。

④在现实中就有交易婚姻(交易条件包括房子、财产、其他物质不等)、代际婚姻、假婚姻等。

这场心理学实验完全就是人类恋爱行为的实验简化版。

我们每个人在遇到一个异性的时候，出于本能就会开始评价对方的价值，这完全是下意识的。

但人类的价值非常难评估，没有谁会把数字贴在自己的背后，人们还往往会故意夸大自己的价值。至于夸大的手段、浮夸的工具各种各样。关键的一点是，这个数字其实一直在变化，比如女人随着年纪的增大，这个数字是递减的；而男人随着自身的不断努力，可以从很小的数字增加为很大的数字。这也有了男女黄金年龄分割线之说……

我们在生活中所遇到的人也远远超过了100个，我们面临的是一个更加复杂的环境，这让我们做出决定的难度成倍增加。正因为选择的难度很大，因此人类进化出了一些很简单的指标，比如，我们更倾向于基于别人的判断来决定自己的判断。

实验让我们知道，其实爱情是一场精确的匹配游戏，最重要的是你自身的价值有多高，而你采取什么办法去恋爱其实都是次要的。

但是有个很重要的不同就是：人类社会实在太复杂了——一个人的价值并不是那么容易就能体现出来的，而且我们很难去判别一个人的价值。

还有一点就是，我们每个人眼中的价值标准都不一样，所以我们可以看到这么多元的爱情。

当然，你永远别忘了，这个社会的风潮是由"大多数人"去决定的，所以当你看到社会的价值倾向时，你看到的就是大多数人的标准，至于你是否选择跟从，是否选择"继续相信爱情"，那就是另外一门深奥的学问了。

推荐阅读——《好的爱情》陈果/著

作者简介：

陈果，复旦大学哲学博士、副教授，留校任教；加拿大温哥华UBC大学、澳大利亚纽卡斯尔大学访问学者；2010年《孤独与寂寞》、《关于爱情》视频流行网络观看过亿。2017年获教育部评为"全国十大最美思政课教师"。著有《好的孤独》《好的爱情》《懂你：道德教育的语言艺术》《黑格尔辩证法的真正起点和秘密》等作品。

内容简介：

《好的爱情》是一部由陈果所著的爱情哲学书籍，人民日报出版社出版发行。

每个人都向往爱情，但是却少有人懂得如何真正去爱。

多少情侣明明爱得死去活来，到最后却还是会分开。

这是因为，我们能用一秒钟爱上一个人，却不懂得如何用一生去爱TA。

复旦名师陈果，用哲学的方式告诉你——好的爱情就是长久的爱情，而长久的爱情，就是要一次又一次地爱上同一个人。

好的爱情就是爱一个人的全部，意味着你要去爱TA的每一面。一次又一次地爱上美丽的TA、糟糕的TA、能干的TA、失落的TA……

好的爱情就是爱一个人的一生，意味着你要去爱TA的每个阶段。一次又一次地爱上年少轻狂的TA、风华正茂的TA、唠唠叨叨的TA、白发苍苍的TA……

好的爱情就是这样一种状态，千变万化，又始终如一。

好的爱情，不只是两个人的怦然心动，还是要相互成全对方的完整。

翻开本书，感受爱情的艺术，让爱永远不会被时间打败。

第七章

“E海”逃生——大学生网络心理

学习地图

当今是互联网的时代，网络以其信息量大，传播快捷、超越时空现状等优势，深刻地影响着人们的学习方式、生活方式和工作方式。2022年2月25日，中国互联网络信息中心(CNNIC)在京发布第50次《中国互联网络发展状况统计报告》。《报告》显示，截至2022年6月，我国网民规模为10.51亿，互联网普及率达74.4%。我国网民的互联网使用行为呈现新特点：一是人均上网时长保持增长。二是上网终端设备使用更加多元。截至2021年12月，我国网民使用手机上网的比例达99.7%，手机仍是上网的最主要设备；网民中使用台式电脑、笔记本电脑、电视和平板电脑上网的比例分别为35.0%、33.0%、28.1%和27.4%。在网民中，即时通信、网络视频、短视频用户使用率分别为97.5%、94.5%和90.5%，用户规模分别达10.07亿、9.75亿和9.34亿。然而，网络是一把双刃剑，由于自控力有限，不少大学生沉浸其中不能自拔，还经受着虚幻和真实交织的网络世界带来的种种心理困扰，还会对他们的身体、学习、生活以及社会交往等方面产生消极影响。因此，如何合理使用网络、预防大学生网络成瘾已经成为一个刻不容缓的课题。大学生该如何有效地利用网络，扬长避短，从而更好地学习呢？希望通过本章的学习，能够了解大学生的网络心理需求以及怎样识别和调适网络心理障碍。

学习目标

※ 知识目标

1. 了解网络心理的概念和识别大学生网络心理障碍的类型。
2. 理解网络的心理需求。
3. 掌握调适网络心理障碍的策略。

※ 能力目标

1. 能够正确看待网络并培养自己合理使用网络的良好习惯。

2. 能够维护并调适自己的网络心理健康。

※ 自我认知目标

使学生能够觉察自己内心的真正需求，合理使用网络。

学习导图

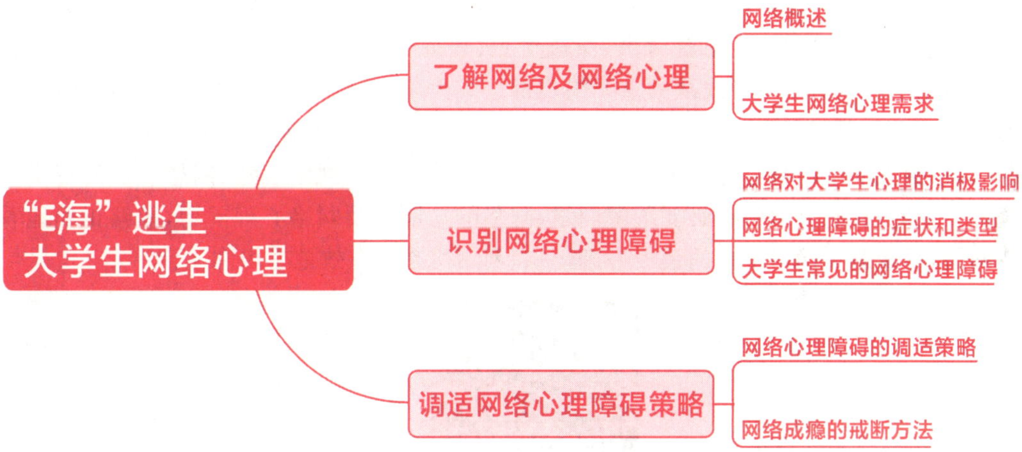

【校园故事回放】

基本情况：小洁（化名），某高校外语学院的一名大二学生。

小洁刚跟前任分手，因为自己一直走不出来，所以就开始沉迷游戏，于是在游戏平台认识了一位男生，而且这位男生说话风格是那种很可爱的类型，之后两人就互加微信，互发照片了。男生刚好是小洁喜欢的类型，接触后，小洁发现，男生和她有很多共同的爱好，甚至连喜欢的歌和喜欢的明星都一样，而且男生在游戏中对小洁也是十分照顾，所以，两人也就慢慢发展成恋人了。平时，小洁也会在游戏中赠送点小礼物给男生，偶尔还会有转账。在一个月前，男生过生日，小洁就给他转了一万多元，还给他买了新手机，加上其他七七八八的，总共花了三万多元。女生还以为自己找到爱情了。可是就在前几天，小洁跟闺蜜一起出去吃饭，其间小洁去上厕所时给男生发了个语音，他也接了，结果小洁忘了带纸，回来拿的时候，发现跟自己语音的竟然是自己的闺蜜，女生当场就崩溃了。

原来是闺蜜一直在用变声器跟她聊天。知道真相后，小洁拎着包就走了，后来闺蜜一直打电话还在微信上跟她解释道歉，说是看到小洁失恋后太痛苦，想安慰她，所以才会扮男生去撩她的。随后，闺蜜还了小洁 2000 元，剩下的要等有钱了再还。

【心理专家分析】

随着时代的发展，大学生网恋现象已经变得非常普遍。这是一起不常见的大学生网络受骗案例，骗子竟然是形影不离的闺蜜。对于网络，心理专家认为，网络是把双刃剑，这把双刃剑带给大学生积极作用的同时，也不可避免地产生了许多负面影响。如何利用好网络这把双刃剑，已然成了大学生面临的、社会普遍开始关注的问题。而对于网恋，专家认为，虽然有很多失败的案例，但是，找到真爱的也是有的。不过，如果面都没见过的话，最好还是不要有钱财的往来，毕竟网络另外一边站的是什么样的人，我们谁都不知道，不是吗？

第一节　了解网络及网络心理

网络作为新兴媒介，已成为人们越来越推崇的一种沟通和消遣方式。上网也成为大学生从事科研、获取知识、了解时事、交流情感、查询信息、休闲娱乐的一种重要途径，也成为他们学习生活中不可或缺的重要组成部分。大学生已经成为网民的主要群体，但是网络是一把双刃剑，网络“一半是天使，一半是魔鬼”，它在很好地满足大学生身心需要的同时，也给大学生的身心健康带来了巨大的负面影响，诸如网络成瘾、网恋引发的现实问题等。因此，我们大学生有必要了解网络、网络的功能以及网络心理问题，能够正确地看待网络，尽量避免网络带来的消极心理影响，利用网络更有效地学习和生活。

文字案例 7-1

第 50 次《中国互联网络发展状况统计报告》发布

一、网络概述

网络(Internet)也称为因特网、国际信息互联网络，是指集通信网络、计算机、数据库以及日用电子产品于一体的电子信息交换系统，是计算机之间进行国际信息交流和实现资源共享的最佳手段，是信息传输、接收、共享的虚拟平台，网络可把各个点、面、体的信息联系到一起，从而实现这些资源的共享。

网络是人类发展史上最重要的发明之一，促进了人类社会发展。

(一) 网络的特征

网络之所以对人们有如此强大的吸引力，与网络自身的特征密切相关，其主要特征如下。

1. 虚拟性

网络的存在状态是虚拟的、非现实的，无数网络用户组成了一个无形的网络世界，每个网络用户通过这张无形的“网”进行相互联系和彼此沟通。在这种虚拟化的网络交往中，个体现实生活中备受关注的特征被掩盖在网络世界中，如身份、年龄、性别、外貌、职业、性格等，导致个体之间的交往只剩下符号间的交流。这种网络虚拟性的特点满足了个体“隐匿”的愿望，人们可以在网络上随心所欲地张扬自己的个性，尽情地施展自己的才华，也可以自由地尝试相演各种社会角色，还可以轻松实现社会生活中无法企及的愿望。

2. 丰富性

网络信息的丰富性带给人们全新的体验。网络所容纳的信息量是巨大的，可以用“海量”一词加以描述。网络承载的信息复杂多样，呈现形式多种多样，且更新速度非常快，这是吸引人们投身网络世界的重要因素。就大学生群体而言，大学生课业压力相对高中要小，可自由支配的闲暇时间较多，接触手机及计算机网络的机会也更多，稍不注意就掉入互联网的“陷阱”中。网络游戏、色情和网贷等不良信息在网络上的传播，可能会使部分大学生沉迷其中，甚至走向违法犯罪的道路。此外，网络对求知欲望强烈，易于接受新鲜事物的大学生而言，具有很强的吸引力。部分大学生因涉世未深、热衷追求感官刺激且缺乏稳定的自我控制能力，容易对网络产生迷恋，长此以往会发展成网络成瘾，给他们的心理健康造成不良的影响。

3. 开放性

网络拉近了世界各地的距离，扩大了人类的生活范围，使人类的活动不再受到时空的限制，人们能够利用网络进行及时、充分的交流并获得反馈。网络已经成为一个全球性的开放系统，连接了世界的每一个角落，加快了信息的传播，任何一个网点引起的涟漪都有可能迅速波及全球各地。全球随时随地都可以相互联系交流，所有网民都可以自由进入其中，“各取所需”，还可以通过网络迅速了解到全球范围内的最新消息，“地球村”变成了现实。

4. 交互性

网络中每一个用户既是信息的接受者，又是信息的发布者，形成发布一接受双向或多向互动。这种网络交互性可以实现用户之间近距离地交流交流沟通，拉近了人与人之间的距离，真正实现了自由沟通和平等交流。人们通过网络不仅可以根据自己的需求和喜好搜集、获取和选择信息，还可以通过网络轻松实现人与人之间的沟通与交流，实现网络资源的共享。与此同时，人们还可以是信息的发布者、创造者或反馈者，可以自由参与网络交流活动。然而，网络的交互性也会使信息发布、传播、接受和使用出现一些不良影响和导向。网络信息良莠不齐，大学生需要仔细甄别和判断。

（二）网络的功能

1. 资源共享

资源包括硬件、软件和数据。硬件为各种处理器、存储设备等，可以通过计算机网络实现这些硬件的共享，如打印机、硬盘空间等。软件包括操作系统、应用软件和驱动程序等，可以通过计算机网络实现这些软件的共享，如多用户的网络操作系统、应用程序服务器等。数据包括用户文件、配置文件和数据文件等，可以通过计算机网络实现这些数据的共享，如通过网上邻居复制文件、网络数据库等。共享可使资源发挥最大的作用，同时节省成本，提高效率。对大学生来讲，资源共享有以下几个方面：①教育专区：从幼儿教育到高等教育，乃至各类专业教辅和学习资料应有尽有，可满足求学者各种不同需求。②专业文献：涵盖各行业最丰富完备的资料文献，最前瞻权威的行业动态，是专业人士的不二选择，有专业文献、行业数据、行业分析、客户数据、企业名录等。③PPT专区：汇聚众多精美的模板、专业系统的策划方案、翔实权威的数据报告，各类PPT文档一应俱全，便于大学生各类活动所需。④应用文书：集结了简历模板、工作总结、项目汇报等工作和学习之必备文档，是白领与学生的最佳帮手。

2. 数据传输

这里的数据指的是数字、文字、声音、图像和视频信号等媒体存储信息的计算机表示。在计算机世界里，一切事物都可以用0和1这两个数字表示出来，计算机网络使得各种媒体信息可以通过一条通信线路从甲地传送到乙地。数据传输是计算机网络几种功能的基础，有了数据传输，才会有资源共享，才会有其他的各种功能。对大学生来说，数据传输不仅减少了纸质资源的浪费，更大程度地实现了远程数据实时传送，大大加强了导师与学生、学生与学生、学校领导与学生的沟通交流。

3. 负载均衡

在有多台计算机的环境中，这些计算机需要处理的任务可能不同，经常有忙闲不均的现象。有了计算机网络，可以通过网络调度来协调工作，把“忙”的计算机上的部分工作交给“闲”的计算机去做，还可以把庞大的科学计算或信息处理题目交给几台联网的计算机协调配合来完成。

4. 提供服务

有了计算机网络，才有了现在风靡全球的电子邮件、网上电话、网络会议和电子商务等，他们给人们的生活、学习和娱乐带来了极大的方便。有了网络，实时控制系统有了实用和安全保证，军事设施在遭到敌方打击时，指挥系统能保持畅通无阻。最大的计算机网络——Internet就是冷战时期的产物，它能够解决可靠性问题，并为计算机用户带来很大的便利。网络新技术层出不穷，不断有新的服务使人们从中受益。

（三）网络对大学生的影响

在社会各类群体中，大学生作为好奇心和敏锐度都很高的群体，对互联网构建的世界表现出极高的认同度和参与热情。对于当代大学生来说，互联网已经渗透到生活的方方面面。互联网对大学生的影响主要体现在以下几个方面。

1. 学习方式

网络作为一种新型传播媒介，以其海量信息、及时更新、瞬时传输等特点深受广大大学生群体的青睐。网络可以说是全球最大的“图书馆”了，在这个“图书馆”中，信息无奇不有、操作简单、运行快捷的特点使学生打破了以往只能从书籍报刊和课堂上获取有限知识的方式，在一定程度上提高了大学生的学习主动性。

网络的出现，也对传统授课方式产生了一定影响，老师讲学生听这种课堂授课方式得到了改善，学生可以通过网络课堂、BBS、电子邮件及网络视频等方式进行学习，目前已有大量世界级名校将公开课投放到网络上，供全世界的人随时随地学习。

与此同时，一些不良的学习行为也随着网络出现了。部分大学生不主动思考老师布置的作业，而是从拥有海量信息的网上下载相关文章作为作业，以敷衍提交；有些大学生在网上帮别人做作业、写论文赚钱，甚至连硕士、博士论文都有代写；更有甚者，在网上可以找到一些考试的答案，甚至代考。这一系列的不良行为败坏了高校的学风和学术道德。

2. 生活方面

网络的出现,在很大程度上改变了人类以往的生活方式,对于处在人生探索期的大学生来说,网络对其生活方式的影响更为深刻。以往购物,不论衣物或是食品都需要去实体店,如今网购逐渐成为大学生最主要的购物方式;以往人际交往需要建立在书信与电话的基础上,人际互动总是发生在一个具体的情境中,具有空间和时间的实在性,而网络的出现极大地延伸了人们虚拟中的互动空间距离,压缩或者取消了现实的人际互动过程中所需的时间和场所。现在的大学生活已经完全离不开网络,电子邮件、聊天工具、网购和资料查询等大学生活的主要事件都离不开互联网。

互联网的存在使得大学生的生活更加便捷,但也存在大学生过度沉迷网络或网络游戏而导致生活一片混乱的情况,饮食作息不规律、不注重个人卫生、不愿与人接触、生活节奏混乱等问题频频发生在大学校园里。

3. 心理发展

大学生正处在认知发展的重要时期,这一时期的他们感受能力强、思维活跃,而网络作为一种新颖快捷的信息传输渠道,在一定程度上拓宽了大学生的认知视野。但在这种“快餐式”信息的冲击下,大学生长期接受着没有明确价值指向的信息,这必然会在一定程度上影响大学生形成良好的判断力以及对信息的准确选择与内化过程。

网络世界为正处在情感丰富而不稳定阶段的大学生提供了情感表达和交流的空间。在网络中,大学生可以随意选择自己的情感交流对象,可以不直接面对面交流,可以不表明自己的身份,可以随意表达自己的内心情感,而不用有太多顾虑。这样的情感交流空间虽然是虚拟的,但解决了大学生既渴望真情又羞于表达的心理矛盾。

但随之而来的是网络对大学生心理发展的不良影响。从认知方面来讲,海量的信息会降低学生的自主思维能力,面对不会的问题时,绝大多数大学生的第一反应是去网络搜索。从情绪情感方面来说,大学生过多地将情绪输送给网络,对网络产生了依赖感,一旦离开网络便会有孤独感、无意义感等负面情绪出现。

另外,网络的虚拟性也使得大学生道德判断标准被淡化,比如,一些大学生制造虚假数据、发布恶意网站和病毒以获得虚荣心或者进行发泄等。

二、大学生网络心理需求

网络作为新兴媒介,已经成为新一代大学生越来越推崇的一种沟通和消遣方式。但据调查显示:如果大学生过度沉迷于网络,也会出现在现实生活中难以察觉的心理问题。

大学生沉迷网络的原因不仅在于网络自身的特征,还在于大学生对网络的心理需求。从整体了解大学生上网心理,既了解积极心理需求,又了解消极心理需求,是开展大学生网络心理健康教育的重要前提。

(一)积极的心理需求

1. 网络可以满足人们排解压力与宣泄情绪的需求

大学生在大学生活中不可避免地会遇到这样或那样的危机和挫折,诸如学习、生活、情感和人际关系等方面，部分学生又不愿意向同学、父母倾诉。从而容易产生抑郁、焦虑等不良情绪。如果此时缺乏相应的社会支持系统或未能及时进行干预，大学生就会产生极度的不自信甚至自卑。面对压力，有些大学生会到网络中寻求安慰和支持，每天花费大量的时间，通过聊天工具、网站聊天室进行人际交流，甚至沉迷于网络聊天交友而不能自拔，网络成为他们排解压力、宣泄情绪和寻求自我解脱的一个重要的环境和途径。比如孤独者就容易被网络中一些具有交互作用的社会活动所吸引。

2. 追求娱乐与时尚的心理

随着大学生独立意识的增强、自由支配的课余时间增多，他们在课余生活的安排与课余时间的利用方面呈现出多样化、个性化与时尚化的发展趋势。其中，以网络为媒介的娱乐活动方式逐渐占据了大学生的休闲时间，成为这一群体中最为时尚的娱乐休闲方式。运用网络进行网上聊天、逛论坛、发微博、听音乐、看视频、玩游戏、看书、打牌下棋、观看体育赛事和网上购物等已成为大学生消遣娱乐和追求时尚的主要内容。这些活动刺激着大学生的感官，在很大程度上满足了他们自我表现、好奇、玩乐和追逐时尚的心理需求，也有利于他们排解在现实生活中遇到的烦恼。

3. 网络可以满足人们强烈的求知欲和好奇心理

网络以其信息体系庞大、内容丰富、获取便捷以及互动性强等特点极大地满足了人们的求知欲和好奇心，激发人们对学习和掌握网络知识以及应用网络技能的欲望。对大学生而言，他求知欲强、兴趣广泛并喜欢寻求感官刺激，渴望了解书本以外的各种知识、信息和周围多彩的世界。比如网络游戏就因其生动的故事情节，引人入胜的动画和音响效果，以及游戏中互动性、挑战性和所能体验到的紧张刺激感，极大地满足了大学生的好奇心。另外，还有部分大学生上网是出于猎奇心理，寻求在现实生活中通过正当途径难以获得的信息。

4. 网络可以满足人们寻求归属感与人际交往的需求

寻求归属感是人类的一种基本需求。一些网络依赖者往往存在现实的或潜在的归属认同危机感，如家庭成员之间的关系危机、与同学缺乏认同等，他们沉迷于网络既是在逃避不愉快的现实，也是在寻觅来自网络的归属认同。但不可否认，网络以其匿名性、即时性和便捷性扩大了人们的交往范围，增加了人与人之间的情感沟通，更好地满足了个体人际交往的需求。比如有些同学性格内向，不太善于交际，但他们可以在网上突破人际交往障碍，更直接、更准确地表达自己，结识志趣相投的人和群体，从网络世界中获得朋友和友谊。中国互联网络信息中心的相关调查结果显示，网络在大学生人际交往中扮演了重要的角色，截至 2020 年 6 月，微信朋友圈使用率为 85.0%；QQ 空间、微博使用率分别为 41.6% 和 40.4%。

5. 网络可以满足人们赢得自尊与追求自我实现的需求

强烈的自我意识是大学生群体的一个显著特点，每个人都有获得别人尊重、认可和追求成功的基本心理需要。学校中那些能力突出、成绩优秀的学生往往容易得到家长、学校和社会的认可与肯定，而大部分成绩处于中等或偏下的学生得到关注的机会则较少，但他们也像其他同龄人一样强烈地渴望得到关注、尊重和认同，渴望成功带来的满足感。网络提供了一个重建自我认同和自我实现的舞台，在这个舞台上，他们可以享有平等、自由、刺激和成功的感觉，可以在游戏中成为“侠客”“高手”“将军”“富豪”。很多大学生被网络游戏所吸引，因为在游戏中，他们不仅可以扮演虚拟的角色，还可以不断升级角色或打败其他角色，赢得其他玩家的尊重和认可，获得在现实生活中得不到的满足。

（二）消极的心理需求

1. 猎奇心理，追求感官刺激

很大一部分大学生上网的目的是猎奇，即追寻一种在现实生活中难以了解，通过一般渠道难以获得的奇、艳事物或信息，并借以获得感官刺激。他们往往会出于好奇或冲动的心理刻意去寻找一些色情、暴力的信息。

2. 急功近利的心理

网络信息的丰富与快捷使许多大学生把上网当作通往成功的捷径和有利条件。在他们眼里，网络就是商机，网络就是生财之道。同时，一定程度上的社会误导（包括网络上基于商业目的的信息误导）也使大学生对“成功”的理解产生了偏差。于是，电子商务、留学资讯、成才捷径、求职之路就备受一部分大学生的关注。他们渴望凭借这些信息省一些力气，走一步先棋，成为网络时代的“成功人士”。

3. 发泄欲求的心理

在互联网上，大学生们可以比在学校里、家庭里更随便地发表自己的“高见”，抒发自己的爱与憎，表达自己的思想信仰，而不必担心会受到限制或承担责任。平时对学校不敢提、无处提的意见可以贴到 BBS 上去，平时对女同学不敢表达的感情则可以在聊天室里淋漓尽致地抒发。

4. 逃避现实的解脱心理

大部分学生在大学生活中都会遇到这样或那样的挫折和危机，诸如学习上的、感情上的、人际关系上的。同时，复杂的社会生活也会使思想相对不成熟的青年学生感到难以应对。但遗憾的是，部分学生在现实中受挫时，往往愿意到虚幻的网络空间去倾诉，互联网成了他们逃避现实、寻求自我解脱的一个良好的渠道和环境。

5. 虚拟的自我实现心理

强烈的自我意识是大学生群体的一个显著特征，虚拟的网络可以成为大学生实现自我的一个理想王国。在网络上，大学生可以享受到网络特有的平等、自由、成功、刺激的感觉。

6. 从众模仿的心理

学生普遍认为，进入大学以后没有了学习压力，缺少父母的督促，甚至中学时代要天天见的老师也变得时隐时现，不再板着脸孔了，因而感到十分自由，相当一部分新生自入学便开始尽情放纵自己和追求享受。从心理学的角度来看，这部分学生进入大学后缺少了学习的压力，丧失了求学的目标与动力，出现暂时的目标真空，导致刚入校园时无所适从，当他们看到很多同学在乐此不疲地进行网聊、网恋、网游、网购时，极易产生从众和模仿的心理，从而加入网民的行列。

7. 网络游戏导致的犯罪心理

网络游戏也被称为“带血的行业”，这是因为一个网络游戏是否成功，主要看最高在线人数和利润。为此，游戏制造商总是想尽办法吸引玩家成瘾，长时间在线。网络游戏很多具有暴力、色情等内容，具有血腥、残忍甚至变态的特点，一些人容易被其中的情节所左右，对周围的事物会逐渐变得麻木起来，以为现实中的人和事物也可以如游戏中一样被尽情摆布，而这种心理的恶性膨胀就可能导致犯罪。沉迷于网络游戏诱发的犯罪主要有抢劫、敲诈勒索、猥亵妇女、故意伤害等。

应当指出的是，过多地依赖网络，将弱化书面阅读、亲身实践、面对面交流。因为网上提供的知识是有限的，它只给出“何时”“何地”“何事”等基本信息，这些是结果，无法代替人们去思考和解决问题，必然造成知识匮乏、文化落后。

而且，网上获得的知识是一种“快餐文化”，网络技术的高速发展使得网络知识更具有高度的综合性、声像多维一体化和高度图像化等特点，会导致人的思维能力、实践能力、表达能力、抽象能力和阅读能力下降，这对大学生的成长是很不利的。

视频案例7-1

防止网络诈骗小课堂

第二节　识别网络心理障碍

网络给大学生活增添了丰富的内容，带来了便捷和效率，与此同时，网络也给大学生带来许多消极的心理影响。有研究表明，网络对大学生心理健康状况产生较大的负面影响。网络圆了人们在现实社会生活中无法企及的梦想，为人提供变换角色的机会，但必须警惕，这个虚拟世界很容易使意志薄弱者产生心理问题或心理障碍。

一、网络对大学生心理的消极影响

（一）网络对大学生认知的影响

同传统的报纸、杂志、广播、电视等媒体相比较，网络具有无法比拟的优越性，信息内容丰富、广泛，数量具有无限的趋势。大学生可以在很短的时间内接收海量信息。然而，这些信息大部分是无法被消化吸收的，大学生只被动地接受信息刺激，并没有时间去思考和整合这些信息，成为被动接收信息的机器。学生认知、思维和想象力因此受到巨大的影响。大学生容易倾向于注重事物的感知，看待事物肤浅化、感性化，难以把握事物的本质。网络削弱了大学生对深层次问题的思考，阻碍了大学生创造力的发展。这种思维懒惰会逐渐泛化到大学生的日常学习中，使其产生不想学、害怕学的厌学心理。

（二）网络对大学生情感的影响

大学生正处于情感体验丰富并且强烈的情感高峰期。沉溺于网络的大学生在很大程度上失去了与亲人和朋友接触的机会，忽视了人与人之间面对面的情感交流；长时间地与计算机进行交流，也使自己逐渐变成了情感冷漠的机器，情感体验能力也明显下降，导致情感的匮乏和冷淡。虽然在网络中也可以通过文字和符号，甚至是声音、视频对话进行情感互动，然而同现实中面对面的交流与表达仍然还是有区别的，人们无法体验与感受面对面交流更为丰富的情感色彩（如身体接触、拥抱等）。在现实中他们不愿意表露自己的情感，也不愿意接受他人的情感表达，变得麻木不仁。

（三）网络对大学生人际交往的影响

过度依赖网络人际交往的大学生势必会减少现实人际接触的机会，他们会变得与现实社会格格不入。有的大学生在网上异常积极活跃，下网后却变得孤独内向，不善与人交流，产生人际关系障碍，严重的甚至会对现实人际交往产生厌恶、逃避、恐惧的心理，怀疑自己的人际交往能力，形成社交恐惧症。

视频案例7-2

丧失社会能力——沉迷网络的又一大危害

（四）网络对大学生人格的影响

自我意识是人格的核心内容，网络人格障碍是大学生自我同一性的迷失和混乱。这种个性的改变与大学生网络角色的多样性密切相关。网络的随意性，使得大学生可以在网络中扮演和变换各种不同的角色，而这些所扮演的角色往往与现实中的角色是大相径庭的，或仅仅是现实中人格的一个被抑制的层面。在网络环境中，这种人格开始被体验和认知，这种认知和体验难免会与现实中的角色体验产生冲突。自我同一性的混乱，会使得大学生言行举止和个性发生严重的变化，甚至导致双重人格、多重人格的产生。另外，网络色情也可能会泛化，导致大学生形成变态人格和行为的偏离。

二、网络心理障碍的症状和类型

（一）网络心理障碍的症状

网络心理障碍初时只是精神上的依赖——渴望上网，而后发展为躯体上的依赖，需要不断延长上网时间，从上网行为中获得愉快和满足。具体表现为以下方面。

1. 精神方面

上网时容光焕发，精神极度亢奋；下网后情绪低落、思维迟钝、眼光呆滞、表情木讷、无愉快感、兴趣丧失、萎靡不振，出现焦虑、烦躁、抑郁、孤独、忧伤、精力不足，终日沉浸在迷幻、恍惚的状态中等；每天都要有固定时间在网上度过，否则寝食难安。

2. 躯体方面

下网后生物钟紊乱，出现失眠、紧张性头痛、头昏眼花、双手颤抖、疲乏无力、食欲下降、体重减轻、多汗、视力下降、眼痛、怕光、怕暗、适应能力降低等，如不上网聊天时，手指常不自主地运动，似乎依然在敲打键盘。

3. 行为方面

上网时间失控，能连续上网十几个小时不休息，欲罢不能，而且不断延长，无法抵挡网络的诱惑，忽视现实生活的存在，出现自闭，根本不愿回到现实社会中来，不愿与“真人真事”来往与接触，行为孤僻，丧失正常的人际关系，原先生活规律被打破，形成新的“昼伏夜出”的畸形生物钟，有自杀的想法和行为。

（二）网络成瘾的类型

视频案例7-3

专家呼吁关注大学生沉迷网络游戏问题

网络成瘾指由于过度地使用网络所导致的一种慢性或周期性的着迷状态，并产生难以抗拒的再度使用的欲望。同时会产生想要增加使用时间、耐受性提高、出现戒断反应等 现象，对于上网所带来的快感会一直有心理与生理上的依赖。1994 年美国纽约市心理医生依 凡・金伯格 首先提出将此现象命名为“互联网成瘾症”，也称“病理性网络使用”。

根据专家对大学生网络行为的研究，网络成瘾综合症主要分为网络交际成瘾、网络游戏成瘾、网络色情成瘾、网络囤积成瘾等类型。

1. 网络交际成瘾

网络交际成瘾指一些“网虫”过度卷入网络人际关系中，每天将大量时间花费在网络聊天、写微博、收发电子邮件上，甚至 24 小时随时用手机 QQ 聊天，一有信息就立马打开来看，对网络交际产生强烈的心理依赖。网络交际成瘾主要分为交友成瘾和网恋成瘾两种。在大学生当中，已经出现了找“虚拟情人”建立“虚拟婚姻”，过着“虚拟幸福生活”的现象。由于对网络人际的过度依存导致个体逃避与现实人际的接触，造成了生理、心理受损。

2. 网络游戏成瘾

网络游戏成瘾通常是指沉溺于不同的计算机网络游戏，主要以角色扮演的形式体验刺激、惊险的过程，并在心理和生理上产生一种代入感，这种代入感大大加深了游戏行为对于玩家的影响。这是最早引起人们注意的网络成瘾障碍，成瘾者长时间地沉迷于网络游戏而不能自拔。网络游戏成瘾的青少年则更多的是在网络游戏中寻求一种成就感和自我价值感。

3. 网络色情成瘾

网络色情成瘾指上网者迷恋网上的所有色情图片、影象以及成人话题的聊天室和网络色情文学。例如沉迷于浏览黄色网站。有专家指出每周花费 11 小时以上用来漫游色情网站的人，就有色情成瘾的嫌疑。

4. 网络囤积成瘾

网络囤积成瘾包括网络信息成瘾和网络交易成瘾，网络信息成瘾是指指强迫性地浏览网页以查找和收集无关紧要的或者不迫切需要的信息。它与强迫性物品收集为主的强迫症状类似，而实际上他们并没有那么多的时间对收集来的信息作处理，甚至根本不会去看，仅仅是收集而已。网络交易成瘾是指不能控制地频繁购物交易，而不考虑需不需要，有没有用。例如过度浏览和使用淘宝、京东、直播间等网上购物场所。

三、大学生常见的网络心理障碍

大学生心理不成熟，意志较弱，容易受网络的诱惑而沉湎其中，诱发"网络心理障碍症"。"网络心理障碍症"是指患者上网成瘾，无节制地花费大量时间和精力在互联网上持续进行聊天、玩网络游戏等活动，进而迷恋网络，离开网络就会产生各种病症，以致损害健康，造成人格障碍和神经系统失调。典型的表现是厌食、失眠、精神萎靡、情绪低落、思维迟钝、冷漠、孤僻、丧失兴趣。严重者甚至有自杀念头和自杀行为。大学生常见的网络心理障碍主要有网络成瘾、网络情感障碍、网络人格障碍和网恋综合征等。

（一）网络成瘾

1994年，美国精神科医生伊凡·金伯格宣布自己发现了一种新的心理障碍，把它命名为"网络成瘾综合征"(Internet addiction disorder，简称IAD)，与传统意义上的物质成瘾(如药物、毒品等)不同，网络成瘾没有明确的物质存在，用户上网达到一定的时间量后反复使用互联网，其认知功能、情绪情感功能以及行为活动，甚至生理活动偏离现实生活，受到严重伤害，但仍然不能减少或停止使用互联网的现象，这就是我们常说的网络成瘾。大学生网络成瘾者，会经常通宵上网，在网吧过夜，离开网吧时恋恋不舍，沉迷网络而不能自拔。

网络成瘾与吸烟、酗酒甚至吸毒等上瘾行为有惊人的相似之处，只要上网就异常兴奋，上不了网就"网瘾难耐"。如果在网络成瘾的基础上，伴随焦虑症、抑郁症、强迫症、恐惧症(以社交恐惧为主)等神经症以至于人格改变的现象，就被称为网络成瘾综合征，亦称为陶氏综合征。

视频案例7-4

九条标准诊断是否网络成瘾

（二）网络情感障碍

大学生的情绪、情感具有丰富而不稳定的特征，其情绪和情感的变化都建立在周围现实环境与人际交流的基础上。长期沉迷网络而脱离现实环境，会引起大学生情感社会化的不足和情绪的偏离，产生情感障碍，主要体现为网络孤独。

网络孤独是指部分大学生依赖网络进行人际交流，从而沉溺其中，远离自己的同学和朋友，变得越来越孤僻。值得注意的是，那些在现实生活中出现社会交往障碍或人际关系不良的大学生，为了寻求情感上的支持和满足，经常使用网络交往来消除孤独感，之后他们发现离开网络后会感到更加空虚、茫然和无助，长此以往，形成了一个恶性循环。大量的研究也表明，网络过度使用者会体验到更多的孤独。“网络友谊”来也容易，去也容易，这种不稳定性更是加剧了大学生的孤独感，他们常常表现出莫名的寂寞、烦恼和抑郁。

（三）网络人格障碍

网络是一个信息的宝库，同时也是一个信息的垃圾场。英国普利茅斯大学的研究者对 100 名大学生互联网用户调查发现，一些大学生身心健康已受到严重伤害。主要的网络人格障碍有以下 2 种。

1. 人格封闭

网络交往有心理过程的有限性、对象的模糊性、时空的超越性和内容的复杂性等特点，有些大学生性格内向，不善交际，无法将网上人格与现实生活中的人格灵活转换，不但在网络里没有提高自己人际交往的意识和技能，网络反而为其提供了逃避人际交往的机会和场所，在现实中不适应感会更强烈，逐渐形成人际交往障碍。

2. 自我的迷失

能否接纳自我是心理健康的一个重要标志。大学生处于自我认识、自我情感、自我评判发展的关键时期，必须在现实的人际交往中认识自我、发展自我和完善自我。而网络中的自我往往是虚拟的，个人的特征包括语音、行为的不真实使网上交往的情感也是虚拟的、放纵的；自我判断缺乏真实的参照物，自我评价是茫然和虚幻的。

网络自我的虚拟性，使他们不能客观、正确地认识自我，更谈不上发展自我，从而就不能及时地融入集体和社会。更有甚者，在网络中“隐退”真实自我，社会现实所要求的道德规范在虚拟世界中被冻结，自我约束力不强的部分大学生在网络中放纵自我，体验变态的快感，搞网上恶作剧，造谣中伤他人，非法制造网络病毒等，最终走上网络犯罪的不归路。

（四）网恋综合征

随着网络的迅速发展和普及，网恋这种特殊的恋爱方式，正在成为当代大学生的“缘分天空”。大学生网恋不仅具有比例高、公开化等特征，而且具有轻率、速度快等特点。有些学生第一次接触便迅速在网络上确立恋爱关系。一项相关调查指出，超过 40％的大学生相信网恋有成功的可能性，超过 60％的大学生对网恋持中立态度。恋爱一旦与现代化的网络联系在一起，其美丽的意境就增加了神秘的色彩，因此大学生网恋一般很容易上瘾，而一旦上瘾就容易沉溺其中不能自拔。

据上海某网络公司的一项网恋调查显示，网恋成功率仅为千分之一。“见光死”是网恋的普遍现象。还有些大学生因为网恋失败，不得不到精神卫生中心求救，问题严重的甚至出现精神崩溃的现象。此外，网恋的欺骗性对一些大学生而言更是一个沉重打击。未婚大学生在网络中追求爱情原本无可厚非，可残酷的现实是许多不良分子利用网络扮演着网恋者的角色，欺骗大学生的感情，使得大学生上当受骗，一些受到打击的大学生，由于得不到及时引导，甚至断送了一生的前程。

音频案例7-1

网络歌曲:在心里从此永远有个你

“为什么我们相遇网络,为什么要拿虚拟对待我,我和你在一起,在一起的甜蜜,这份爱会埋在我心底。我和你相爱网络里,爱来爱去都变成回忆,你的心我最懂,你哭泣我陪你,这辈子注定与你在一起。大声喊出我爱你,时刻把你放心底,不怕网络的虚拟,等着你。点击鼠标的情意,传达爱你的蜜语,在心里从此永远有个你。谢谢你,让我遇到你,谢谢你,也让我爱上你,不管风风雨雨,不问明天在哪里,我都会永远地陪伴你。”

通过这首2009年红遍大江南北的网络歌曲,我们不难感受到网恋带给我们心灵的影响,与所有年轻人一样,大学生同样向往理想化的爱情,网恋不仅可以满足这样的心理,还扩大了选择的空间,增加了爱情的神秘感。虽然不能否认越来越多的网络恋情发展成现实的情侣关系,但大多数的网络恋情来也快,去也快。网络恋情正在一次又一次地考验大学生责任感的底线,影响大学生形成正确的爱情观。

第三节 调适网络心理障碍策略

网络是现代文明社会发展的里程碑,网络的出现正在改变人类的生产和生活方式,对人的心理和心理学的发展也会产生影响。信息时代人类的焦虑与不安成为一个普遍的事实。但是,这不是网络的过错。网络只不过是一个媒介,一个工具性的存在,用好了可以造福人类,用不好也可以贻害无穷,关键是看谁来用它、怎样用它。所以,与其说我们应该关注网络,不如说我们更应该关注自身。人类生存和发展的古老话题并没有也不可能因为网络的异军突起就简单明朗起来。面对网络给大学生心理带来的不良影响,我们需要采取一系列科学有效的应对策略,充分发挥网络的积极功能,努力克服上网带来的消极影响。

一、树立科学的网络观

大学生要认识到,尽管网络很先进,但它毕竟是人类发明的一种工具,我们是使用这一工具的主人,而不是网络的奴仆。网络资源是人类社会不可缺少的财富,我们要很好地利用它来更加有效和广泛地获取信息、学习知识、交流情感和了解社会。但是除了网络,还有书籍、报刊、广播、电视等媒体帮助我们增长知识、了解世界,不能用上网的快感取代读书独有的快乐。毕竟网络并不是解决一切问题的灵丹妙药。而且,网络在给学生带来丰富信息的同时也带来了一定的危害:网络成瘾、网络犯罪、网上色情和网络病毒等。所以,大学生要正确认识网络,把握好学习和生活的方向,以健康的心态选择性地进行网络学习。

视频案例7-5

依赖手机成瘾已成为生活现状？

二、区分现实世界和虚拟世界

网络是一个虚拟世界，其存在状态是非现实的。作为当代大学生，要能够区分现实世界和虚拟世界，应该认清网络社会并非真实的社会，而大学生在学校里的学习、生活、恋爱及人际交往是一种活生生的充满情感的现实世界，网络世界只是现实世界的调剂和补充，不能和现实世界混为一体。个体要把握好虚拟人格和现实人格的统一与转化，是虚拟人格和现实人格保持良性转化和互动，让现实人格变得更为丰富和完善。若虚拟人格和现实人格转化得不顺利，则易造成个体人格的分裂，个体就有可能把虚拟世界当做避风港，过度依赖网络以回避现实生活中的矛盾，导致更不能适应现实社会。

三、提升对网络的控制感

大学生只有自律才能既充分实现其自尊、自主与自由，又能培养强大的自制力和对网络的控制感，养成良好的“慎独”习惯。在网络社会里，一方面由于其信息量十分庞大，各种文化理念与价值观激烈碰撞，各种论断又莫衷一是，各色诱惑比比皆是；另一方面由于网络具有极大的隐蔽性和虚拟性，在“匿名效应”的驱动下，人性之“恶”便无所顾忌地暴露出来。父母老师根本无法监督和管理，此时完全靠大学生的自我约束和管理能力。如不加约束，不但浪费青春年华、荒废学业，还可能影响身心健康，乃至违法犯罪。因此，当代大学生需要学会理性地对待网络，自觉地提高对网络使用的控制感，有意识地选择上网环境，严格控制上网时间。面对网络，大学生必须调整好心态，提高抵制诱惑的能力，可以尝试通过以下方法加强对网络使用的控制感。

(1)选择健康的网络环境。大学生要尽量选择在学校公共场合上网，因为校园网络环境相对清洁，网络管理系统完善，不良信息较少。同时，大学生还可以通过网络设置，过滤掉不良网站，避免网络游戏和色情成瘾等影响。

(2)预先规划任务目标。每次上网前，大学生要先抽时间规划自己上网要做什么，比如了解今天的新闻、发一封电子邮件或查找与作业相关的资料……然后，依据这些任务的重要性给予紧迫性排序，可做可不做的事情可以暂时搁置，避免随意测览网页而浪费时间。

(3)预先设定上网时间。大学生在上网前要根据所列出的任务清单，粗略估计上网所需要的时间，避免养成随意浏览的习惯，提高上网的操作效率。比如，大学生可以在计算机中安装一个定时提醒的小软件。

(4)时刻提醒过度上网的损失。列出沉迷互联网的害处并制成卡片，随身携带，以便时刻提醒自己；列出因为沉迷互联网而失去参与一些活动的清单。

四、丰富课余生活、积极投身社会现实活动

许多网络依赖者将网络作为逃避现实生活问题或消极情绪的工具。心理学家卡德非尔特·温瑟提出了“互联网使用补偿理论”，认为现实生活中消极的生活状态，比如缺少社会、情感联系，会使个体产生消极的心理状态，进而个体希望通过互联网补偿这种消极的心理状态，当这种补偿过度时便容易造成网络成瘾。因此，个体积极投入现实活动中，既可以发挥自身能力，获得成就感，又可以在现实社交中满足交往和归属的需求，从而避免仅从网络中寻求理解与支持。建议大学生尝试以下两种方法。

(1)积极参与社会实践活动。大学生要善于利用课余时间，去听一些有意义的讲座、讨论会、学术报告，可以尝试多参加感兴趣的社团、创建社团或主动联系实践单位，做些事情让自己充实起来，转移闲暇时间对网络的依赖。

(2)寻求替代兴趣。兴趣是最好的老师，大学生可以尝试培养一些有趣、新鲜、快乐的业余爱好来替代虚拟世界的刺激，抵制网络诱惑，比如阅读感兴趣的书籍、参与各种体育运动、远足旅行等。通过这些替代活动，大学生能够开阔视野、陶冶情操、结交朋友、培养兴趣、磨炼意志，进而转移和替代来自网络的诱惑，对大学生的身心健康发展非常有利。

五、主动克服网络依赖

我们都知道，冰冻三尺，非一日之寒，网瘾是长时间、无节制上网所致，企图一朝克服也是不可能的。然而，虽历时很长，但并非没有成效。没有拒绝不了的网瘾，只有运用不当的方法。当我们自己患上网瘾时，怎么进行自我干预，克服和消除网瘾呢？

下面介绍几种方法来进行自我干预克服和消除自己的网瘾。

1. 积极心理暗示

反对用简单粗暴的方式来解决网瘾问题，而是要通过积极的心理暗示方法来不断鼓励自己，疏导自己的情绪，从而来解除网瘾。

2. 放松训练

为了应对网瘾发生时的紧张、焦虑、不安等不良情绪，采用肌肉放松法、想象放松法、深呼吸放松法以稳定情绪，振作精神。

3. 强化法

自我奖励、自我惩罚，根据当天的进展情况给自己一些小小的奖励或者惩罚。为了应对网瘾发生时的紧张、焦虑、不安等不良情绪，采用肌肉放松法、想象放松法、深呼吸放松法以稳定情绪，振作精神。

4. 行为代替法

以打球、看电影等其他行动代替上网行为，转移对想上网的注意力。

5. 打破定势

让被干预者在相反的时间上网，打破其惯例，进而改变其在线停留习惯。

6. 借助外力制止

如需上线时请他人阻止上网，或制作个人清单，列出自成瘾以来被忽略或减少的其他日常活动，并将这些活动按非常重要、重要、并不重要排序，回想成瘾以前这些活动是如何提高自身生活质量的，从而帮助被干预者在面对网络诱惑时做出正确的选择。

六、大胆求助，摆脱困境

1. 求助于老师、家长、同学、朋友等

遇到麻烦和不顺心的事，不可忧郁压抑。把所有的忧郁埋藏在心底，只会加剧自己的苦恼，很容易闷出病来。倾诉是改善不良心情的最好方法。倘若发现自己在现实生活中显得难以适应，同时存在诸多情绪低落、能力下降等心理问题，而自己又不能走出心理误区时，就应当积极求助他人。向自己亲近、贴心的朋友、家人或老师倾诉，把心中的苦处、不悦，像“竹筒倒豆子”一样全部说出来，心情会顿感舒畅。“把苦闷讲给朋友听，一个苦闷就会变成半个”，这句话很有意义。通过找他们倾诉，可以释放网络心理压力，缓解内心痛苦；还可以得到他人对你的劝慰，帮助你解决思想上的不愉快和想不通的问题。此外，把问题提出来，或许你会发现，很多事情其实都是可以轻易解决的，“有时人在倾诉中自己就能发现问题。”因为通过将自己的苦恼转换成话语表达出来，可令你更清楚问题的核心所在，从而找到问题的解决办法。

2. 进行心理咨询

心理咨询是摆脱网络心理困境的有效方法。心理咨询的方式有多种。既可以向心理咨询员咨询，也可以进行网上心理咨询。尤其值得一提的是，互联网为心理健康教育开辟了一种高质量、高效率、超传统、高信息、高科技的崭新手段。网络心理教育除具有一般网络教育的特点外，还有其独特或具体的特点。(1)信息快捷，即时性强。网络心理教育信息传递快，具有迅速扩张性和强力渗透性的优势。教育的时限性好，可以为心理困惑者、心理障碍者，甚至是有自杀意图的人提供及时而有效的帮助。(2)信息量大，准确全面。网络心理教育信息量大，联系广泛，心理教育信息准确全面，可以对不同地点、不同学派的心理专家的意见进行反复比较，避免因受某个专家自身知识或经验的局限性而影响心理教育效果的情形。(3)选择自由，隐秘性强。网络心理教育不受时空限制，操作方便、简洁，节省人力资源，能有效地发挥心理专业教育工作者的作用，造福更多的青少年。,网络心理教育的隐秘性强，教育对象和教育内容不受限制，如同性恋、婚外恋、性错乱等特点的性问题和隐私问题。(4)生动活泼，互动性强。网络心理教育信息图文并茂，生动活泼，比信函、电话、报刊宣传、广播电视等心理教育更有优势。网络心理教育人机互动性强.可以突出青少年为主体的特点，有助于调动青少年的主观能动性:也可进行同辈辅导、病友互助，加强人际沟通，充分体现青少年在心理教育中“自我教育”、“自我帮助”的本质特征。“以其人之道还治其人之身”，通过网络解决网络心理问题，无疑是大学生网民培养良好网络心理的好路子。

3. 进行心理治疗

如果所患网络心理障碍较为严重(如停止上网后出现不适感)，请教心理医生也许是更为明智的。网络沉溺症只是一种依赖症或强迫症，并不是不治之症，最好是看心理医生。一个合格的心理医生基本上都知道如何治疗依赖症或强迫症。

心理医生会根据你的成瘾程度，从专业角度对成瘾行为采取必要的心理干预和治疗，如目前用于网络成瘾的心理咨询与治疗的方法主要有认知行为疗法、厌恶疗法、森田疗法和团体心理辅导等。大量研究表明，认知行为疗法对于治疗 IAD 的效果较好。

据专门设立的网络性心理障碍住院病房的北京军区总医院的报道，药物介入后治疗成功率可达 85%。

知识拓展

大学生网络心理障碍的干预方案

(一)治疗目标

基本恢复被干预者在网络成瘾之前的身心状态，包括消除因网络成瘾产生的性格内向、自卑、与家人对抗及其他心理问题。

(二)时间和进度安排

根据被干预者的具体表现，我们把干预过程分为如下四个阶段。

第一阶段：与被干预者建立良好的关系，评估被干预者对于网络的使用情况和沉溺程度，探讨网络成瘾行为深层次的问题。

第二阶段：缓解被干预者的压力并调整其认知，建立双方认可的监督评估机制。这有利于保持双方的良好关系，也为具体方案的制定奠定了基础。

第三阶段：制定和实施克服网络成瘾行为的具体方案。把空洞的说教转变为具体的实践，让被干预者知道自己应该和不应该做什么，让被干预者在适应方案的过程中逐步克服网络成瘾的行为。

第四阶段：效果评估和随访。根据目标和方案，通过对干预过程的总结，回顾干预过程中的要点，检查实现情况，指出成果和问题，处理好干预结束后的关系等。

(三)具体措施

①加强思想教育和互联网教育，提升成瘾者的自律能力。

②开展心理治疗和心理辅导。

运用认知疗法：第一，重建认知，改变顽固的不合理的信念；第二，自我辩论，让被干预者想象自己成瘾的各种严重后果，用“超我”“自我”和“本我”进行假想辩论，从而建立健康至上的认知；第三，自我提醒，写出几个网络成瘾导致的主要后果和五个由于减少或戒除网络成瘾的主要好处并做成卡片随身携带，每日反复多次看这些卡片，从而树立戒除网络的决心。

运用行为疗法：第一，行为强化法，根据每天戒网的进展情况给予一定的表扬、奖励或批评、惩罚；第二，行为契约法，与被干预者商定戒网契约，让被干预者的亲人、朋友共同成为契约的遵守者和执行者；第三，行为消退法，以打球、看电影等其他行动代替上网，让被干预者联想上网成瘾的严重后果并可加适当的疼痛刺激；第四，打破定式，让被干预者在相反的时间上网，打破其惯例，进而改变其在线停留习惯；第五，借助外力制止，如请他人阻止自己上网，或制作个人清单，列出自成瘾以来被忽略或减少的其他日常活动，并将这些活动按非常重要、重要、并不重要排序，回想成瘾以前这些活动是如何提高自身生活质量的，从而帮助被干预者面对网络和曾一度喜爱而已失去的活动时做出正确的选择。

③家庭和社会环境的支持。营造有利于被干预者学习、沟通、交往和人才培养的社会环境。

④考核。

a. 干预者对被干预者的考核。干预者的行为和认知达到治疗目标。

b. 被干预者自我考核。自己最近一个治疗周期是否达到预期效果。

c. 被干预者的朋友、家长对被干预者的综合表现做出适当评价。

⑤可能存在的问题或注意事项。

a. 干预过程理论有缺陷。在干预过程中即时调整干预方法和目标，以求达到最优。

b. 被干预者隐瞒实际情况。干预者应当从各个方面全面地了解被干预者的实际情况，与被干预者及其亲人、好友建立良好的沟通关系。

c. 生活环境阻碍干预过程。被干预者周围的“朋友”不断诱惑被干预者，此时应当适当采取措施。为防止干预过程中的不良影响，在允许的情况下，可以通过契约来进行封闭治疗。

d. 被干预者自我隐藏。被干预者刻意做出已经达到干预目标的假象，使干预者及干预者的朋友、亲人都以为已经达到治疗效果。在效果评价阶段，应用测谎仪等技术和密切关注跟踪等方法辅助判断。

心理测试

看看自己对网络的依赖程度

这个测试是给那些怀疑自己的网络行为已经开始成瘾的网友对自己进行评价所准备的，如果你有兴趣，请对以下 20 个陈述，根据自己的实际情况来进行选择。

①你发现你待在网上的时间会超出预计时间。 (　　)

A. 罕见　B. 偶尔　C. 较常　D. 经常　E. 总是

②由于上网时间太多，以至于忘记了要做的家务。 (　　)

A. 罕见　B. 偶尔　C. 较常　D. 经常　E. 总是

③你觉得上网的愉悦已经超过与伴侣间的亲昵。 (　　)

A. 罕见　B. 偶尔　C. 较常　D. 经常　E. 总是

④你会与网上的人建立各种关系。 (　　)

A. 罕见　B. 偶尔　C. 较常　D. 经常　E. 总是

⑤你的亲友会抱怨你花太多的时间在网上。 (　　)

A. 罕见　B. 偶尔　C. 较常　D. 经常　E. 总是

⑥由于你花在网上的时间太多，以至于耽误了学业和工作。 (　　)

A. 罕见　B. 偶尔　C. 较常　D. 经常　E. 总是

⑦你宁愿去查收电子邮件，也不愿去完成必须做的工作。 (　　)

A. 罕见　B. 偶尔　C. 较常　D. 经常　E. 总是

⑧上网影响了你的学习或工作业绩和效果。 (　　)

A. 罕见　B. 偶尔　C. 较常　D. 经常　E. 总是

⑨你尽量隐瞒你在网上的所作所为。 (　　)

A. 罕见　　B. 偶尔　　C. 较常　　D. 经常　　E. 总是

⑩你会同时想起网上的快乐和生活的烦恼。（　）

A. 罕见　　B. 偶尔　　C. 较常　　D. 经常　　E. 总是

⑪在你准备开始上网时，你会觉得你早就渴望上网了。（　）

A. 罕见　　B. 偶尔　　C. 较常　　D. 经常　　E. 总是

⑫没了互联网，生活会变得枯燥、空虚和无聊。（　）

A. 罕见　　B. 偶尔　　C. 较常　　D. 经常　　E. 总是

⑬被人打扰时，你会恼怒或吵闹。（　）

A. 罕见　　B. 偶尔　　C. 较常　　D. 经常　　E. 总是

⑭因深夜上网而睡不着觉。（　）

A. 罕见　　B. 偶尔　　C. 较常　　D. 经常　　E. 总是

⑮睡觉时，你仍全身心想着上网或幻想着上网。（　）

A. 罕见　　B. 偶尔　　C. 较常　　D. 经常　　E. 总是

⑯你上网时老想着再多上一会儿。（　）

A. 罕见　　B. 偶尔　　C. 较常　　D. 经常　　E. 总是

⑰你尝试减少上网时间，却失败了。（　）

A. 罕见　　B. 偶尔　　C. 较常　　D. 经常　　E. 总是

⑱你企图掩饰自己上网的时间。（　）

A. 罕见　　B. 偶尔　　C. 较常　　D. 经常　　E. 总是

⑲你选择花更多的时间上网，而不是和别人出去玩。（　）

A. 罕见　　B. 偶尔　　C. 较常　　D. 经常　　E. 总是

⑳当你外出不能上网时，你会感到沮丧、忧郁和焦虑，但一上了网，这些感觉就消失了。（　）

A. 罕见　　B. 偶尔　　C. 较常　　D. 经常　　E. 总是

心理测试解析

拓展实训

实训：

消除网络心理障碍

【目的】

以团队的形式就团体成员面对的网络心理问题与他们共同商讨，提供网络心理行为训练的机会。

【材料】

纸质花(把纸揉成团)。

【操作】

①每个成员一次说一句流行的网络话语。

②用“击鼓传花”的方式来进行,接到花的成员讲完后,继续传花。

③第二轮“击鼓传花”时,让成员讲述各自的上网经历,并做自我评价,让其他成员获得“和他人一样的体验”,产生情感与心灵上的共鸣。

④开展对网上信息认识的讨论与交流,引导他们正确评价网上信息,共同为提高自身的信息素养出谋划策。

⑤展开网络与网络技术的研讨,使他们懂得网络的两面性、技术中立性和网络技术的工具性。

⑥运用“头脑风暴法”让每个成员把网上人际交往与现实中的人际交往的异同、在二者交往中的困顿一一列举出来,并进行归因。之后,再让每个成员倾诉各自在人际关系上的困惑,成员间进行互相辅导,帮助对方追根溯源,寻找改善人际关系的途径。

⑦设定基本的人际交往的情境,主持人做交往行为示范,成员模仿学习。

⑧小组讨论上网行为的自我管理,彼此订立互相监督的契约。

体验感悟

上网时间知多少

请估算你每周花费在网络上的时间,大概有________小时。请记录你每天上网的时间,一周后,请使用以下清单对自己的上网情况进行评估。

(1)网络游戏。每周花费多少时间?列出你所玩的所有游戏的名称。

(2)网上社交聊天。每周花费多少时间?列出你使用过的聊天工具。

(3)网上娱乐(如追剧、看视频、听歌)。每周花费多少时间?列出你参加的不同活动。

(4)网上学习(如查阅资料、看书)。每周花费多少时间?

(5)浏览新闻资讯。每周花费多少时间?列出你经常浏览的网站名称

(6)网络购物。每周花费多少时间?

(7)其他。你发现网络的其他用途了吗?请列举,并估算每周所花费的时间。

(8)将统计结果和此前估算的时间进行对比,比较两者是否一致。

最后,思考一下,以后该如何提升网络的控制感。

阅读欣赏

心理电影解析《电子情书》

【剧情介绍】

乔·福克斯(汤姆·汉克斯饰)和凯瑟琳·凯莉(梅格·瑞安饰)生活和工作在纽约的西北区,同在一家商店购物,又同在一处买咖啡,而且还沿着同一条街道散步……

乔和他做书籍编辑的女友共同生活,而凯瑟琳则与她做报纸专栏作家的男友在一

起。他们都对自己的生活及爱情感到满意，直到两人在网络聊天室相识并且开始电子邮件往来。

计算机两端的陌生男女分别用 NY152 和 Shopgirl 的笔名倾诉着除了真实身份以外的生活中的一切。渐渐地，互联网上的友情升华成相互的爱慕之情。同时作为福克斯书业的最新连锁店也开张了，的确有缘，新的书店距凯瑟琳的“角落书店”仅几街区之遥。由于实力强大，福克斯书店有价格折扣，有详细的图书目录，而且还提供咖啡等，这使得凯瑟琳的书店面临倒闭的风险。

凯瑟琳的书店是从母亲那一代继承下来的，并且已经是社区的一部分。看到 40 多年来的心血即将毁灭，凯瑟琳向 NY152 这个未曾谋面、却又十分信赖的知己倾诉心中的感慨。意外获悉知己女友的身份，乔越发为真实生活中的凯瑟琳所吸引，但是他要如何在那个热情、诙谐、善良的“Shopgirl”和对他及他的书店充满恨意的凯瑟琳之间周旋？他要如何表露自己的真实身份却又不失去她？他们该相见吗？

讨论：①从这部影片中，我们看到了什么？

②欣赏完这部电影，你还得到什么启示呢？

解析：这部影片的结局是凯瑟琳的书店终于关门了，而两人在现实生活中的关系反而有所好转！他们仍然在网络上互发电子邮件，时机成熟，他们终于决定再次见面，凯瑟琳回家换上漂亮的衣服，来到约定的地方，充满期待地四处张望。当眼前出现的人是乔时，她的眼里先是惊喜，而后就是如释重负的感动，泪水盈满了她的眼眶，两人热情相拥而吻。

网络某些时候正好能够用虚拟的美好代替现实的残酷，使人不至于活得太累。不过网络总是虚拟的，如果两个相互吸引的人把彼此当作知心的朋友，能够互相袒露心事，也是有条件的。

第八章

“我是谁”——大学生的自我意识

学习地图

“我是谁”是人类有史以来最难解答的问题之一，同时也是人们永恒探索的话题。从苏格拉底“认识你自己”的箴言在古希腊的拉斐尔神庙出现开始，人们便将其奉为“阿波罗神谕”，不断警示世人：人的一生就是一个探索自我的过程，认识自己是人生之旅的出发点，是实现自我价值的基础。大学阶段是一个人从青春期向成年期转变的重要时期，也是一个人的自我认识趋于完善发展的时期。在此期间，“我”总是激发着人们苦苦思索，并以自己一生的脚步为“我”诠释。通过本章内容的学习，我们将了解自我意识的内涵、结构、心理功能以及大学生自我意识的特点、自我意识的心理偏差类型，以及如何培养健康的自我意识策略。本章将让你明白如何树立正确的自我观，积极地悦纳自我，有效地控制自我，拥有一个健康自信的人生。

学习目标

※ 知识目标

1. 了解自我意识的概念。
2. 熟悉自我意识的形成。
3. 掌握自我意识的偏差。

※ 能力目标

使学生能正确认识与评价自我，能够掌握完善自我的基本方法，具有研判心理是否健康的能力，学会运用正确的方法和技术维护心理健康。

※ 自我认知目标

使学生能够积极关注自我的提升与成长，培养积极悦纳自我的良好心态。

学习导图

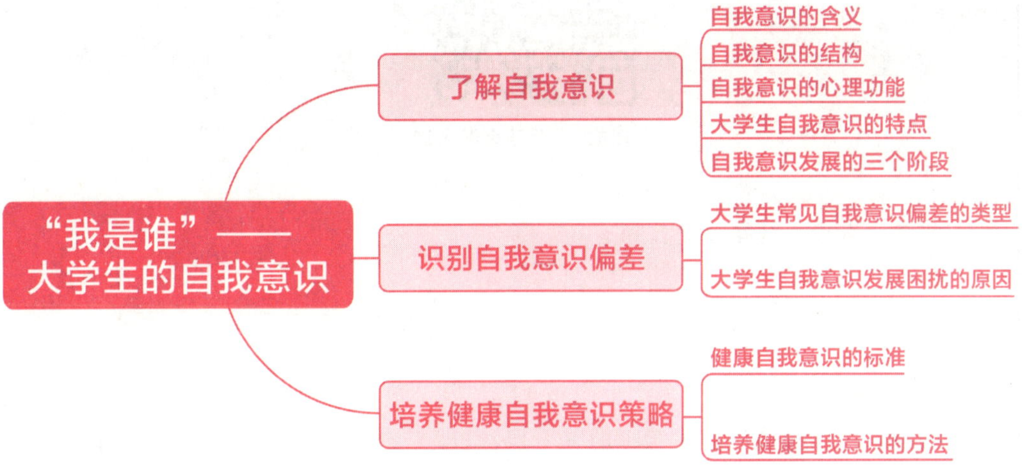

【校园故事回放】

我是一名女生，今年 18 岁，来自边远山区，家境贫寒，大学以前的时光都在小山沟里度过，性格内向，平时说话不多。来到这里上大学，我感觉自己样样不如别人，自己没见过世面，知识面很窄，在同学面前什么都不懂，个头矮小，长得又不好看，家里不如别人有钱，甚至连我以前引以为豪的学习成绩在大学里也没有了任何优势。我总觉得自己低人一等，怕身边的同学瞧不起自己，内心特别痛苦和无奈。

【心理专家分析】

该生主要由于觉得自己各方面都不如别人，体验到深深的自卑感，进而产生失望、痛苦、无奈等消极的情绪体验。自卑源于比较而不是源于真实，她的痛苦正是由于拿自己的短处去比别人的长处，这样，越比越灰心，越比越失去信心，从而认定自己“样样不如人”，觉得自己低人一等。俗话说：“骏马能历险，犁田不如牛；坚车能载重，渡河不如舟。”每个人有每个人的优势，关键是如何去发现自己的优势，学会接纳自我，尤其是要接纳自己存在的缺点。

第一节 了解自我意识

一、自我意识的含义

自我意识是一个人对自己的认识和评价，包括对自己心理倾向、个性心理特征和心理过程的认识与评价。正是由于人具有自我意识，人对自己的思想和行为才能进行自我控制和调节，从而完善自己。自我意识是意识的核心部分，就是自己对自己的认知，其内容包括自己的生理状况（生理自我）、心理特征（心理自我）及自己与他人的关系（社会自我）。

文字案例8-1

心理故事:斯芬克斯之谜

> 世界上最重要的事就是认识自我。
>
> ——蒙泰涅

二、自我意识的结构

自我意识的结构是从自我意识的三个层次,即知、情、意三个方面来分析的,它包含自我认知、自我体验和自我控制(或者叫自我调节)三个子系统。自我意识中的自我,包括主观的“我”和客观的“我”,通常表现为三种形式:自我认知(我是个什么样的人)、自我体验(我喜欢自己吗)和自我控制(我应该成为什么样的人)。

视频案例8-1

你的出生就有自我意识吗?

(一)自我认知

认识自己不是一个简单的问题。自我认知是主观自我对客观自我的认知与评价,包括自我感觉、自我观察、自我印象、自我分析、自我评价等。自我认知回答的问题是:“我是谁?”“我是个什么样的人?”希腊一座古老的神殿上,镌刻着这样一句话:认识你自己。中国古语也教导我们:“人贵有自知之明。”研究发现:对自我认识不清晰、不精确,自知力不强,易导致误判自我时,或自负,或自卑,从而导致诸多心理问题或人格障碍。正确的自我认知,对人们的心理会产生重大影响。

(二)自我体验

自我体验是主观自我对客观自我产生的情绪体验,是在自我认知基础之上产生的。自我认知决定自我体验,而自我体验又强化着自我认知,要回答的问题是:“我是否喜欢自己?”“我是否满意自己?”等,主要是一种自我感受。自我体验的内容十分丰富,包括自尊心、自信心、义务感、责任感、优越感、荣誉感、羞耻感等。特别是自尊心、自信心对人的影响很大。有自尊心的人,总是不甘落后,力争上游,具有不达目的不罢休的好胜心,是一种动力。自信心是人们成长与成才不可缺少的重要心理品质。一个人如果自卑，看不到自己的力量，总认为自己不行，久而久之易形成一种固定的心理定式，这会对学习和以后的工作带来不良影响；如果一个人对自己有信心，坚信自己能够成功，他就会积极努力，取得成功。自我体验对个体成长具有不可替代的重要作用。有时，同样的事件，他人的体验与自身的体验截然不同。很多从体验中获得的自我远远高于从理性获得的自我。

（三）自我控制

自我控制是自我意识的意志成分，是对自己思想、行为和言语的控制，以达到自我期望的目标，其表现在两个方面：发动和制止，如几点钟起床、不随地吐痰等。自我控制对个体的学习、工作具有推动作用，使个体为了获得优秀成绩、社会赞誉，达到自己的目标而作出不懈的努力，包括自我激励、自我暗示、自强自律，核心内容是“我将如何规划自己的人生呢？”“我应该做什么呢？”“我应该成为什么样的人呢？”“我可以选择如何做呢？”自我控制是自我意识的关键环节，“知”与“行”之间有很长的路，大学生常常“心动而不行动”，事实上心动是一件容易的事，而真正历练意志则需要更多的自我控制。我们不妨打一个比方：早晨起床，应当是一件最简单不过的事，但对懒惰者而言，也是需要意志的，特别是寒冷冬天的早晨，想想被窝里的温暖，再面对起床的痛苦，都要进行思想斗争，而当意志成为一种习惯时，自我控制便转变为“自动化”。成功的人都有较强的自我控制能力。

三、自我意识的心理功能

（一）正确的自我意识是大学生成功的基础

自我意识与个人行为的关系极为密切，意识支配行为，行为反映意识，自我意识对个人行为具有极大的推动作用。我们每个人的心中都有一幅自我画像——我属于哪种人，你把自己想象成什么人，你就会按照那种人的行为行事。例如，有的同学把自己想象成不公正的牺牲品，认为是“注定要失败”的人，就会不断地寻找各种环境因素来证实自己的观点。自我意识客观的人自我形象健康，对自己有合理的期望，处事积极，善于利用每一个成长的机会，改进自己；与人交往能真情流露，展示自己的内心世界，容易与人建立深厚的情谊。对自己充满信心，能独立处事，也能作出恰当的自我表达。

（二）正确的自我意识是大学生心理健康的重要标志

自我意识在个性结构中处于核心的地位，决定对现实的看法，对人们的心理活动和行为方式都起着一定的制约作用。正确的自我意识会增进心理健康，而错误的自我意识会诱发心理疾病。若一个人拥有正确的自我意识，对自己有客观认识，能够接纳自我，则意味着不仅能积极评价和接纳自我，而且在适应社会过程中，遇到困难和挫折时能以积极的态度去面对它，可以保持一种积极的心理状态，因而心理就越健康。

视频案例8-2

吕轻侯“说死”姬无命

> 聪明的人只要能认识自己，便什么也不会失去。
>
> ——尼采

四、大学生自我意识的特点

大学生自我意识的特点主要体现在自我认识、自我体验、自我调控三个方面，具体来说表现出以下特点。

（一）自我认识的内容深刻、丰富

德国教育学家和哲学家斯普兰格指出：青年期是开始“自我发现”的新时期，表现为以下几个方面：

①关于自己是否是成人的自我意识。例如，我是个成人吗？我的行为符合成人要求吗？

②关于美丽的自我意识。如何在镜子面前评价自己？

③关于自己能力、性格的自我意识。例如，我聪明吗？我温柔吗？我是一个诚实的人吗？

④关于性的自我意识。例如，我的男性特征明显吗？男生喜欢我吗？怎样才能招异性喜欢？

⑤关于社会归属与社会地位的自我意识。例如，我被重视吗？我在班上名气大吗？

⑥关于对人生价值的自我意识。例如，人为什么活着？人生的价值与意义是什么？我要成为一个怎样的人？

（二）自我体验丰富复杂

大学阶段是一生中“最善感”的年龄阶段，大多数学生喜欢自己，悦纳自己，独立、自信、好胜，这表现在以下几个方面。

1. 敏感性

大学生对于外部世界和自己的内心世界的许多方面都比较敏感，尤其是与他们相关的事物，很容易迅速引起他们情感、情绪上的反应，凡是涉及“我”的及与“我的相关的事物或事情”都很敏感。大学生开始重视自己在集体中的地位和威信，对他人的言行和态度十分敏感，对涉及自己的名誉、地位、前途、理想及异性交往等方面的问题，更易产生强烈的自我情绪体验。

2. 丰富性

大学生的自我体验是既丰富又复杂，大学丰富多彩的学习生活为他们自我体验的丰富性提供了有利条件。随着自我认识的发展，大学生意识到自身的成长而产生成人感，意识到自己是一名当代的大学生而产生义务感及集体荣誉感，意识到自己的能力和品德状况而产生自豪感或自卑感等。

3. 波动性

大学生的情绪具有波动性，如可能因一时的成功而产生积极的、愉快的情感体验，甚至骄傲自满、忘乎所以，对自我的肯定多些，充满了自信；亦可能因一时的挫折而低估自我，从而丧失自信心，灰心丧气甚至悲观失望，对自我的否定就多些，容易产生自卑、内疚等情绪。受到老师或领导的表扬，就觉得自己满是优点；若受到教师或领导的批评，就觉得自己处处不行。男生自我体验的基调倾向于热情、憧憬、自信、紧张、急躁，女生则倾向于热情、舒畅、憧憬、愁闷、急躁。

4. 内隐性

内隐性是指人们的心理活动具有某种含蓄、内隐的特点，心理活动开始指向自己的内部世界，逐渐失去了儿童期的外露、直爽、天真、单纯。大学阶段，大学生有了自己的秘密，愿意有属于自己的小房间，在无人的时候将自己的内心世界写入日记，不愿把自己的内心世界轻易向人敞开，十分注重自己的面子，会有意无意地掩盖自己的缺点。内隐心理在当代大学生中带有一定的普遍性，妨碍了同学之间新的友谊关系的建立，这样就会产生一种莫名的孤独感。但此时的大学生，内心强烈地想与人交往，不但想交往得多，而且想交往得深，希望能向自己的朋友敞开心扉。

5. 不稳定性

大学生的自我体验还表现出，感到对自己无法进行确认，特别是大学一年级的学生，弄不清自己究竟是一个什么样的人。有的学生说：“我相信自己最了解自己，但实际上我并不真正了解自己。我有时觉得自己是这样的，有时又觉得自己并非这样，常常自己推翻给自己下的结论。”这说明自我体验并未趋于成熟，一般到了大三、大四年级，才会形成比较稳定的自我体验。

（三）自我评价具有不平衡性

大学生自我评价有不平衡性、多样化和不成熟性，如大学生中有这样一种说法：“大一觉得自己是天之骄子，大四发现自己什么都不是。”即大学生的自我评价存在两极性：一是“高估自我”，有着很强的优越感、自尊心和自信心；二是“低估自我”，产生自卑心理，使自己想躲藏起来，不敢向前进取。

（四）自我控制的自觉性和独立性显著增强

自我控制的水平明显提高，有强烈的自我设计和自我规划的愿望，大部分同学都奋发向上、力争成才，并且根据自我设计的目标自觉调节行为。他们力图摆脱社会传统的束缚，按照自己的意愿行事；他们也能够自觉地根据社会的要求来调节自己不合实际的目标和动机。但大学生自我控制的能力还不够，有时自己想做什么就做什么，不顾环境的要求，随意性大。常常是刚捶胸跺脚地下了决心，转身就忘得一干二净。有一部分学生每天要下同样的决心，同样每天都可以找到原谅自己没做到的理由。大学生打架斗殴、违反校规校纪等现象就是不善于控制自我的体现。

五、自我意识发展的三个阶段

自我意识的发展经历的三个阶段是:生理自我、社会自我、心理自我。

(一)生理自我

生理自我是自我意识最原始的形态。儿童在1岁末就开始将自己的动作和动作的对象区分开来,把自己和自己的动作区分开来,并在与成人的交往中,按照自己的姓名、身体特征和活动能力来看待自己,并作出一定的评价。生理自我在3岁左右基本成熟。

(二)社会自我

儿童在3岁以后,自我意识的发展进入社会自我阶段。他们从轻信成人的评价逐渐过渡到自我独立评价,自我评价的独立性、原则性、批判性正在迅速发展,对道德行为的判断能力也在逐渐提高,从对具体行为的评价发展到有一定概括程度的评价。但他们的自我评价通常不涉及个人的内心世界和人格特征,自我的调节控制能力也较差,常出现言行不一的现象。社会自我到少年期基本成熟。

(三)心理自我

心理自我是在青年初期开始形成和发展的。青年开始形成自觉地按照一定的行动目标和社会准则来评价自己的心理品质和能力。通过对自我的发现,产生独立的愿望,了解未来对自己的重要意义。自我评价越来越客观、公正和全面,并具有社会道德性,且在此基础上形成自我理想,追求最有意义和最有价值的目标。

第二节 识别自我意识偏差

大学生正处于心理迅速发展走向成熟而又尚未成熟的时期,自我意识还处在不断发展之中。在当前多元文化价值观的冲击和复杂社会环境的影响下,现实生活中的部分大学生或者过于自卑,或者过于自傲、自恋,或者自暴自弃,或者自相矛盾,没有形成自我同一性。

文字案例8-2

弗洛伊德的本我、自我、超我理论

一、大学生常见自我意识偏差的类型

(一)主观我与客观我的矛盾

一方面,作为同龄人中能够接受高等教育的人,大学生对自我有较高的积极评价,但

他们远离社会，在校园浓郁的学术与文化氛围中生存成长，缺乏社会经验；另一方面，社会上对当今大学生“重理论轻实践，重专业轻基础，重科学轻人文”的评价及“本科生不专，硕士不研，博士不博”的看法，随着高等教育大众化进程的推进，适龄青年接受高等教育机会的增加更趋客观。大学生回归本位，身上光环的消失使他们产生失落感。

（二）理想我与现实我的矛盾

理想我是指个人以想达到的完美的境界作为个人追求的目标，它引导个体实现理想中的自我。现实我是个人从自己的立场出发，对现实中自我的各种特征的认识。在现实生活中，理想我与现实我总是存在着一定差距，这是正常的，这可以激励大学生奋发图强、积极向上，向着梦中的方向飞奔；但当现实我距离理想我太过遥远时，大学生会产生各种各样心理不适甚至自暴自弃，变得平庸无为、无所事事，变得没有动力，可能导致一系列心理问题。

图 8－1 理想自我与现实自我

（三）独立与依附的矛盾

大学生正处在人生中第二次飞跃的“心理断乳期”，一方面，生理与心理的成熟使他们渴望独立，以独立的个体面对生活、学习与工作中遇到的问题，希望自立自强，成为一个有独立见解、能决定自己命运的人，但长期的校园生活使他们应有的社会阅历与经验相对匮乏。当应激事件出现时，却又盼望亲人、老师、同学能够替自己分忧，无法做到人格上的真正独立。另一方面，大学生心理上的独立与经济上的不独立也形成了明显的反差。事实上，任何心理成熟的独立的现代人，都需要他人的帮助，建立良好的社会支持系统是个体心理健康发展不可或缺的。

（四）渴望交往与心灵闭锁的矛盾

人没有哪个时期比青少年时期更加渴望友情与爱情的滋养，更加渴望同辈群体的认同与归属感。在这个时期，一方面，每个人都渴望着爱与友谊，渴望着交往与分享，渴望着自我价值得到实现，渴望着探讨人生的真谛，寻找人生的知己，希望成为群体中受尊敬与欢迎的人；另一方面，大学生的自我表露又受着心灵闭锁的影响，总是不经意地将自己的心灵深藏起来，与同学有意无意保持着一定的距离，存在着戒备心理，不能完全敞开心扉交流与沟通思想，感到没有人理解自己，缺少知音的陪伴。

（五）自负与自卑的矛盾

大学生自我意识在发展过程中，由于心理尚未完全成熟，不能对自我有正确的认知，因而对自我的认知会出现自信的偏差：自卑或自负。这两者都不符合心理健康标准。自负就是过高地评估自己的长处和优点；自卑是一种自我否定，表现为对自己缺乏信心，对自己不满和否定，拥有这种心理的人总以为自己存在着缺陷、不足与失误，因而遇事总会胆怯、心虚、逃避、退缩，缺乏主见。自卑的人对别人的评价特别敏感，胆小怕事，把自己封闭起来。这种人由于瞧不起自己，也必然会引起别人的轻视，让人瞧不起。

自负与自卑总是紧密相连的，自负表现强烈的人往往也是极度自卑的人。大学生体现出较高的自尊与自信，他们渴望成功，不甘落后，对成功的渴望与预期高，特别是当小小的成就来到身边时，很容易表现出骄傲自大、唯我独尊，相当自负。当遭遇失败与挫折时，有时甚至是小小的失利如考试失败、恋爱失败等，他们便开始怀疑自己的能力，进而产生自我否定、自我怀疑甚至自暴自弃，陷入强烈的自卑之中。这些与大学生自我认知不良、自我定位不准确有关。自我意识良好的核心是自知与自爱，能了解自己的实际情况，意识到自己的优点和缺点，并且容忍和认可它们，这样心理才能健康发展。

（六）理智与情感的矛盾

大学生情绪的一个显著特点是容易出现两极分化，或高或低，波动性大，易冲动，不易控制；但随着身心的发展、认知水平的提高，大学生渐渐成熟，在遇到客观问题时，既想满足自己情感的要求，又想服从于社会及他人的需求。特别是当遇到失恋等人生打击时，虽然理智上能够理解，但是感情上难以接受。

二、大学生自我意识发展困扰的原因

自我意识作为意识的一部分，是在人的成长过程中逐步形成和发展起来的，是主客观因素相互作用的结果。人首先是认识外部世界和他人，然后才逐步认识自己。这个过程在我们一生中一直进行着。因此，探讨影响自我意识发展的因素，有利于促进当代大学生自我意识的健全发展。

大学生出现自我意识困扰的心理是多种多样的，产生这种心理的原因也是多种多样的，是生理、学校、家庭、社会和个体倾向性等诸因素相互作用的结果。

（一）生理因素

对于一个发育正常、健康的人来说，从小时候开始就有自我意识的萌芽，别人不会认为有什么特殊，他也不会发现自己与别人有什么不同，也就不会有积极或消极的评价和体验。而对于一个发育异常或有残疾的孩子来说，他会从自己与他人的比较中发现不同。有的学生觉得自己太胖，不愿参加文体活动；有的学生觉得自己长得太丑，不愿与同学交往，这些都是生理因素的作用。

大学生一般处在 17～22 岁的年龄阶段上，男生特别重视自己的身高，女生也更加重视自己的相貌。一位大学二年级学生在答卷中写道："在许多场合下，我都不想抛头露面，因为我的个子矮，我总避免与高个子的同学在一起，以免显得我更矮。”女生有28%不满意自己的长相，希望自己再漂亮一点。一位女生说：“我每天都照镜子，我的第一个念头是‘我能再漂亮一点就好了’，每当看到我那淡而短的眉和翘起的两颗黄牙，我总感到不是滋味，尤其是对我那漂亮（至少比我漂亮）的同桌，我更有一种难以言状的妒意。”因此，生理因素是形成自我意识的最初因素，也是影响人一生各个阶段的因素。

（二）学校因素

在高手云集的大学，中学时代学习优秀的优越感被成为普通学生的感受所替代，比如生活方面，中学时父母照顾多，而大学要培养自理能力；心理适应方面，中学时代的好学生周围充满了赞扬声，优越感强，但到大学，尖子生荟萃，自己原有的优势不明显了。有的学生认为：“我不是老师和同学眼中拔尖的学生了。”“在这个地方，我得不到我原来所得到的特别的关注和爱护了。”有的学生因为种种原因，出现不及格现象，往往把原因归为“我不是学这个专业的材料”“我的其他方面搞不好”“我缺乏创造性”等。

另外，由于大学生思想还不成熟，总觉得学校严格的管理制度、校规、校纪与他们所追求的个性的张扬相矛盾，从而在内心产生了强烈的抵触情绪。这种困扰使很多学生难以接受，严重的还可能出现伤害自己或他人的行为。

（三）社会因素

当代社会发生了巨大的改变，随着市场经济体制的确立，竞争机制的导入，新的社会刺激的冲击，当代大学生的人生观、价值观等发生了重大变化，这直接影响大学生对自我的认知。即使在同一社会中，由于每个人所处的社会地位不同，所从事的社会实践不同，具体的社会关系不同，对自我的认识、评价也会有所差异。大学生在现实的社会实践中，从我与事的关系认识自我，即我从做事的经验中了解自己。任何一种活动都是一种学习，不经一事，不长一智，成败得失，其经验的价值也因人而异。

另外，随着科学技术的发展，大众传播手段越来越丰富。随着电视的普及、广播电视节目播放时间的延长、报刊数量的增多、信息高速公路的建设、互联网的普遍，大学生不但受到电视、电影等传播的影响，而且受到互联网的影响。

（四）家庭影响

现代心理学研究表明，家庭环境对人的一生发展会产生重要的影响。一个人的早期经验对他的自我意识的形成有非常重要的意义。每个人来到这个世上，接触的第一个学习场所是家庭，第一任老师是家庭成员。他们早期的教养方式、教养态度和家庭的经济地位直接影响了后来孩子的自我意识的发展。

现在随着独生子女的增多，越来越多的家长过分保护、过分顺从孩子，导致孩子过分依赖，自我意识长期处于幼稚的水平。另外，社会经济地位高的家庭，子女容易产生优越感，家庭成员社会地位的急剧变化，易使其自我意识的发展出现混乱。

（五）个体倾向性

个体倾向性包括需要、动机、兴趣、理想、信念、世界观和人生观。青少年时期是一个人理想、信念和世界观形成到成熟的时期。理想、信念和世界观决定了青少年会成为怎样的人。

一个人年轻时候的自我要求将影响到他的一生，如雷锋，他在短暂而又光辉的生命历程中，处处严格要求自己，把自己比作一颗小小的螺丝钉，用他自己的话说，就是懂得了"怎样做人，为谁活着"。几十年来，雷锋精神一直被人们传诵、学习，已经深深地镌刻在亿万人民的心中。所以，一个人要想以后有好的发展，从年轻时就应严于律己，从小事做起，从自我做起。

（六）他人的影响

俗话说："旁观者清，当局者迷。"他人的评价是客观认识自己的一面镜子，可以帮助自己了解"现实自我"的形象，知道自己在别人心目中所处的地位。学生可以通过竞赛评比、表扬与批评、学习成绩等途径获得他人正式的评价，也可以通过相互交谈等获得别人非正式的评价，这些评价都可能对大学生的自我意识产生影响。

自我成为一个什么样的人，总是离不开社会生活中各种人物尤其是自己心目中榜样的影响。中国有句俗语："近朱者赤，近墨者黑。"中国古代十分重视树立良好的社会楷模，"孟母三迁"就是一个很好的例子。不同的时代有不同的楷模，通过学校教育或阅读文艺作品，大学生就会知道历史和现实生活中有各种各样的英雄模范人物。于是，在自我意识中便产生了"我要像他们一样"等观念。

应该看到，大学生在自我意识发展过程中出现的这样那样的困扰，是其心理发展还不成熟的表现，是由他们的身心发展状况、家庭、学校等种种原因所决定的，这些因素既可以促进大学生心理迅速成熟，也可能成为大学生自我健康发展的阻力。因此，需要重视、引导和调适，只有这样，才能促进大学生心理的发展和成熟，达到自我的统一和发展。

第三节　培养健康自我意识策略

心理学中有个真理：自我不是发现出来的，而是我们创造出来的。认识自己并不容易，知人难，知己更难。但每个人又必须正确认识自己，否则，就无法很好地处理自己与他人、自己与现实之间的相互关系，不利于心理健康。

一、健康自我意识的标准

自知之明。自我意识健全的人，应该是一个有自知之明的人，既知道自己的优势，又知道自己的劣势，能正确评价自我和发展自我。

整合的自我意识。自我意识健全的人，应是自我认识、自我体验和自我控制协调一致的人。

自我肯定。自我意识健全的人，应该是自我肯定的、独立的并与外界保持一致的人。

理想自我与现实自我的统一。自我意识健全的人，应该是理想自我与现实自我统一的人，有积极的目标意识和内省意识，积极进取、永无止境。

文字案例8-3

乔哈里资讯窗

视频案例8-3

人为什么活着

> 世界上最大的事莫过于知道怎样将自己给自己。
>
> ——歌德

二、培养健康自我意识的方法

（一）正确的认知自我

“不识庐山真面目，只缘身在此山中”，要完全了解自己真的很难，但全面而正确的自我认知是培养健全的自我意识的基础。如果一个人能对自我有一个全面、恰当的认识和评价，就能扬长避短，取长补短。控制自己、改变自己、完善自己，就能根据自己的实际情况，选择相应的目标位置努力奋斗，正确认识自我是建立健全自我意识的基础，正确认识自我要求我们做到对自己有深刻的了解，并能对自己进行客观的评价，才能在社会情境中找到自己恰当的位置，才能理解他人，尊重他人，和谐相处，被社会所接纳。

我们可以从我与人的关系中来认识自我，从我与事的关系中来认识自我。还可以从我与己的关系中来认识自我。自我认识的具体途径包括他人评价法、比较法、经验法和内省法。

1. 他人评价法

通过与他人的交往，从他人对自己的态度和评价中认识自己。不是他人的所有评价都是有益的，我们要以恰当的态度对待他人的评价，要重视对自己比较熟悉和了解的人的评价（如家人、好朋友等），要特别重视比较一致性的评价（如十人中有六七人持相同看法）。可以通过收集和汇总父母眼中的我、同学眼中的我、老师眼中的我、恋人眼中的我、兄弟姐妹眼中的我，再寻找这些描述中共同的品质，将其归类。你描述的维度越多，你越会找到比较正确的自我。

有些学生特别偏重别人对自己的负面评价，而忽略了对自己的正面评价，这是自卑的人。有些人听不进别人的批评意见，那么他就很难进步成长，完善自己。

2. 经验法

我们不妨自己认真仔细地想一想，用尽量多的形容词描述自己，要忠实于自己的内心，并通过自己参加各种活动时的动机、态度、表现以及取得的效果和成果来分析认识自己。活动成果的价值有时能直接标志着自身的价值，社会衡量一个人的价值主要是通过活动成果认定的。一次的成功会增加自己的信心，但是一次的失败也可能让自己怀疑自己的能力。那么，怎么看待失败或挫折呢？最简单的一句话：“失败是成功之母。”大学生具有各种潜在的天赋和能力，积极参加多方面的实践活动和社会交往，才有机会发现和发展自己的天赋和才能。

3. 内省法

曾子说的“吾日三省吾身”，就是一种自我监督活动，没有自我反省，就无从实现自我完善。通过反省、分析自己成功或失败的原因，对自己作一分为二的分析，严于剖析自我，敢于批评自己，以调整自我评价。在此基础上正确进行自我定位，提高自我认识，作为自我调控的出发点。

个人自己的观察和思考是自我认识的一个重要方面。他人对自我的评价不等于自己对自身的评价。内省是指通过反省自己、分析自己来进行自我认识。这里要注意的是，反省并不仅指觉察自己做得不好的地方，重点是对自己的言行思想保持觉知。鼓励自己做得好的方面，对于做得不够的地方，争取下次做得更好，努力完善自己。自己观察和分析自己，看似容易，其实是很困难的，我们难免会因为自己的情绪和愿望等而影响到对自己全面客观的评价。

4. 比较法

自我认识可以通过与他人的比较而实现。他人是反映自己的一面镜子，在比较中可以认清自己的优势和不足，扬长避短，同时，我们要注意比较的艺术。与谁比较、比较什么、怎么比较是有很大影响的。我们选择与自己条件相似的人进行比较，学习他人的优点和长处，这样会有激励作用。选择与我们相差太多的人比较，会让我们或者沾沾自喜或者灰心丧气，对自我的改善没有太大的帮助。我们比较的是学习能力、工作能力、意志行为等，这些通过自身努力是可以不断提高和完善的，而家庭背景、生活条件等在很大程度上并不取决于大学生自身，在短期内也难以有很大改变，我们不必过分在意。与人比较还要从相对标准而不是绝对标准的角度看问题，有些学生来自农村，条件不如别人，很多方面可能没有学习和实践的机会，而如果给予其学习的机会，则很可能赶上别人。

在进行自我认识和自我评价的时候，要从多多条途径收集信息，要讲究评价的艺术。评价应就事论事，在就事论人时，不以偏概全，不以一时一事下结论，要有发展的眼光，不把与别人相比较或者别人的态度作为唯一的衡量标准，不把成就和成绩作为衡量自己价值的的唯一尺度。另外，在通过比较而评价自我时，要注意区分纵向比较和横向比较。我们通常的比较是指与他人进行比较，我们更要注重的是自己与自己的比较。自己的今天与昨天的比较，即纵向比较。如果我们看到自己一天天地进步和成长，会让自己对未来充满信心。

（二）积极的悦纳自我

悦纳自我就是喜欢自己，接受自己。要喜欢自己，对自己有价值感、愉快感和满足感；无条件地接受自己的一切，欣赏自己的优点，接纳自己的缺点和不足，平静而有理智地看待自己的长处和短处，冷静地对待自己的得与失；不以虚幻的自我来补偿内心的空虚，不以消极回避漠视自己的现实，不以怨恨，自责或厌恶来否定自己。

悦纳自我尤其要注意的是不能只看到短处而否定自己。短处有两种：一种是能够改进的，如不良习惯，坏脾气等；一种是无法改变的，如自己的先天身材与容貌等，对于可改进的，努力完善；对于不可更改的，承认它、接受它，不以此为羞。

在现实生活中，我们会发现有些大学生可以喜欢朋友、喜欢知识、喜欢自然，却不愿意喜欢自己，不能真正地尊重自己，爱惜自己。下面有一些简单的策略可以帮助大家做到自我悦纳。

1. 检查自我期望

我们都会不断勾勒自我的理想形象。对自己有很多的期望。自我期望促使我们努力让自己变得更好。自我期望的合理性如何会对自我发展和自我实现产生影响。如果期望与现实自我反差太大，期望是为了追求完美，追求虚荣，追求时尚，期望来自同伴的压力，那么这样的期望会成为自我发展的负担和阻力。比如，一个内向不善交往的人期望自己成为社交能手，这样的期望可能不太恰当，他可能会为自己达不到目标而受挫，甚至放弃努力。恰当的自我期望，经过一定的努力，能够实现，会增进你的自信心，是自我激励的动力。

图片案例 8-2

自我调节

2. 不过度自我批评

自我批评是必要的。通过批评和自我批评可以改善自我，但是过度的自我批评就是对自己的苛求，可能养成自我否定的习惯。我们要学习适当的自我表扬。在自己有所进步、表现不错的时候，及时地表扬自己，是对自我的鼓励。以前我们更多地依赖他人的鼓励和表扬来肯定自我的价值，现在随着自我的逐渐独立，我们需要自我鼓励来肯定自我。欣赏自己，看到自己身上的闪光点，挖掘自己潜藏的巨大的能量。天生我材必有用，因而不必苛求自己做个十全十美的人。

3. 寻求有效的补偿

每个人都不是完美的，但我们并不需要彻底地“改造”自己。我们性格上的优点与缺点是矛盾统一的，好像一个硬币的两面。比如，你也许比较粗心，这样可能就不那么敏感，在交往中既可能没有留意到别人的需求，也可能对他人的不恰当的反应不那么斤斤计较。我们只要注意制约自己，尽力让自己性格上的弱点对自己和他人产生较少的不良影响就可以了。对于自己的短处和弱点，我们可以做的是在认真分析自我的基础上做有效的补偿，扬长避短，努力发挥自己的长处来增强我们的自信心和自我价值感，并从环境中寻找对自己成长有利的条件，让自己有效地利用资源发掘自己的潜能。

视频案例8-4

艾米·珀迪演讲——超越极限的生活

（三）有效的控制自我

有效地控制自我是健全自我意识完善的根本途径，大学生要有效控制自我，可以从以下三方面来尝试进行自我控制。

1. 建立合乎自身实际情况的抱负水平，确立适宜的理想自我

大学生对自我抱有很高的期望，希望实现自己的理想。怎样的理想是恰当的呢？我们要面对现实，确定自己具体的奋斗目标，由近及远，由低到高，循序渐进，逐步加以实现。关键是每个目标都应是适当合理的，是经过努力可以达到的，以免失去信心。

2. 培养顽强的意志力

很多大学生为自己树立了远大的目标和理想，在努力的过程中，没有足够的自制能力和意志，经受不住挫折和打击，无法实现自我理想，大学生经常说："我想早起，可就是没有恒心。""我想学习，可就是学不进去。"所以，大学生需要培养顽强的意志，发展坚持性和自制力，增强挫折耐受力，使自己能自觉主动地认清目标，为实现目标而努力排除干扰、克服困难。

3. 从乐观积极的角度看问题

在生活中，我们难免会遇到各种困难和挫折，以什么样的态度去面对，结果会有很大的不同。以积极乐观的角度去看问题，我们会继续努力解决问题，因为我们相信好的结果可能出现，即使无法改变，我们也能从挫折中学习到对我们有用的东西。这样，我们对自己的生活更有控制感。反之，从消极悲观的角度看问题，我们可能很快就放弃了希望和努力，也放弃了成功的可能性。如果我们在思想上认为一件事是不能的，那么我们就会为不可能找到许多理由，例如，"我的智商没有别人高""我天生记忆力差"等，从而使这个不可能显得理所当然，我们当然也就不会采取积极有效的行动，最终的结果肯定是这件事真的成了不可能。培养积极乐观的态度需要长期不懈地学习。

（四）努力成为自己

成为自己是我们的追求，即按照社会的需要和个人的特点来发展自我、实现自我。成为自己就是做一个"自如的你，独特的你，最好的你"。"自如的你"指不给自己提出脱离实际的过高要求，使自己总是陷入自责、自怨、自恨的境地，从而坦然面对自己的客观存在，给自己设计只要付出相当的努力就能达到的目标，愉快自在地生活。"独特的你"指不一味地追求时尚，在刻意模仿中失去自我，而是接受自身，追求自己的特性，积极地生活。"最好的你"指立足于现实而又不甘落后，充分利用自身的禀赋，积极发挥自己的特长，根据自己的条件规划自己的生活，选择适合自己的人生道路，充分实现自我，不断超越自我。

心理测试

(一)自我评价问卷

指导语:下列8个问题是一些反映自我情感、态度或行为的陈述,请仔细阅读每一个条目,考虑一下它与你近一段时间以来的实际情况是相同还是相反。尽量真实准确地回答,但没有必要每一条都刻意花很多时间。

1代表非常符合;2代表基本符合;3代表基本不符合;4代表很不符合。

①我内心的愿望从不敢说出来。( )

②我总是因害怕做不好而不敢做事。( )

③做任何事情只有得到别人的肯定我才放心。( )

④我总是担心会受到别人的批评或指责。( )

⑤做任何事情之前我总是预想到自己会失败。( )

⑥我认为别人都不喜欢我。( )

⑦我总担心自己会惹别人不高兴。( )

⑧我总是担心别人会看不起我。( )

心理测试解析(一)

(二)自我悦纳

指导语:对下列题目作出“是”或“否”的选择。

①在朋友和家人眼里,你是否显得过于敏感? ( )

②你是否喜欢与别人争论不休? ( )

③你是否总是持批评态度? ( )

④你是否容忍他人有不同观点? ( )

⑤你是否过于易动肝火? ( )

⑥你是否容易原谅人? ( )

⑦你是否过于爱忌妒? ( )

⑧你是否认真听别人讲话? ( )

⑨你是否感到很难接受恭维? ( )

心理测试解析(二)

拓展实训

实训:练习20个我是谁

【操作】

①请用10分钟写出20句“我是……的人”,要求尽量选择一些能反映个人风格的语句,避免出现类似“我是一个男生”这样的句子:

我是一个________的人。

我是一个________的人。

②评估你对自己的陈述是积极的还是消极的。

请你在列出的每句话的后面加上正号(+)或负号(-)。正号表示这句话表达了你对自己持肯定满意的态度,负号表示这句话表达了你对自己持不满意、否定的态度,看看你的正号与负号的数量各是多少。

如果你正号的数量大于负号数量,说明你的自我接纳状况良好。相反,你的负号数量将近一半甚至超过一半,则显示你不能很好地接纳自己,你的自尊程度较低,这时你需要内省一番,寻找问题的根源,比如是否过低地评价了自己?是什么原因使你成为这样?有没有改善的可能?

③将陈述的20项内容作下列归类:

A. 身体状况(你的体貌特征,如年龄、身高、体形、是否健康等)。

B. 情绪状况(你常持有的情绪情感,如乐观开朗、振奋人心、烦恼沮丧等)。

C. 才智状况(你的智力、能力、个性情况;聪明、灵活、迟钝、能干等性格;气质、兴趣、信念、世界观等个性特征)。

D. 社会关系状况(与他人的关系、如何与他人交往和互动,与人交往时的态度与原则,热情、乐于助人、坦诚、敏感、多疑等)。

然后看看哪一类内容比较多,说明这是你更关注自我的内容。请思考下,你对特别关注的自我内容的接纳程度如何?为什么如此关注自我的这部分内容,这和你的成长经历有关系吗?

体验感悟

让我们充满自信的五个动作

(1)避免手插口袋。当我们感觉不舒服或不自信的时候,我们就会本能地藏起双手。而将双手置于口袋之外则是自信的表现,传递的是君子坦荡荡的信息。

(2)挺胸站直身体,如果你在平时生活中始终低头垂肩没精打采,那么挺胸站直肯定具有挑战性。试试在镜子前保持挺胸站直动作,你会惊讶地发现,这个动作的确会让你自信倍增。

(3)保持微笑。不妨做这样一个试验:当你走在街上或者走进办公室的时候,对与你擦肩而过的人微笑,再看看对方有何反应。结果是,十有八九,对方也会对你微笑。微笑可以增添自信,可以拉近人际距离。

(4)社交时不要交叉双臂。双臂交叉合抱于胸前这种防御性动作传递的信息包括封闭内心、心情不好,不想与人交流。社交中应适当放松,不要交叉双臂。

(5)身体接触表达欣赏。身体接触动作可表达善意和亲密。轻拍后背这一动作就可表达欣赏和支持。

推荐阅读——《遇见未知的自己》《超越自卑》

1.《遇见未知的自己》,作者:张德芬

作者简介:

张德芬,女,华语世界深具影响力个人成长作家、张德芬空间创始人。作为心灵领域书籍的拓荒者和奠基者,张德芬女士在2007年推出的首部作品《遇见未知的自己》已成为目前国内心灵成长领域的必读经典,影响深远。张德芬毕业于台湾大学企管系,曾担任台湾电视公司新闻记者和新闻主播多年,在美国加州大学洛杉矶分校取得了企管硕士(MBA)的学位。2002年开始,她受到启发与指引,辞去高薪的工作,专心研修瑜伽以及各类心灵成长课程,被各大媒体、社会机构评为“2009年度影响中国女性生活精英人物”“2014年十大品牌女性”等。

内容简介:

张德芬的《遇见未知的自己》是一本以小说为体裁,以心灵修行为主题的书籍。它被称为华语世界第一本心灵小说,上市后受到极为广泛的关注。很多人因为这本书改变了对生活的看法,这本书的上市,掀起了一股心灵探索方面的阅读热潮。

《遇见未知的自己》主要讲述一位都市白领阶层的女性通过同老人以及其他配角(老人的学生)间的对话,经由每天都可能遭遇到的种种事件,逐渐把眼光从外在的世界转向内在世界,进而发现大多数人不是自己生命的主人,甚至是自己思想和情绪的奴隶,从而解脱思想、情绪和身体的桎梏。

2.《超越自卑》,作者:阿德勒

作者简介:

阿尔弗雷德·阿德勒,奥地利精神病学家,人本主义心理学先驱,个体心理学的创始

人。他曾追随弗洛伊德探讨神经症问题，但也是精神分析学派内部第一个反对弗洛伊德的心理学体系的心理学家。他著有《超越自卑》《人性的研究》《个体心理学的理论与实践》《自卑与生活》等书。他在进一步接受了叔本华的生活意志论和尼采的权力意志论之后，对弗洛伊德学说进行了改造，将精神分析由生物学定向的本我转向社会文化定向的自我心理学，对后来西方心理学的发展具有重要意义。

内容简介：

《超越自卑》是个体心理学先驱阿德勒博士的代表之作，是阿德勒从个体心理学观点出发，阐明人生道路和人生意义的通俗性读物，但通俗中包含着极深的哲理和巨大的学术价值。在本书中，作者提出：每个人都有不同程度的自卑感，因为没有一个人对其现时的地位感到满意；对优越感的追求是所有人的通性。然而，并不是人人都能超越自卑，那些自幼就有器官缺陷或被娇纵、被忽视的儿童，以后在生活中容易走上错误的道路。家长和教师应培养他们对别人、对社会的兴趣，使他们真正认识“奉献乃是生活的真正意义”。这样，他们就能够从自卑走向超越。本书大大修正了弗洛伊德泛性论的精神分析观，开辟了精神分析的新阶段。

《超越自卑》语言平易近人，结构严谨，是心理分析的重要参考读物。同时，对于家长和教师而言，也是一本非常优秀的教育指导书籍。

因此，凡是想克服自卑感，在生活和事业上获取成就的人，《超越自卑》无疑是一本不可不读的好书。

第九章

“理想我”与“现实我”的融合
——大学生的人格完善

学习地图

你会怎样描述你的好朋友呢？他(她)是一个男生(女生)，圆圆的脸，身材中等，体型微胖，戴着眼镜……除了这些外貌特征以外，你还会提到他(她)的人格特征例如坚强、有毅力、有责任心、热情、开朗等吗？看看周围的同学，有的人喜欢社交、热情活跃、乐于助人，有的人则喜欢独处、安静内敛；有的人心直口快、冲动草率、粗心懒散，有的人则谨言慎行、深谋远虑、高效整洁，有的人说到做到，有的人口是心非。是不是觉得人们性格迥异？这就是人格特征，行为各异的人们构成了多彩的世界。那么，你可曾想过，为什么这件事情他会这样想？这样做？我是什么样的人？她又是什么样的人？有命运吗？命运到底是掌握在自己手里还是被别人影响控制着？那些生肖、星座、算命的话可信吗？如果不可信，为什么我有时有被“说中”的感觉？在本章中，我们就从心理学的角度来和大家一起看看别人，看看自己，看看抽象而又具体的人是否有规律可循？我们从人格的内涵、形成、发展角度，和大家一起来理解心理特征是否决定着人的发展，客观认识自己的气质、性格等人格特征，在学习、工作和人际交往中发挥自己的人格优势。

学习目标

※ **知识目标**

1. 了解什么是人格、人格的特点以及人格的构成。
2. 熟悉几种代表性的人格发展理论。
3. 了解影响人格发展和形成的因素。

※ **能力目标**

掌握人格完善的方法和策略。

※ 自我认知目标

能够客观认识到自己的气质、性格等人格类型，扬长避短，充分发挥自己的人格优势。

学习导图

- "理想我"与"现实我"的融合——大学生的人格完善
  - 了解人格
    - 人格的含义与特征
    - 人格的重要构成
    - 影响人格发展和形成的因素
  - 人格发展理论与大学生人格发展偏差
    - 人格发展理论
    - 大学生常见的人格障碍
  - 塑造大学生健康人格
    - 进行客观的自我认知，优化人格
    - 进行有效学习，提升成就感
    - 合理规划时间，养成良好的行为习惯
    - 建立良好的人际关系，融入社会环境
    - 坚持体育锻炼，培养健康的体质
    - 学会自控，防止过犹不及

【校园故事回放】

佳佳前不久参加了小学同学聚会，最近和闺蜜聊的都是聚会的事情。无话不谈的两人发现了很多趣事：时间变迁，很多人都认不出来了，声音也变了，尤其是男同学，没有了以前的幼稚冲动和萌萌的孩子气，而变得成熟稳重多了，但是一见面还是能认出对方。比如李明过去是个受男生欺负的老好人，现在已经是一名211高校的学生会干部了，但是这次聚会时话还是不多，憨憨地在一旁微笑，哪个同学的水杯空了，总是他第一个起来给满上。还有当时班上的女班长，现在还是女汉子一个，这次见面明显成熟多了，表现出大女孩的温柔，但是眼见有同学被灌酒，她还是忍不住出手相救，颇有当年女中豪杰的影子。

闺蜜也和佳佳分析着班里同学的趣事，有的活泼开朗，有的成熟稳重独立，各不相同。闺蜜特别提到了一个叫小芳的室友，让人摸不着头脑，她集温柔与暴躁、善良与凶恶、成熟与幼稚于一身。比如有一次，她与室友们参加一个聚会，在路上看见了一个五六岁迷路的小女孩。她在小女孩和同学之间徘徊许久，最后还是选择了送小女孩回家。当她赶回聚会的餐馆时，室友们都等得很不耐烦了，一见她来，就十分不满："你看你，送了那个小女孩回家又怎么样啊？"她听了，脸色大变，也顾不上淑女形象了，破口大骂，骂完后她就独自消失在黄昏里了。瞧见了吧！她既善良又凶恶，既温柔又暴躁，变脸比翻书还快。

和闺蜜分享完的佳佳，也开始思考：“我到底是怎样的性格，会改变吗?”仔细思考发现好像有点不好说，有的时候非常有冒险精神，好像天不怕地不怕；有的时候又非常胆小，就想窝在家里不见人。

【心理专家分析】

从上面的校园故事中，相信你也有这样的好奇：什么是人格？人格会改变吗？我们可以看到：每个人都有自己的个性特点，且相对具有稳定性，“江山易改、本性难移”；人与人之间是有差别的，“人心不同，各如其面”；每个人都有很多面，不论一个人看似多么复杂和矛盾，只要这个人的心理是正常的，其实这个人就是完整的一个整体，这个整体是独一无二的。我们无法将一个人的人格碎片化，除非这个人的心理是异常的，例如边缘性人格障碍等人格障碍患者。

第一节 了解人格

一、人格的含义与特征

（一）人格的含义

人格也称作个性(Personality)，词源来自拉丁文 persona——面具。

人格是一个人的整个精神面貌，即具有一定倾向性的心理特征的总和。人格结构是多层次、多侧面的由复杂的心理特征经独特结合构成的整体。人格(个性)包括个性倾向性和个性心理特征。

个性倾向性是人格结构中最活跃的因素，它是一个人进行活动的基本动力，决定着人对现实的态度，决定着人对认识对象的趋向和选择，包括需要、动机、兴趣、信念、理想、世界观等。

个性心理特征是一个人经常表现出来的稳定的心理特点，集中反映了人的心理面貌的独特性。每个人的心理特点不同，因此个性表现也是千差万别。

人格由气质、性格等诸多因素构成，诸因素的相互作用构成了一个人的人格。人格是人的心理行为的基础，它在很大程度上决定了人如何对外界的刺激作出反应以及反应的方向、速度、程度、效果，进一步说，人格会影响人的身心健康、活动效率、潜能开发以及社会适应状况。因此，重视人格的整合与塑造，既是身心健康的需要，又是自我发展、自我实现的需要。

（二）人格的基本特征

人格是复杂的，由多种特质组成。多年来，对人格的研究仁者见仁，智者见智。要理解现代人的思想和行为，分析人格特征实属必要。

1. 整体性

人格的整体性是指构成人格的各种心理成分不是相互独立的，而是相互联系，构成一个完整的功能系统。人格的整体性首先表现在各种心理成分的一致性。一个正常的人总是能及时调整人格中的各种矛盾，使人的心理和行为保持一致。如果没有这种一致性，人们就会长期处于对立的动机、价值观、信念的斗争中，人的心理活动就会出现无序的状态，这就是人格分裂。人格的整体性还表现在构成个体人格的各种成分中，有的是主要的，起主导作用；有的是次要的，起辅助作用。起主导作用的成分决定个体人格的基本特征。

2. 稳定性与可变性

人格的稳定性是指个体人格特征在一定程度上保持不变的特性。例如，今天活泼开朗的人，明天也可能是活泼开朗的；一个内向的人，在不同场合都会表现出不爱讲话、不爱交际的行为倾向。人格的稳定性是相对的，人格的特征也是可以变化的。具有决定意义的环境因素和机体因素会使个体的人格特征发生变化。例如，一个平时很乐观的人，可能因一次重大的打击而变得郁郁寡欢。

3. 独特性与共同性

人格的独特性是指每个人都有与他人不同的人格特征，这充分表现为人们在需要、动机、兴趣、爱好、价值观、信念、能力、气质、性格等方面的差异。人格还具有共同性。由于共同的社会文化影响，同一民族、同一地区、同一阶层、同一群体的个体之间具有很多相似的人格特征。因此，人格是独特性和共同性的整体。

4. 生物性与社会性

人格的生物性是指人格是在人的自然生物特性基础上发展起来的，人的生物特性影响着人格发展的道路和方式，也决定人格特点形成的难易。例如，一个神经活动类型属于强而不平衡的人，就比较容易形成勇敢、刚毅的人格特征，而要形成细致、体贴的人格特征就比较困难。不过，人的生物特性并不能决定人格的发展方向，对人格发展起到决定作用的是个体的社会历史文化背景，这就是人格的社会性。例如，在一定的社会中，同一民族、同一阶级的人们在某些共同的生活条件下生活，就会形成某些共同的人格特点。

二、人格的重要构成

人格是由不同成分构成的，不同成分从不同侧面反映个体的差异。人格包括认知、动机、气质、性格、自我调控系统等成分，其中气质和性格是人格的重要方面。

（一）气质

1. 气质的定义

气质是人格的先天基础。

在日常生活中，人们一提到气质，就和风度、气度联系起来。在评价某人的言谈举止时，都会自然地用到“气质”。其实，这里所评价的气质，准确地说，应该是气度。从心理学上谈气质，更多的是指人的脾气、秉性，所谓“江山易改，本性难移”。

气质是人生来就具有的心理活动的动力特征，它主要表现在心理过程的强度、速度、稳定性、灵活性与指向性上。气质的生理基础是人的高级神经活动类型。气质在人的人格结构中居于基础地位，它能使人的各种心理活动和行为表现都具有独特的个人色彩。气质是构成人格的重要部分，人的气质类型不同，其行为表现的特点就会有差异，甚至是明显的差异。

2. 类型

关于气质类型的学说，最有影响力的是“体液说”。古希腊医生希波克拉底认为，人体有四种体液：血液、黏液、黄胆汁、黑胆汁，分别产生于心脏、脑、肝和胃，以每个人所占优势的体液为主导，构成的四种气质类型即为多血质、黏液质、胆汁质、抑郁质。每种气质类型都有各自不同的特征。

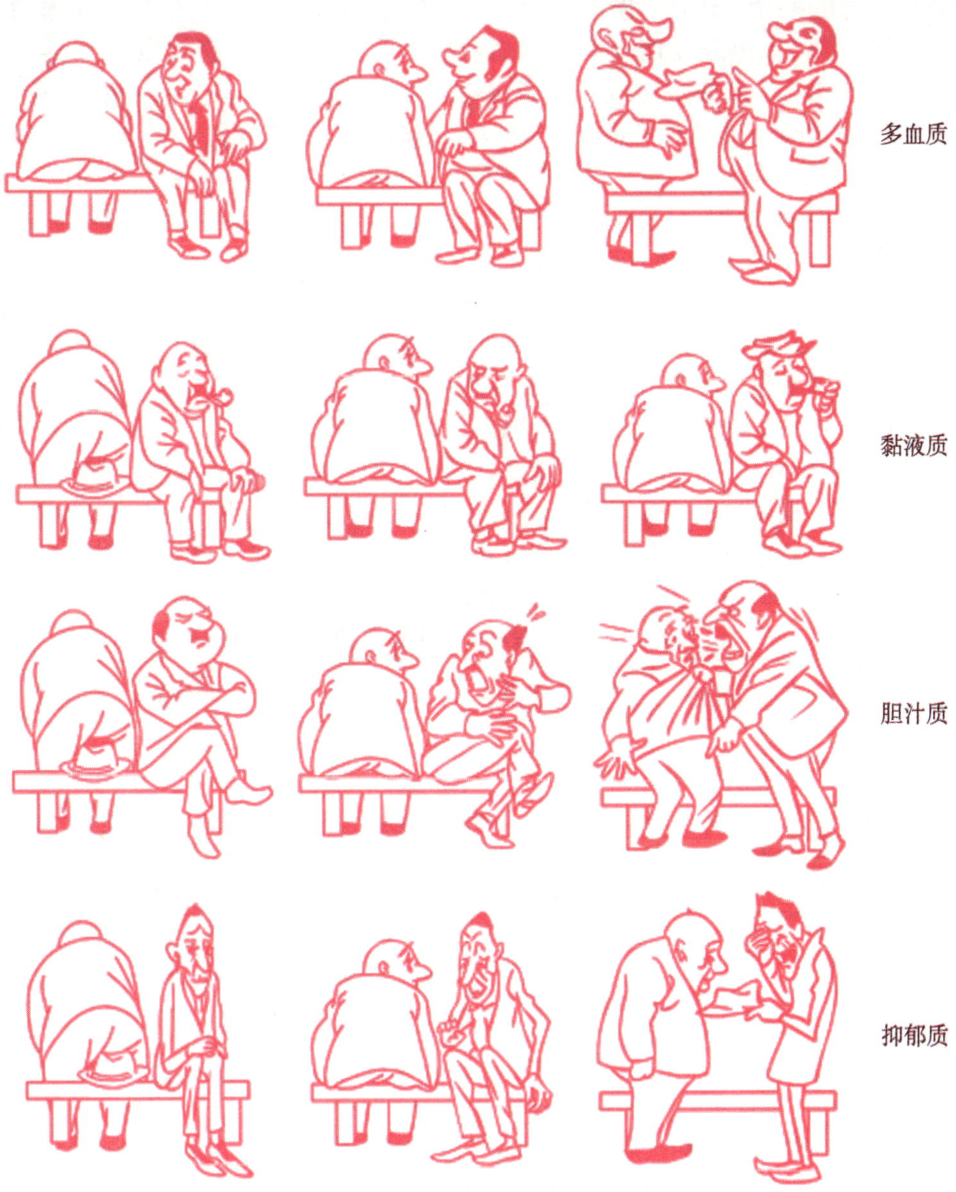

图 9－1 四种气质类型的人

多血质：内心的体验一般会在面部表情和眼神中明显地表现出来；积极参加学校一切活动，但表现散漫，有始无终；学习疲倦时，只要稍休息一下，就会立刻焕发精神，重新投入学习；理解问题总比别人快，但学习常会见异思迁，注意力不容易集中；希望做难度大、内容复杂的作业，但不耐心细致，总希望尽快完成作业；容易激动，但情绪表现不强烈；容易产生骄傲情绪，觉得自己比别人要机智和灵敏；变化迅速，遇到稍不如意的事就情绪低落，稍得安慰或又遇到使他高兴的事，马上就会兴高采烈；善于交际，待人亲切，容易交上朋友，但友谊常不牢靠，缺少知心好友。

黏液质：不易活动，安静沉稳，很少发脾气，情感很少外露，面部表情单一；课堂上守纪律，静坐听讲，不打扰别人，生活有规律，很少违反作息制度；理解问题比较慢，希望老师能多重复几遍；学习认真严谨，始终如一，有条不紊地做不太难的作业；喜欢复习过去学过的知识；对新知识接受能力差，但弄懂之后就很难忘记；沉默寡言，较少主动搭话；交际适度，通常有几个要好朋友；善于自制，善于忍耐；兴趣爱好稳定专一、有毅力。

胆汁质：日常活动带有强烈的情绪色彩，情绪高时，学习、工作热情高涨，肯出大力，反之，就对什么事都不感兴趣。积极参加各项课外活动，喜欢每一项新的活动，甚至喜欢倡导一些别出心裁的事，尤其喜欢运动量大和场面热烈的活动；完成作业匆匆忙忙，比谁都快，考试交卷争第一；活动效率高，想干的事未完成，饭可不吃，觉可不睡；对学习的理解能力和接受能力很快，但不求甚解；说话喜欢与同学争辩，总想抢先发表自己的意见，喜欢在公开场合表现自己，坚信自己的见解；姿态举动强而有力，眼光锐利而富有生气，表情丰富；喜欢看情节起伏、激动人心的小说和电影，不爱看表现日常生活题材的作品。

抑郁质：喜欢安静独处，性情孤僻，但是在友爱的集体中，又可能是一个很容易相处的人；办事犹豫不决，优柔寡断，做事情总比别人花费时间多；细心谨慎，稳妥可靠；不爱表现自己，尽量摆脱抛头露面的工作；在陌生人面前害羞，当众讲话常表现出惊慌失措；感情比较脆弱，一点小事就会引起情绪波动，容易神经过敏，患得患失；当学习或工作失利时，会感到很大的痛苦；爱看感情细腻、富有描写心理活动的小说和电影。

表 9-1 高级神经活动类型与气质的对应关系

气质类型	神经类型	强度	均衡性	灵活性	行为特点
多血质	活泼型	强	均衡	灵活	活泼好动、反应迅速、好交际、情感丰富、兴趣易变、具有外向性
黏液质	稳重、安静型	强	均衡	不灵活	安静、坚定、反应迟缓、节制内敛、情绪不外露、不好交际、具有内向性
胆汁质	兴奋型	强	不均衡	灵活	急躁、直率、热情、情绪体验强烈、容易冲动、平息快速、不易约束、攻击性强、具有外向性
抑郁质	抑制型	弱	不均衡	不灵活	行动迟缓、孤僻、情绪体验深刻、感受细腻持久、善于观察细节、具有内向性

在现实生活中，典型的气质类型极少，多为中间型或混合型。

3. 正确认识气质

气质类型没有好坏之分。任何一种气质类型都有积极的一面，也都有消极的一面，它们虽然参与各项活动，但是一般不决定智商高低、成就大小。多血质的人待人热情，但不够专一，热情容易转移；黏液质的人稳重、踏实、冷静、自制，但死板、冷淡、固执、缺乏生气；胆汁质的人精力旺盛、行动敏捷，但任性、暴躁、易感情用事；抑郁质的人敏锐、细致、稳重、情感体验深刻，但缺乏热情，容易多愁善感。气质特征会对学习活动产生影响，了解自己的气质，可以有的放矢地调整学习策略，使学习更上一层楼，但气质不能决定人的成就和智力水平。

有人曾做过研究，俄国四位著名文学家就分别属于四种不同的气质类型：普希金为胆汁质，赫尔岑为多血质，克雷洛夫为黏液质，果戈理为抑郁质。

气质对职业也会产生影响，某些气质特征往往能为一个人从事某种职业活动提供有利条件。适宜多血质者的工作有外交工作、管理工作、公关人员、驾驶员、医生、律师、运动员、新闻记者、演员、军人、警察等，但他们不适宜做过细的工作，单调机械的工作也难以胜任。外科医生、法官、管理人员、会计、保育员、话务员、播音员等是黏液质者比较能适应的工作，灵活变化的工作使他们感到压力。胆汁质者可以成为出色的导游、推销员、节目主持人、演讲者、外事接待人员、演员、监督员等，他们适应喧闹、嘈杂的工作环境，对于需要长期安坐、细心检查的工作则难以胜任。对抑郁质者来说，胆汁质者无法胜任的工作对他们倒恰到好处，如校对、打字、检查员、化验员、保管员、机要秘书、艺术工作等都是他们理想的工作。

视频案例9-1

气质类型与养育

了解自己和他人的气质在人际交往中也有重要意义。如向黏液质者提出要求，应让他有时间考虑，对抑郁质者应多给予关心和鼓励，与胆汁质者打交道应避免发生冲突等。当然，这都是从一般意义上来说的，不可有先入之见。

气质具有很强的稳定性，但并非一成不变。人的气质的主要特征来自先天，但先天的特征可以被后天的因素加强或减弱，发展或抑制，甚至还可能被人的性格等特征所掩盖。

（二）性格

1. 性格的概述

“性格”一词来源于希腊文，原为雕刻的意思，后来意义演变为标记、特性。性格在广义上是指人或事物互相区别的特性。我国心理学界把性格定义为一个人在现实中稳定的态度和习惯化的行为方式所表现出来的心理特征。性格表现了人们对现实及周围世界的态度，对自己、对别人、对事物的态度，如诚实与虚伪、勇敢与怯懦、谦虚与骄傲、勤劳与懒惰等，都是人的性格特征。

2. 性格的特征

性格是一个十分复杂的构成物，它包含各个侧面，具有各种不同的特征。性格的特征就是指性格各个不同方面的特征，一般按照下列四个组成部分进行分析。

（1）性格的态度特征

人对现实的态度的特点是性格特征的重要部分。现实事物是多种多样的，人对客观现实的态度也是多种多样的，这一性格特征主要包括三个方面：第一，对社会、集体和他人的态度，例如，公而忘私或假公济私，忠心耿耿或三心二意，善于交际或行为孤僻，热爱集体或自私自利，礼貌待人或粗暴，正直或虚伪，富有同情心或冷酷无情，等等；第二，对工作和学习的态度，例如，勤劳或懒惰，认真或马虎，细致或粗心，创新或墨守成规，节俭或浪费，等等；第三，对自己的态度，例如，自尊或自卑，谦虚或骄傲，严于律己或放任自我，等等。

视频案例9-2

他是谁？和他一起寻找性格的秘密

(2)性格的意志特征

一个人的行为方式往往反映性格的意志特征。性格的意志特征是指人在对自己行为的自觉调节方式和水平方面表现出来的性格特征。自觉性、坚定性、果断性、自制力等是主要的意志特征。自觉性是指在行动之前有明确的目的，事先确定了行动的步骤、方法，并且在行动的过程中能克服困难，始终如一地执行，与之相反的是盲从或独断专行。坚定性是指能采取一定的方法克服困难，以实现自己的目标，与坚定性相反的是执拗性和动摇性。前者不会采取有效的方法，一味我行我素，后者则是轻易改变或放弃自己的计划。果断性是指善于在复杂的情境中辨别是非，迅速做出正确的决定，与果断性相反的是优柔寡断或武断、冒失。自制力是指善于控制自己的行为和情绪，与自制力相反的是任性。

> 习惯形成性格，性格决定命运。
>
> ——约·凯恩斯

(3)性格的情绪特征

性格的情绪特征包括情绪活动的强度、稳定性、持久性和主导心境。情绪活动的强度特征表现为个人受情绪影响程度和情绪受意志控制的程度。例如，有人情绪体验比较微弱，容易用意志控制；有人情绪体验比较强烈，难以用意志控制。情绪活动的稳定性表现为情绪起伏和波动程度。例如，有人情绪比较平静，对情绪的控制也比较容易；有人情绪容易冲动，对情绪的控制也比较困难。情绪活动的持久性特征是指个性情绪保持时间的持久或短暂。例如，有人情绪活动持续的时间比较长，对工作和学习有深刻的影响；有人情绪活动持续的时间比较短，对工作和学习影响也小。主导心境特征指不同的主导心境在一个人身上表现的程度，主导心境表现的形式是多种多样的。例如，有人经常愉快，有人经常忧伤；有人受主导心境支配的时间长(主导心境的稳定性大)，有人受主导心境支配的时间短(主导心境的稳定性小)。

(4)性格的理智特征

性格的理智特征是指人在认知过程中的性格特点。人的认知水平的差异称为能力特征，人的认知活动特点与风格被称为性格的理智特征。

人在感知方面的个别差异可以区分为：主动观察型（不易受环境刺激干扰）和被动感知型（易受环境刺激干扰）、逻辑型（注意细节）和概括型（更注意事物的一般和轮廓）、记录型和解释型；快速型和精确型等。

人在记忆方面的性格差异可以区分为：主动记忆型和被动记忆型、直观形象记忆型和逻辑思维记忆型、在识记上有快慢之分、在保持上有长短之分等。

人在想象方面的性格差异可以区分为：主动想象型和被动想象型、幻想型和现实型、敢于想象型和想象受阻型等。研究表明，在想象过程中创造性和再造性成分的多少，常常是反映一个人性格的“独立性”或“依赖性”的特征。

人在思维方面的性格差异可以区分出：独立型和依赖型、分析型和综合型等。

上述性格的各个方面的特征并不是孤立的，而是相互联系的，在个体身上结合为独特的统一体，从而形成一个人不同于他人的性格。在以上四个方面的性格特征中，性格的态度特征和意志特征是最主要的两个方面。其中又以性格的态度特征更为重要，它直接体现了一个人对事物所特有的、稳定的倾向，也是一个人本质属性和世界观的反映。

性格与气质都是构成人格的重要因素，二者相互渗透、相互影响、彼此制约。二者所不同的是，性格与个体需要、动机、信念和世界观联系最为密切，人对现实的态度直接构成了个体的人生观体系，人的各种行为方式也是在这种态度体系的影响和指导下逐渐形成的。因此，人的性格更多受环境的影响，具有较大的可塑性，并且受社会行为准则和价值标准的评判，所以有好坏之分。而气质更多地受生理和心理特点的制约，虽然在后天的环境影响下也有所改变，但与性格相比，它更具有稳定性，变化比较缓慢。同时，性格和气质也有着密切的联系，性格影响着气质的表现。某一种气质的消极方面，也可以通过性格的优点加以改造或掩盖。

> 我们不必羡慕他人的才能，也不须悲叹自己的平庸；各人都有他的个性魅力。最重要的，就是认识自己的个性，而加以发展。
>
> ——松下幸之助

三、影响人格发展和形成的因素

影响人格形成的因素很多，总的说来包括两个大的方面，一是先天遗传因素，二是后天环境因素。

（一）先天遗传对人格发展和形成的影响

心理学家对于这样的问题往往采用同卵双生子的研究来探讨，结果发现，即使同卵双生子被分开抚养，他（她）们之间的人格相似性也大于异卵兄弟姐妹，这意味着遗传的作用显著。某些人格特质中，遗传的变异贡献量占20%～45%，这个比例是非常高的，智商的遗传影响也只是在50%左右。但是人格也是可以通过环境加以改变的，外向开朗的家长的孩子即使先天为黏液质或抑郁质气质，也普遍外向活泼。我们不是机器人，只能按照设计好的程序进行，我们一生的发展其实是我们每个人自己选择的结果，遗传并不能决定我们的命运。

视频案例9-3

了解孩子的人格类型

（二）后天环境对人格发展和形成的影响

1. 自然环境因素

生态环境、气候调节、空间拥挤程度等这些物理因素都会影响人格。例如，热天会让人烦躁不安，对他人采取负面的反应。世界上炎热的地方也是产生攻击行为较多的地方。人格特质和环境之间相互作用，外部环境和情境同样影响着人格特质的表现方式。

2. 家庭环境因素

家庭是制造“人类性格的工厂”。家庭是个体最早接受教化的场所，社会和时代的要求，往往是通过家庭对儿童产生影响的。很多心理学家认为，一个人从出生到五六岁，是人格形成的最主要阶段，父母的教养态度对于其人格的形成和今后的发展起着重要的作用。不同的依恋关系、父母对子女的态度、家庭氛围都对一个人的人格有着较强的影响，特别是童年经验的影响，更是受到精神分析人格学家的重视。“早期的亲子关系奠定出了行为模式，塑造出一切日后的行为”，这是麦肯侬有关早期童年经验对人格影响力的一个总结。早期儿童经验是否对人格造成永久性影响因人而异，对正常人来说，随着年龄的增长、心理的成熟，童年的影响会逐渐减弱，其效果不会永久不衰。

3. 学校环境因素

学校环境对人格发展有着深刻的影响。已有研究发现不同校风下的学生在时间管理倾向、自我价值感、应对方式以及心理健康水平等方面有着显著的差异。优良校风对自信心、时间管理倾向及创造性等人格特点的发展也有着显著的促进作用。此外，教师的言行对学生人格的形成也会产生潜移默化的影响。

4. 社会文化因素

社会文化具有塑造人格的功能，这反映在不同文化的民族有其固有的民族性格，不同的地域有着不同的文化传统，不同的文化发展时期有着不同的文化认同。例如，中国文化中“人性本善”一直占据上风，而西方文化中则一直是“人性本恶”占据上风。因此，如果西方人在言行中表露出“恶”的一面，由于人性本恶，他们的防御也会比较少；而如果中国人在言行中表现露出“恶”的一面，由于人性本善，他们必须说明自己的这个“恶”并非自己的本意，这样才能维持自尊和良好的社会适应，因此中国人对行为的防御会更强烈。与中国人自我表达和判断他人的“曲折化”相比，西方人则更直接、更坦率。

第二节 人格发展理论与大学生人格发展偏差

人格是个人在适应环境的过程中所表现出来的系统的独特的反应方式，它由个人在其遗传、环境、成熟、学习等因素交互作用下形成的，并具有很大的稳定性。心理学界的人格理论研究一直致力于用心理发展的规律来探讨人格。

一、人格发展理论

人格发展理论，主要有二种理论：弗洛伊德的人格发展阶段理论和艾里克森的人格发展八阶段理论。

（一）弗洛伊德的人格发展阶段理论

弗洛伊德的人格发展阶段理论是建立在他的性心理发展理论的基础之上的，因此也叫作心理性欲发展理论。弗洛伊德认为，儿童出生到成年要经历几个先后有序的发展阶段，每个阶段都有一个特殊的区域成为力比多兴奋和满足的中心，此区域被称为性感区。据此，弗洛伊德认为心理性欲发展分为口唇期、肛门期、性器期、潜伏期、生殖期五个阶段，并且他认为，儿童在这些阶段中获得的各种经验决定了他们成年后的人格特征。

1. 口唇期(0～1 岁)

婴儿的活动大部分以口唇为主，诸如吸吮、咬、吞咽等，口唇区域成为快感的中心，嘴巴几乎是他们的整个世界。婴儿的口唇活动如果没有受到限制，成年后性格倾向于乐观、慷慨、开放和活跃等；婴儿的口唇活动如果受到限制，成年后性格倾向于依赖、悲观、被动、猜疑和退缩等。

2. 肛门期(1～3 岁)

儿童因排泄解除压力而产生快感，肛门一带成为快感中心。在这一时期，儿童必须学会控制生理排泄过程，使它们的功能符合社会的要求。也就是说，儿童必须接受在厕所中进行大小便的训练。儿童的肛门排泄活动如果不加限制，成年后性格倾向于不讲卫生、浪费、凶暴和无秩序；儿童的肛门排泄活动如果受到严格限制，成年后性格倾向于爱清洁、忍耐、吝啬和强迫性。

3. 性器期(3～5 岁)

这一时期力比多集中在生殖器上，性器官成为儿童获得快感的中心。此时儿童以异性父母为“性恋”的对象。男孩要占有他父亲的位置，有与自己父亲争夺母亲的表现；女孩要占有她母亲的位置，有与自己母亲争夺父亲的表现。男孩爱母亲，妒忌父亲；女孩爱父亲，妒忌母亲。弗洛伊德认为，这是一种本能的异性爱的倾向，一般是由母亲偏爱儿子和父亲偏爱女儿所造成的。由于这种幼年的性欲受到压抑，男孩在心理上就有了恋母情结，女孩在心理上就有了恋父情结。如果这两种情结获得正当的解决，儿童认同父母的价值观念，致使超我的逐渐形成和发展，就会形成与年龄、性别相适应的许多人格特征。

以上三个心理性欲阶段可称为前生殖阶段，它们是人格发展的最重要阶段。弗洛伊德认为，一个人的人格实际上在人生的前五年就已形成。

4. 潜伏期(5～12 岁)

这一时期力比多处于沉寂也叫休眠状态，这个阶段儿童的性兴趣或者性冲动被其他兴趣、学习和同伴交往所取代。儿童将上一阶段以父亲或母亲为对象的性冲动转移到环境中的其他事物上去，如学习、体育、歌舞、艺术、游戏等。在这个阶段，儿童表现为对异性漠不关心，游戏时大多寻找同性伙伴。这种现象持续到青春期才有改变。

5. 生殖期(12～20 岁)

这是人格发展的最后阶段，也就是通常说的青春期。儿童在身体和性上趋于成熟，性的能量和成人一样涌现出来，异性恋的行为明显。这个时期最重要的任务是力图从父母那里摆脱出来，减少同父母、家庭的联系，逐渐发展出成人的异性恋，人格向着成熟的方向发展。

弗洛伊德提出，力比多是一种性本能和生本能，也是人的心理现象和行为发生的驱动力。他认为，在人格发展的各个阶段都有可能发生力比多的变异，这种变异主要有固着和倒退。在某个阶段，力比多过度满足或缺乏，都会使力比多停止在这个发展阶段上，此为固着；如果力比多在发展过程中遇到挫折，就会从后一个阶段返回到前一个阶段，此为倒退。固着和倒退都会对人格的发展产生不良影响，导致神经症和精神病。

(二) 艾里克森的人格发展八阶段理论

艾里克森提出，人格发展是一个逐渐形成的过程。从出生到死亡经历了八个发展阶段。每个发展阶段都会经历一个重要转折，艾里克森用危机表示每一发展阶段的特征。对于发展转折或是危机，有积极或消极的解决方式，积极解决有助于正常人格发展，加强自我。消极解决则削弱自我，影响人格正常发展。在发展过程中，社会文化和环境起着重要甚至是决定性的作用。

下面是 8 个发展阶段(心理社会发展阶段理论)：

阶段 1：年龄 0～1 岁，发展危机：基本信任对基本不信任；品质：希望。

阶段 2：年龄 2～3 岁，发展危机：自主对羞怯和疑虑；品质：意志力。

阶段 3：年龄 4～5 岁，发展危机：自主对内疚；品质：目的。

阶段 4：年龄 6～11 岁，发展危机：勤奋对自卑；品质：能力。

阶段 5：年龄 12～20 岁，发展危机：同一性对同一性混乱；品质：忠诚。

阶段 6：年龄 20～24 岁，发展危机：亲密对孤独；品质：爱。

阶段 7：年龄 25～65 岁，发展危机：繁殖对停滞；品质：关心。

阶段 8：年龄 65～死亡，发展危机：整合对失望；品质：智慧。

1. 基本的信任对基本不信任阶段

从出生到 1 岁左右，这一阶段孩子最孤弱，对人依赖性最大。如果父母在此阶段给予抚爱和照料，孩子就会产生信赖感和安全感；反之，则会对人和世界产生不信任和不安全感。如果对孩子的照料是有规律的，孩子便会懂得不必担心失去可以信赖和照顾他的人，但若对孩子的照料没有规律，态度反复无常，孩子便会产生不安全感和焦虑。父母的心情和态度同时影响了孩子，例如，若母亲焦虑不安，孩子也会感到焦虑，信任和不信任都会发生，但当孩子形成的信任感超过不信任感时，基本信赖对不信赖的危机便得以解决。随危机解决而产生的是某种人格特征，这一阶段危机解决导致人格中希望品质的形成，这样的孩子敢于冒险，能忍受挫折和失败，不会过多地为需要是否得到满足而忧虑。

2. 自主对羞怯和疑虑阶段

2～3 岁这一阶段儿童学会许多技能，他们学会走和交谈，取自己想要的东西，控制大小便等。他可以自己“决定”做什么或不做什么，这时便发生了与父母意愿的冲突。父母一方面要按照社会要求训练儿童、控制儿童行为，另一方面又要照顾儿童的自我发展和自我控制感，如果父母溺爱，则儿童容易发展成不良行为或自制力差。但若对儿童过分严厉、节制过多、批评和惩罚过多，则会使儿童产生羞耻和对自己的怀疑。因此，一方面应允许和鼓励儿童学习和做一些力所能及、有益的活动，另一方面也要对儿童的行为有一定的控制，而不是为所欲为，学会适应社会要求，但要避免过多的责备和惩罚。当儿童形成的自主性超过羞怯与怀疑，便形成意志的特征，儿童表现出自我抑制和进行自我选择、不屈不挠的决心。

3. 自主对内疚阶段

在 4～5 岁这个阶段，这一时期儿童的言语更精练、思维活跃、活动丰富。他们的求知欲更强并开始了创造性思维，富于想象与幻想，对周围人和事满怀好奇心，他们开始探究他们将成为什么样的人。在这个阶段，儿童会进行一些不同的尝试，对性有特别的兴趣。如果父母鼓励、理解和引导儿童的行为和想象力，儿童便会发展较多的创新和进取精神，形成追求有价值的目标即所谓“目的”的人格特点；若父母对儿童的行为和想象力不能很好地理解和引导，儿童被嘲笑、挖苦甚至被惩罚，则难以建立自信心，会产生内疚甚至罪恶感，表现出被动和倾向于循规蹈矩的生活。

4. 勤奋对自卑阶段

在 6～11 岁这个阶段，这一阶段的儿童大多数在学习。无论是在学校或是田野、工厂，儿童都会学习新的知识和技能以胜任工作。艾里克森认为这一阶段儿童所学的重要课程是“体验通过集中注意和勤奋努力，完成工作时的愉快”。在这一过程中，儿童会产生一种勤奋感，为他在社会中满怀信心地寻求工作做好准备。儿童勤奋感的形成与父母和老师的态度有极大关系，如果儿童的努力得到赞赏强化，勤奋感便得以发展；若儿童的努力得不到关心，并受到责骂、嘲笑和反对，则会使儿童产生自卑感和丧失信心。

勤奋感也有向极端发展的危险，即儿童过高估计工作的意义，过分重视他们在学习工作能力方面的地位，认为工作就是生活，无视人类生活中其他重要的方面，因而可能成为技术和工作的奴隶。所以，应该鼓励儿童学习掌握技能，但也不能忽视生活的其他内容。

5. 同一性与同一性混乱阶段

这一阶段为 12～20 岁，是儿童向成人转变的过渡阶段。在前面的阶段里，儿童知道他们是什么，他们可能做什么，了解适合于他们的不同角色；而在这个阶段，儿童必须思考有关自己和社会的各种信息，确定自己的生活策略、努力方向。如果儿童做到了这一点，就获得了自我同一性，发展为成人。

艾里克森指出：“成长中的青少年面对自己内部生理发育的飞速变化以及摆在他们前面成年人的任务，此时他们主要关心的是把他们在别人面前的形象与他们对自我的感受进行比较，以及如何将早年培养起来的技能和角色与眼前的职业联系起来。”他认为：“自我同一性是一种知道自己将会怎样生活的感觉”，“一种不断增强的自信心，一种在过去经历中形成的内在持续性和同一感”。

然而，青少年期是一个多事的时期，青少年的身体迅速发育，对性的觉醒，对自我产生新的认识，对自己在生活中的角色感到困惑、怀疑。由此可产生“同一性混乱”，表现为不能很好地选择适应环境，没有明确生活目标，不清楚自己将怎样生活或成为什么样的人，形成“消极同一性”，即特定社会文化环境不予认可的角色。

与自我同一性发展相对应的是忠诚的品质特点，忠实于自己的信念，忠实于别人，忠实于社会。与同一性混乱相应的品质则是不能承担正常的社会角色，对社会的敌意或是对帮会的忠诚。

艾里克森也指出影响自我同一性形成的另外一些因素。例如，经济、文化、科学技术和政治的迅速发展变化，使得青少年早年培养的技能和角色无从适应。还有不同时代人群之间的观念差异，有一些成年人自己也不清楚他们的角色，观念模糊，故不能对青少年进行恰当的指导。在考虑青少年人格发展的问题时，这些因素是值得注意的。

6. 亲密对孤独阶段

20～24 岁这个阶段，也称为成年早期。在这一阶段，发展了牢固的自我同一性的青年人会热烈寻求与他人的亲密关系，敢于与人相爱。发展出爱的品质，与人交流思想、分享感情；而没有形成有效工作与亲密能力的人则离群索居，回避与别人亲密的交往，因而形成孤独感。

7. 繁殖与停滞阶段

25～65 岁，即从成年到老年。这里繁殖不仅指生儿育女，更重要是指关心、培养下一代的成长，还有创造的含义，包括各种有利于别人和社会的物质及精神财富的创造。

在对下一代、对别人的关心过程中，个人形成关心的品质，他们能理解别人的问题和需要，给人关心帮助而不求报答；如果一个人不能关心下一代，进行有利于社会和他人的创造性活动，那他便是向“自我关注”方面发展，其特征是人际关系贫乏、自私。

8. 整合对失望阶段

从 65 岁持续到生命结束。一个充实的、有完成感的人会形成“智的品质，即以超脱的态度面对死亡”；而发展不顺利，有挫折、失败的人，回首往事常感到失望，感到生活中许多重要目标没有实现，不愿匆匆离开人世。

艾里克森人格发展理论强调人格特征的可变性，认为人格在人的一生中都在发展变化，每一发展阶段的结果不是一成不变的，在生命之初未获得信任感的人，可以在以后的发展中获得，每个发展阶段都有不同的危机或矛盾，危机的积极解决与否致使人不同品质的形成。

二、大学生常见的人格障碍

人格障碍也称病态人格，是指人格特征显著偏离正常人而形成了特有的行为模式，不能适应正常的社会生活，是不伴有精神症状的人格适应缺陷。有人格障碍的大学生一般能处理自己的日常生活和学习，智力是正常的，意识是清醒的，但由于缺乏对自身人格的自知，常与周围人发生冲突，且很难从错误中吸取应有的教训加以纠正。

人格障碍种类很多，笔者认为当代大学生中较为常见的主要有以下几种类型。

（一）分裂型人格障碍

这是一种以观念、外貌和行为奇特，人际关系有明显缺陷，情感冷淡为主要特点的人格障碍。表现为对人冷淡、疏远，缺乏起码的温和，表情淡漠，缺乏深刻或生动的体验，几乎没有什么朋友，没有社会往来，喜欢独来独往；为人孤独而隐退，好沉思幻想，常常耽于幻想之中，也可能沉溺于钻研某些纯理论性问题；行为古怪，言语怪异，有奇异的信念和与文化背景不相称的行为，不随和，也不能顺应世俗；对别人的意见漠不关心，不论是赞扬还是批评，均无动于衷，过着一种孤独寂寞的生活。其中有些人，可能有些业余爱好，但多是阅读、欣赏音乐、思考之类安静、被动的活动，部分人还可能一生沉醉于某种专业，作出较高的成就。但从总体来说，这类人生活平淡、思维呆板、缺乏创造性和独立性，在人少的环境中，尚可适应，但在人多的场合，在带有合作性质和需要交际的工作中，由于与他人不能相容，往往很难适应多变的现代社会生活。

文字案例 9-1

优秀的少年研究生，生命之花为何如此早谢？

（二）依赖型人格障碍

当代大学生大多都是独生子女，父母、爷爷奶奶、外公外婆都视之为心肝宝贝。亲人的溺爱，使他们逐渐产生对父母或权威的依赖心理，久而久之，就形成了依赖型人格障碍。依赖型人格障碍有以下几个特点。

1. 无助感

深感自己软弱无助，让别人为自己做大多数的重要决定，如在何处生活，该选择什么样的职业等。但要自己拿主意时，便感到一筹莫展，像一只迷失了方向的小船。

2. 无独立性

很难单独展开计划或做事，无意识地倾向用别人的看法来评价自己，理所当然地认为别人比自己优秀，比自己能干。依赖型人格对亲近与归属有过分的渴求，这种渴求与真实的感情无关，是强迫性、盲目性和非理性的。他们宁愿放弃自己的兴趣和人生观，委曲求全来得到别人对自己的认同和温情，这种处世方式使得他们越来越懒惰、脆弱，缺乏自主性和创造性，并产生越来越多的压抑感。

（三）情感型人格障碍

这类人格障碍在大学生中所占比例较高，包括三种形式：亚忧郁型人格、轻躁狂型人格及循环型人格。亚忧郁型人格多表现为忧郁过度、灵活性差、办事过分认真，但因精力有限，力不从心，常常发出“生活如此沉重”的感慨。亚忧郁型人格的人看任何事情都会从悲观的角度出发，遇到一件小事就会引来一阵长吁短叹，自信心不足，常常闷闷不乐，少言寡语，情绪低落。轻躁狂型人格则与此相反，多表现为过度乐观、情绪高涨、精力过盛，喜欢夸夸其谈，办事不牢靠，有很多设想，却有始无终，常常感情用事，招惹是非，易引起同学不满意、不信任。循环型人格介于两者之间，有周期性的起伏波动，时而情绪高涨，非常兴奋，对一切事情表现出极大兴趣；时而情绪低落，郁郁寡欢，干什么都没有兴趣。

（四）自恋型人格障碍

有很多贬义的形容词可以用来形容自恋型人格障碍的特征：自私、傲慢、自以为是、目中无人、自命不凡、自高自大、唯我自尊、以自我为中心等。这些特征都来自他们过高的自我评价和夸大的自尊。

具有自恋型人格障碍的人对人、对己的基本看法通常是："我是卓越的，才华出众的，别人比不上我，所以都嫉妒我。"他们希望受到别人特别的关注，并且认为别人对自己的赞美、关心、帮助都是理所当然的；对无限的成功、权力、荣誉有着非分的幻想，认为这些也理所应该是属于他们的。因此，他们会颐指气使地对待别人，要他人为自己服务，对批评的反应是愤怒和敌意，甚至会采取报复行动；他们缺乏同情心，对人冷漠，有时会利用或玩弄他人的感情；他们没有责任感，更没有愧疚感，做错事总会寻找借口和"替罪羊"。自恋型人格障碍者热衷与他人竞争和比较，他们希望能在竞争中打败他人，以证明自己的优秀。然而，当他们无法胜过他人时，就会充满嫉妒与敌意，对竞争对手进行恶意的攻击或陷害。

（五）反社会型人格障碍

反社会型人格也称精神病态或社会病态。这种人格引起的违法犯罪行为最多，罪行特别严重或情节恶劣的犯人中有1/3～2/3属于此类型。具有这种人格的大学生以行为不符合社会规范为主要特征，往往缺乏道德观念，对现实社会的主导价值和规范不仅没有吸收的欲望，而且总试图加以否定；行为自私，对他人冷酷、仇视、缺乏好感和同情心；危害别人时没有自罪感和内疚感，不能从挫折与惩罚中吸取教训，缺乏罪恶感；他们大多数以自我为中心，以个人满足为最高目标，没有恋爱能力，对人也不忠实；这类人的情绪极不稳定，常被一时的冲动性动机所支配而发生不负责任的行为，没有社会责任感和羞愧心。对社会的不满和无知使得他们的社会交往充满对立和怀疑，社会适应性困难，有时可能伴有畸形的侵犯动机，甚至走向犯罪的道路。

（六）偏执型人格障碍

这是一种以猜疑和偏执为主要特点的人格障碍，表现为主观、固执、敏感多疑、好忌妒、心胸狭隘等。一方面自我评价过高，过分自负，总认为自己正确，好与人争论，喜欢钻牛角尖，脱离实际地争辩与敌对，固执地追求个人不够合理的"权利"或利益，容易与他人发生冲突和争执。另一方面，猜疑心强，对人充满不信任和戒备，常将他人无意的非恶意的甚至是友好的行为误解为敌意或歧视的行为，容易感情冲动，并伴有攻击性行为。在遭遇挫折和失败时，习惯把责任推诿给他人。这类人格障碍在大学生中最突出，多见于男大学生，学生中常见的酗酒闹事、打架斗殴，即是例证。

（七）边缘型人格障碍

边缘型人格障碍的典型症状是难以控制情绪、强烈又极不稳定的人际关系模式、自我身份的识别障碍。还包括其他症状，如自毁、自杀行为等，有时会并发应激性的精神病性症状。

它主要表现为四种典型的症状。

1. 难以控制的情绪：情绪的不稳定一方面表现在体验到一种空虚和不安全感，缺乏自尊；另一方面，有体验到一种与上述情况相对立的兴奋感和全能感。常产生无助感无望感和无价值感，生活缺乏实际目标。外在的反常活跃，恰好反映了内在深深的孤独。

2. 强烈又极不稳定的人际关系模式：其特征是在极端理想化与过于贬低两者之间不断变化，对他人既依赖又充满敌意，他们相当依赖周围的人，当即需求得到满足时，便把对方理想成他的照顾者或朋友。难以维持深度和亲密的关系，经常在极端亲密和极端对立之间快速变化。

3. 自我身份的识别障碍：长期停留在混乱的阶段，自我概念不清晰，其自我意象不连续、前后不一致且自相矛盾，处于一种身份感延滞状态。

4. 分离焦虑：患者非常害怕孤独和被人抛弃。

两位，边缘型人格障碍患者控制情绪和耐受挫折的能力非常差，经常出现不计后果的冲动行为，情感爆发时可出现暴力攻击行为、自杀自伤行为。这类患者经常感受到被抛弃的恐惧和害怕孤独：当面对分离，或被拒绝或即将失去外部支持时，可出现强烈的应激性反应，包括自我意象情感认知和行为方面的变化。

（八）强迫性人格障碍

强迫性人格障碍通常起源于童年或青春期，并持续到成年。特点是过度护理和注意力，追求完美和缺乏安全感。严格要求他人以自己的方式行事，缺乏灵活性、创新以及冒险精神。这些特征导致在生活中过于谨慎，并严格要求完美主义。这些高标准使患者经常注意细节，最终往往无法完成重要任务。此类表现还会造成患者没有朋友。患有这种疾病的病人，通常会出现的临床表现为过于谨慎，注重细节和规则，追求完美，从而造成无法及时完成工作或者是任务。并且还伴有刻板、固执且循序渐进，希望所有事物都能发展到预定的水平，甚至相当不合理，要求其他人根据自己的方法去做。太固执地做事情需要太多的事情，与他人的相处并不轻松。

（九）焦虑型人格障碍

焦虑型人格障碍以经常感到紧张，提心吊胆，不安全及自卑为特征，总是需要被人喜欢和接纳，对拒绝和批评过分敏感，因习惯地夸大日常处境中的潜在危险而有回避某些活动的倾向。具体表现为：

1. 有特殊的行为模式：表现在情感、警觉性、冲动控制、感知和思维方式等方面，有明显与众不同的态度和行为。

2. 具有的特殊行为模式是长期的，持续性的，不限于精神疾病发作期。

3. 其特殊行为模式具有普遍性，致使其社会适应不良。

4. 持久和广泛的内心紧张及忧虑体验以持久和广泛的内心紧张，及忧虑体验为特征，并至少有下列 3 项：①一贯的自我敏感、不安全感，及自卑感；②对遭排斥和批评过分敏感；③不断追求被人接受和受到欢迎；④除非得到保证被他人所接受和不会受到批评，否则拒绝与他人建立人际关系；⑤惯于夸大生活中潜在的危险因素，达到回避某种活动的程度，但无恐惧性回避；⑥因“稳定”和“安全”的需要，生活方式受到限制。

（十）表演性人格障碍

表演性人格障碍，又称癔症型人格障碍，暗示性、依赖性强，以过分的感情用事和夸张言行吸引他人注意为特点。表现为：

1. 情感体验肤浅，情感反应强烈易变，感情用事，喜怒哀乐皆形于色，表情丰富但矫揉造作，爱发脾气；
2. 爱表现自己，行为夸张、做作；
3. 任性、心胸狭窄；
4. 自我中心，需要不能满足时表现强烈不满；
5. 暗示性强，容易受他人影响或诱惑；
6. 富于幻想，常自欺欺人，凭猜测和预感做出判断，言语不可靠；
7. 喜欢寻求刺激，过分参加社交活动，给人以轻浮感觉。

三、大学生人格障碍的自我矫正

人格障碍的矫正虽有一定难度，但也不是什么“不治之症”。在临床实践中发现，有相当一部分人格障碍者，在精神科医生和心理学家的指导下，通过自身的努力，在可能的限度内，在人格障碍的矫正方面取得了令人满意的效果。下面简要介绍几种人格障碍自我矫正的方法。

1. 反向观念法

人格障碍者大多伴随有认识歪曲现象，反向观念法是改造认识歪曲的一种有效方法。反向观念是指自己主动与自己原有的不良自我观念唱反调，原来是以自我为中心，现在则应逐渐放弃自我中心，学习设身处地为他人着想；原来爱走极端，现在则学习多方位考察问题，来点中庸；原来喜欢超规则化，现在则应偶尔放松一下，学习无规则地自由行事。采用反向观念法克服人格障碍的要点是：先对自己的错误观念进行分析，然后提出相反的改进意见，在生活中努力按新观念办事。这种自我分析可以定期进行，几天或一星期一次，也可以在心情不好或遭挫折之时进行。认识上的错误往往被内化成无意识的，通过上述自我分析，就可把无意识的东西上升到意识的自觉层次，这有助于发现和改进自己的不良人格状态。例如：对自恋性人格障碍者，可以采用如下具体方法：

（1）解除自我中心观。自恋型人格的最主要特征是自我中心，而人生中最为自我中心的阶段是婴儿时期。由此可见，自恋型人格障碍患者的行为实际上退化到了婴儿期。

（2）学会爱别人。对于自恋型的人来说，光抛弃自我中心观念还不够，还必须学会去爱别人，唯有如此才能真正体会到放弃自我中心观是一种明智的选择，因为你要获得爱首先必须付出爱。

2. 习惯纠正法

人格障碍者的许多行为已成为一种习惯，破除这些不良的习惯有利于人格障碍的矫正。以依赖型人格为例，实施这种方法有三个要点，一是清查一下自己的行为中有哪些事是习惯性地依赖别人去做，有哪些事是自作决定的，你可以每天作记录，记足一个星期。二是将自主意识很强的事归纳在一起，你如果做了，则当作一件值得庆贺的事，以后遇到同类情况应坚持做；你如果没做，以后遇到同类情况则应要求自己去做。而对自我意识差、没有按自己意愿做的事，自己提出改进的想法，并在以后的行动中逐步实施。例如，在制订某项计划时，你听从了朋友的意见，但你对这些意见并不欣赏，便应把自己不欣赏的理由说出来，这样，在计划中便渗透了你自己的意见，随着你的意见的增多，你便能从依赖别人意见逐步转为完全自主决定。三是找一个你信赖的人作监督者，并订立一个监督协议，当你有良好表现时，予以奖励，当你违约时，予以惩罚。

3. 行为禁止法

对于人格障碍者的许多不良行为，可以采取该法。例如，一个偏执型人格障碍的人当对一件事忍无可忍而将要发作时，你对自己默念如下指令：“我必须克制住自己的反击行为，让我当即分析一下有什么非理性观念在作怪。”采取这种方法后，用理性观念加以分析，怒气便会随之消减，不少你认定极具威胁的事，在忍耐了几分钟后，你会发现灾难并未降临，不过是自己的一种无谓担忧罢了。

4. 情绪调整法

人格障碍者多半有情绪障碍。例如，戏剧型人格的情绪表达太过分，旁人无法接受。采用此法首先要做到的便是向你的亲朋好友作一番调查，听听他们对你的看法。对他人提出的看法，你应持全盘接受的态度，千万不要反驳，然后你扪心自问一下，上述情绪表现哪些是有意识的，哪些是无意识的；哪些是别人喜欢的，哪些是别人讨厌的。对别人讨厌的坚决予以改进，对别人喜欢的则在表现强度上力求适中。对无意识的表现，你将其写下来，放在醒目处，不时地自我提醒。此外，可请你的好友在关键时刻提醒一下，或在事后对自己的表现作一评价，然后从中体会自己情绪表达的过火之处。这样坚持下去，你的情绪表达就会越来越得体和自然了。

第三节 塑造大学生健康人格

【心理故事】

西晋的周处，年少时粗暴强悍，好强斗气，横行乡里，父老乡亲将他与蛟、虎合称“三害”。他入水击蛟三日三夜未归，乡里人庆贺其死。周处回到家里，知道人们以为他死去都挺高兴，这件事使他认识到，自己平时的行为被人们痛恨到何种程度了。他痛下决心，要离开家乡找老师学习。打那以后，周处跟陆机、陆云学习，刻苦读书，同时注意提升自己的品德修养。很快，他勤奋好学的精神受到了大家的称赞。过了一年，州郡的官府都征召他出来做官，周处凭借高超的武艺和丰富的知识成为一名武将，后遇敌国入侵，周处英勇杀敌，为国献身，为后人所景仰。

【故事解析】

原本粗暴强横、好逞一时之勇的周处发现自己人格方面的缺陷后痛下决心，从理论和实践两方面努力提高自己的人格修养，取得了良好的效果。在具备了良好的人格品质后，他发挥个人所长，成为国家的栋梁。可见，只要下定决心，勇于行动，就可以改变人格中的不足,促进个人的发展和成功。

培养健康人格,优化自身人格特征是每个大学生面临的人生课题。塑造健康的人格不仅是大学生健康成长和成功成才的前提和基础,还对营造和谐社会氛围和加强国家建设具有重要的意义。人格虽然是一种相对稳定的心理特质,但仍具有一定的可塑性。在个体成长过程中,环境的变化和自身努力都可能潜移默化地影响人格的发展。因此,当代大学健康人格生应当正确认识自己的人格特质,通过一些积极有效的策略努力塑造、优化健康人格,使自己的人格不断完善,促进自我实现。

一、进行客观的自我认知

不能正确认识自我往往是形成人格障碍的重要原因之一。要保持人格健康不仅要了解自己的优点、兴趣、性格,更要了解自己的不足和缺陷,并且正视它们。只有充分了解自己,坦然接受自我,既不高估自我,也不自欺欺人,这样才会心安理得,减少心理的冲突,保持健康的人格。

要健全人格,要确保自我认识现实而客观,要做到这几点:第一,要能全面、丰富地认识自我;第二,要做到能现实地评价自己的长处和短处;第三,要能明确意识到自己在做什么,感觉如何;第四,不管认识到自己有何优点或缺点,都要能接纳自己,即使对自己的缺陷也能予以正视和接受,并努力发展自己的内在潜能,不能为此而回避。

二、发挥个体性格优势

积极心理学视野中的积极人格研究为当代大学生人格的塑造指明了新的方向。性格优指一些积极的心理品质,是人格中积极力量和正向特质的统称。它通常被界定为反映个体思想、情感和行为的一组积极人格品质,是个体固有的、实际的、潜在的、具有建设性的力量,是人的长处、优势和美德。性格优势是个体核心的人格特质,是影响个体成功成才的基本因素。正如如塞利格曼所说:“我们发现一些人性的优点,可以应对勇气、未来规划、人际技巧、信念、职业道德、专注、乐观等,使危害降低。”

我们每个人都有自己独特的性格优势、培养自己独特的性格优势,并善于在日常生活中运用这些优势,充分发挥个体潜能,最大限度地增强幸福感。所以,大学生要先了解自己的性格优势所在,主动在家庭、学校和社会实践环境中挖掘、培养积极的人格特质。

三、养成良好的习惯

好高骛远、知行不协调是大学生心理问题产生的原因之一。要养成良好的学习和行为习惯可以从以下几方面着手。

①从小事做起,“千里之行,始于足下”。人格优化就是要从身边的小事做起。一个人的一言一行往往是其人格的外化;反过来,一个人日常言行的积淀成为习惯就是人格。

②制定合理的计划,并持之以恒,磨练自己的意志,为良好的人格发展构建深厚的基础。许多人所具有的坚韧、正直、开朗、热情等优良的人格其实就是长期锻炼的结果,是一点一滴形成的。培养健康人格,是一项系统的自我改造、自我实现的工程。从我做起,从小事做起,是每一个大学生努力的起点。

四、培养积极情绪

情绪是人们对客观事物产生的特殊态度，包括情绪体验、情绪行为、情绪唤醒和对情绪刺激的认知等复杂成分。人们总是带着特定的情绪经历生活中发生的每件事。大学生正处在成年早期，走向成熟又未真正成熟，具有过渡期心理发展不平衡的特点，表现为在独立生活、自主学习和人际关系上会遇到许多不适应，产生复杂的内心矛盾。当大学生面临环境变化，自我同一性（自我的需要、情感、能力、目标、价值观等和谐统一的状态）冲突的时候，如何顺利应对、克服冲突就显得尤为重要；这时，能否有效地管理好自己的情绪，对于自身的学习、身心健康以及人格的发展与完善具有重要的意义。因此，为了维护心理健康、促进人格健康发展。大学生就要正确认识自己的情绪，主动调控自己的情绪，不断增进积极情绪的体验。

想一想

记录积极情绪

每个人的生活中总是有令人不如意的事情发生，但为了个人的身心健康，我们更应该善于发现生活中美好的事物，保持乐观、豁达的心态，这样才能促进积极情绪的体验，才可以对生活充满热情，享受其乐趣，拥有良好的心境。

（1）最近让我感觉高兴的事情是：

（2）当时我的心情是：

（3）现在想起来我的心情是：

（4）今天让我感觉高兴的事情是：

（5）今天我给自己的情绪打分是（1—10 分，从消极到积极）：

五、增强挫折承受力

挫折指人们在有目的的活动中，遇到无法克服或自己以为无法克服的障碍和制约的情况下，因为无法及时克服阻碍而产生紧张焦虑的情绪反应。处于成人早期的大学生通常会体验到各种挫折感，如学习挫折、人际挫折、恋爱挫折、生活挫折、就业挫折和经济挫折等，并且挫拆体验容易导致一些心理问题。有研究显示，人格中的一些品质，如敢为性和有恒性与更强的挫折承受能力有关，大学生若有了良好的挫折承受力，就不会面对一点困难就丧气消沉。为了更好地应对生活中可能面临的问题与阻碍，大学生需要培养坚韧不屈的意志，增强自身的挫折承受能力，建议采取以下方法。

1. 正确认识挫折

正确认识挫折是增强挫折承受能力的第一步。挫折在生活中是十分常见的。挫折并不可怕重要的是要从挫折中吸取经验获得智慧，这才是走向成熟的正确之路。

2. 学会合理的归因

归因是指人们对他人或自己的所作所为进行分析，指出其性质或推断其原因的过程，也就是把他人的行为或自己的行为的原因加以解释和推断。如果一直将挫折归于内部的原因(如能力不足),就会导致自我怀疑,降低自信水平。所以大学生应该培养正确的归因方式,实事求是地承担责任。

3.学会自我调节和向他人求助

适当进行自我安慰,学会从积极的角度看待问题,帮助自己避免下次出现类似错误。冷静看待挫折,当自觉无法承受时,要积极寻求朋友与家人的支持,必要时求助于专业人士的心理咨询。

六、建立良好的人际关系,融入社会环境

如果把我们的社会生活比作一幅美轮美奂的织锦,那么人际关系就是织锦背面的那些纵横交错的一条条丝线,而人际交往能力则是织锦艺术家精湛的编织技艺。我们并非一座孤岛,在生活中总要与别人建立各种联系。

人格是在行为中表现出来的,健全的人格也只有在与人交往中才能体现出来。塑造健全人格,必须发展良好的人际关系,良好的人际关系既是健康人格的标志也是人格完善的重要途径。大学的集体生活是人格塑造的土壤,也是人格表现的舞台。人格发展、塑造的过程是个体实现社会化的过程,是个体与他人、集体、社会相互作用的过程。在集体中,通过与他人交流,可以看到别人的长处、自己的不足,从他人那里获得理解、肯定的欢悦,及时调整人格发展的方向。

七、学会自控,防止过犹不及

人格发展和表现的"度"是十分重要的,人格塑造过程中应把握辩证法,掌握好度,否则就会过犹不及,适得其反。人格"度"的把握还表现在不同的人格特质要协调发展,做到刚柔相济。要因人、因时、因地表现人格特征。凡事过犹不及,缺点往往是优点的不适当延伸,良好个性若走向极端就会化成人格缺陷。例如,谨慎和认真本属于良好的性格特征,但超过了一定的度就会走向反面。表现为死板、固执、拘泥、钻牛角尖、苛求完美,把很多无所谓的事情化作自己的心理负担,严重者会导致心理疾病。

自我控制是人主动地去改变自己的心理品质、特征以及行为的心理过程,是大学生健全自我意识、完善自我的重要途径。

人的人格一旦形成,想改变是比较困难的,但这并不是说,人的人格形成后就无法改变了,只要有信心、有恒心,再加上方法得当,人格是可以调整的。"播种行为,收获习惯;播种习惯,收获性格;播种性格,收获命运。"是一句印度谚语,它告诉我们:人格是可以播种的,也就是说人格是可以塑造的。

人人都向往追求健康的人格。但不同的人由于客观条件、具体环境不同,个性层次也不同。良好人格的培养塑造是大学生成长发展的要求,只要坚持不懈的努力,就可以使我们的人格更加健康、完善。

心理测试

艾森克人格问卷(EPQ)(成人)

EPQ 指导语:请回答下列问题。回答"是"时,就在"是"上打"√";回答"否"时就在

“否”上打“√”。每个答案无所谓正确与错误。这里没有对你不利的题目。请尽快回答，不要在每道题目上太多思索。回答时不要考虑应该怎样，只回答你平时是怎样的。每题都要回答。

①你是否有广泛的爱好？ （ ）
②在做任何事情之前，你是否都要考虑一番？ （ ）
③你的情绪时常波动吗？ （ ）
④当别人做了好事，而周围的人认为是你做的时候，你是否感到洋洋得意？ （ ）
⑤你是一个健谈的人吗？ （ ）
⑥你曾经无缘无故觉得自己“可怜”吗？ （ ）
⑦你曾经有过贪心使自己多得分外的物质利益吗？ （ ）
⑧晚上你是否小心地把门锁好？ （ ）
⑨你认为自己活泼吗？ （ ）
⑩当看到小孩（或动物）受折磨时你是否难受？ （ ）
⑪你是否时常担心你会说出（或做出）不应该说（或做）的事情？ （ ）
⑫若你说过要做某件事，是否不管遇到什么困难都要把它做成？ （ ）
⑬在愉快的聚会中，你通常是否尽情享受？ （ ）
⑭你是一位易怒的人吗？ （ ）
⑮你是否有过自己做错了事反责备别人的时候？ （ ）
⑯你喜欢会见陌生人吗？ （ ）
⑰你是否相信把钱存到银行是一种好办法？ （ ）
⑱你的感情是否容易受到伤害？ （ ）
⑲你想服用有奇特效果或有危险性的药物吗？ （ ）
⑳你是否时常感到“极其厌烦”？ （ ）
㉑你曾多占多得别人东西（甚至一针一线）吗？ （ ）
㉒如果条件允许，你喜欢经常外出（旅行）吗？ （ ）
㉓对你所喜欢的人，你是否为取乐开过过头玩笑？ （ ）
㉔你是否常因“自罪感”而烦恼？ （ ）
㉕你是否有时候谈论一些你毫无所知的事情？ （ ）
㉖你是否宁愿看些书，而不想去会见别人？ （ ）
㉗有坏人想要害你吗？ （ ）
㉘你认为自己“神经过敏”吗？ （ ）
㉙你的朋友多吗？ （ ）
㉚你是个忧虑重重的人吗？ （ ）
㉛你在儿童时代是否立即听从大人的吩咐而毫无怨言？ （ ）
㉜你是一个无忧无虑、逍遥自在的人吗？ （ ）
㉝有礼貌、爱整洁对你很重要吗？ （ ）
㉞你是否担心将会发生可怕的事情？ （ ）
㉟在结识新朋友时，你通常是主动的吗？ （ ）
㊱你觉得自己是个非常敏感的人吗？ （ ）

㊲和别人在一起的时候，你是否不常说话？（　）
㊳你是否认为结婚是个框框，应该废除？（　）
㊴你有时有点自吹自擂吗？（　）
㊵在一个沉闷的场合，你能给大家添点生气吗？（　）
㊶慢腾腾开车的司机是否使你讨厌？（　）
㊷你担心自己的健康吗？（　）
㊸你是否喜欢说笑话和谈论有趣的事？（　）
㊹你是否觉得大多数事情对你都是无所谓的？（　）
㊺你小时候曾经有过对父母鲁莽无礼的行为吗？（　）
㊻你喜欢和别人打成一片，整天相处在一起吗？（　）
㊼你失眠吗？（　）
㊽你饭前必定洗手吗？（　）
㊾当别人问你话时，你是否对答如流？（　）
㊿如果有富裕时间你是否喜欢早点动身去赴约会？（　）
51你经常无缘无故感到疲倦和无精打采吗？（　）
52在游戏或打牌时你曾经作弊吗？（　）
53你喜欢紧张的工作吗？（　）
54你时常觉得自己的生活很单调吗？（　）
55你曾经为了自己而利用过别人吗？（　）
56你是否参加的活动太多，已超过自己可能分配的时间？（　）
57是否有那么几个人时常躲着你？（　）
58你是否认为人们为保障自己的将来而精打细算、勤俭节约所用的时间太多了？（　）
59你是否曾经想过去死？（　）
60若你确知不会被发现，你会少付人家钱吗？（　）
61你能使一个联欢会开得成功吗？（　）
62你是否尽力使自己不粗鲁？（　）
63一件使你为难的事情过去之后，你是否会烦恼好久？（　）
64你曾否坚持要照你的想法办事？（　）
65当你去乘火车时，你是否最后一分钟到达？（　）
66你是否“神经质”？（　）
67你常感到寂寞吗？（　）
68你的言行总是一致的吗？（　）
69你有时喜欢玩弄动物吗？（　）
70有人对你或你的工作吹毛求疵时，是否容易伤害你的积极性？（　）
71你去赴约会或上班时，曾否迟到？
72你是否喜欢周围有许多热闹和高兴的事？（　）
73你愿意让别人怕你吗？（　）
74你是否有时兴致勃勃，有时却很懒散不想动？（　）

⑮你有时会把今天应做的事拖到明天吗？ （　　）
⑯别人是否认为你是生机勃勃的？ （　　）
⑰别人是否对你说过许多谎话？ （　　）
⑱你是否易对有些事情性急生气？ （　　）
⑲若你犯有错误，是否都愿意承认？ （　　）
⑳你是一个整洁严谨、有条不紊的人吗？ （　　）
㉑在公园里或马路上，你是否总是把果皮或废纸扔到垃圾箱里？ （　　）
㉒遇到为难的事情，你是否拿不定主意？ （　　）
㉓你是否有过随口骂人的时候？ （　　）
㉔若你乘车或坐飞机外出时，你是否担心会碰撞或出意外？ （　　）
㉕你是一个爱与人交往的人吗？ （　　）

心理测试结果解析

拓展实训

实训：

个性发现

【目的】认识他人、坦诚反馈、了解自己的个性。

【时间】40 分钟。

【操作】

①请拿出一张白纸，在纸上写下“真实的我”的情况，然后再写“理想中的我”，希望自己怎样，就大大方方地写出来，不必担忧它是否可行，最后写下“别人眼中的我”。

②写完后，让其他人说出对这个人的认识。

③由本人发表他人对自己的评价以及自我分析（也许有差别，也许一致）。

④讨论为什么会有差别。

体验感悟

一位老教授昔日培养的三个得意门生事业有成，一个在官场上春风得意，一个在商场上捷报频传，一个埋头做学问如今也苦尽甘来，成了学术明星。于是有人问老教授：你认为三人中哪个会更有出息？老教授说：现在还看不出来。人生的较量有三个层次，最低层次是技巧的较量，其次是智慧的较量，他们现在正处于这一层次，而最高层次的较量则是人格的较量。

这个故事生动地向我们说明，在人的素质结构中，人格起着近乎决定性的作用。人格是人的心理面貌的集中反映，心理卫生学认为，随着社会的发展，人类健康而幸福的生活越来越多地取决于人类自身的人格健康状况，而且人格的健康发展也是促进社会健康发展的一种力量。人格素质是大学生综合素质的重要组成部分，综合素质的发展和提高包含着人格素质的发展和提高，而人格素质的发展和提高对综合素质的发展、提高有着重要的促进作用。因此，寻找通向健全人格之路、塑造健全的人格是大学生心理健康教育的重要目标之一。

人格是人的心理行为的基础，它在很大程度上决定了人如何面对外界的刺激以及反应的方向、速度和程度。进一步说，人格会影响到人的身心健康、活动效率、潜能开发以及社会适应状况。因此，重视人格的整合与塑造，既是身心健康的需要，又是自我发展、自我实现的需要。

推荐阅读——《完善人格》，许皓宜著，天地出版社出版发行，2021年9月

作者简介：

许皓宜，擅长说故事的心理咨询师。台湾师范大学博士，现任台北艺术大学通识教育中心副教授。曾在大学教学多年，长期耕耘于婚姻与家庭治疗训练。主持环宇广播电台《从心聊聊天》节目，《商业周刊》、《亲子天下》专栏作家，也是多家电视、电台节目长期邀请的心理学专家。出版著作有：《情绪疗愈：抹平内心的伤痕，成为情绪的主人》、《职场精进心理学》等。

内容简介：

隐形人格如何造成了我们内心的缺失感？如何影响了我们的人生？

经常莫名其妙有一些古怪的想法和行为：

开车时，就是不让后面的车“插队”，只想和对方较劲；

明知道伴侣和孩子需要安慰和支持，但自己就是不愿意给；

不敢当众演讲，虽然大家都看好自己，可总觉得自卑、恐惧，

站在高处，心底会闪过跳下去的念头。

……

以上我们看不懂的自己，都源于我们内心的缺失感！

本书详细介绍了以荣格心理学为基础的56种人格原型，每种人格原型的光明面和阴影面都配有理论介绍、案例分析和作者通俗易懂的解说。通过阅读本书，读者能够深入了解自己的内心，整合人格碎片，疏通内心能量，对自己的行为和想法不再迷惑，悦纳自己，完善人格，成为一个完整、自在的人。

第十章

战胜逆境——大学生的挫折应对

学习地图

“人生逆境，十有八九”“挫折是人生的必经之路”，在人的一生中，只要有追求、有欲望、有需求，就会有失败、有失望、有失落。每个人都享受过成功的喜悦，也都品尝过失败的沮丧。挫折与成功一样，在成长与发展过程中不可缺少，是人一生的伴侣。人们不仅要有迎接成功的准备，也要有面对挫折的勇气。通过本章内容的学习，我们将了解什么是挫折以及大学生挫折的影响因素，识别面对挫折的心理防御机制，进而学会正确看待挫折和应对挫折。

学习目标

※ 知识目标

1. 了解什么是挫折，以及挫折的主要类型和影响因素。
2. 能够识别常见的心理防御机制及其表现特点。
3. 能够识别常见的挫折反应。

※ 能力目标

使学生能够识别挫折类型，了解面对挫折时的防御机制以及反应能力。

※ 自我认知目标

学生通过学习，能够自我觉察个人面对挫折时的习惯性防御机制以及挫折承受力，树立正确的挫折观，运用所学方法正确应对挫折。

学习导图

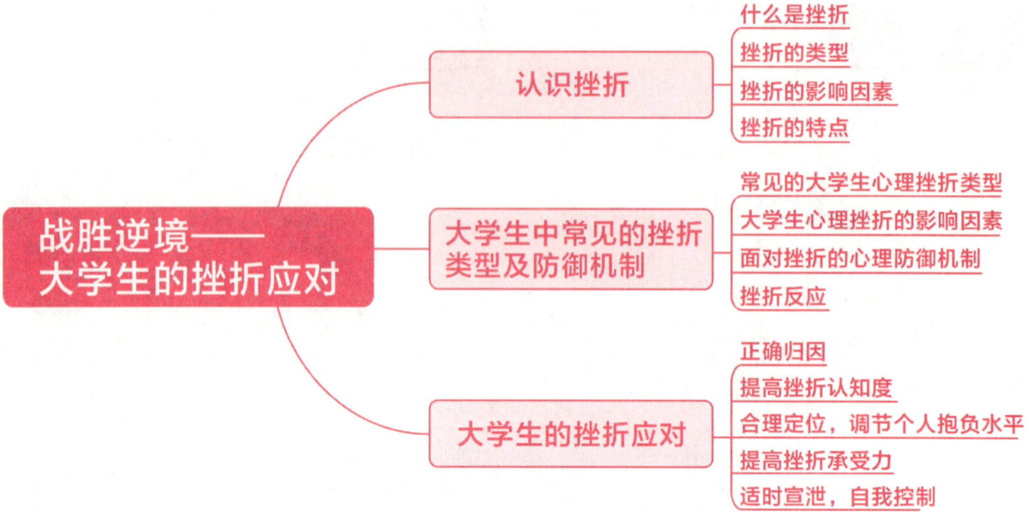

【校园故事回放】

学生会大学生艺术团的美女小A，不仅长得漂亮，而且能歌善舞，多才多艺，一向对自己要求也比较严格，具有积极进取、要强好胜的性格特点，在班级也是个比较受瞩目的女生。在大学二年级上学期，小A对同班一个男生小Z产生了好感，小Z担任学生会的外联部部长，学习勤奋，性格活泼开朗，人缘好，口才好。随着平时工作的接触，小A慢慢产生了与小Z谈恋爱的念头，但一直没有勇气当面表白。3个月后，她终于忍不住和闺蜜诉说了内心的渴望，热情的闺蜜鼓励她发微信向男生大胆表白。在惴惴不安中，小A等来了男生委婉的拒绝。小A从未想过自己这样优秀又漂亮的女孩在第一次求爱时竟然被拒绝。一整天，小A都在浑浑噩噩中度过，怎么也不能接受被拒绝的事实，内心十分懊悔，并感到被小Z羞辱了。

从此，小A走路时低下了头，不敢正视同班的同学，更不敢直面小Z。上课时，她偷偷看着小Z的背影，根本看不进书，也听不见老师说什么。一个学期下来，小A似乎变了一个人，变得沉默寡言、面容憔悴，晚上还经常偷偷哭泣，学习成绩一落千丈，期终考试有好几门课不及格。最后辅导员发现了她的异常，带她去医院看心理医生，小A被诊断为重度抑郁。

【心理专家分析】

案例中的小A经历了求爱被拒的打击，一时没有走出来，进而严重影响了学习，并造成了她的心理健康问题。其实，小A求爱被拒是挫折情境，她对于挫折的认知是自己这样漂亮优秀的人第一次求爱竟然被拒，太伤自尊了。她的挫折反应较强烈：思想上表现为懊悔，觉得自己受到了羞辱；而行为上表现为无法入睡、偷偷哭泣、不敢正视别人、不能投入学习等。

挫折可以让人一败涂地，也可以让人更加成熟有魅力。让我们一起来认识挫折，直面挫折吧！

第一节 认识挫折

一、什么是挫折

挫折是指个体在实现目标的活动过程中，因遇到无法克服或自认为是无法克服的障碍和干扰，目标不能实现，需要或动机不能获得满足所产生的紧张状态和消极的情绪反应，如失望、压抑、沮丧、忧郁、苦闷等。举个例子，有一位同学为通过英语四级考试付出了很多努力，做了大量模拟练习，结果在考试过程中，由于命题作文中的一个关键单词的含义，该生答得一塌糊涂，进而精神紧张，考试发挥失常，为此其深感懊悔和焦虑。

行为科学理论认为，个体的行为问题从一定的动机出发到达一定的目标，如果在通向目标的道路上遇到障碍，那么会产生三种情况：一是改变行为，绕过障碍，达到目标；二是如果障碍不可逾越，则改变目标，从而改变行为方向；三是在障碍面前无路可走，不能达到目标。正是在最后一种情况下，个体才产生挫折感，因此，挫折也被称为“目标行为受阻”。

卓越的人一大优点是：在不利与艰难的遭遇里百折不挠。

——贝多芬

【心理故事】

华罗庚的故事

华罗庚中学毕业后，因交不起学费被迫失学。回到家乡，他一面帮父亲干活，一面继续顽强地读书自学，不久又身染伤寒，病势重危。他在床上躺了半年，病愈后，却留下了终身的残疾，左腿的关节变形瘸了。青年华罗庚顽强地和命运抗争。白天，他拖着病腿，忍着关节剧烈的疼痛，拄拄着拐杖一颠一颠地干活；晚上，他油灯下自学到深夜。1930年，他的论文在《科学》杂忠上发表了，这篇论文惊动了清华大学数学系主任熊庆来教授。后来，清华大学聘请华罗度当了助理员。在名家云集的清华园，华罗庚一边做助理员的工作，一边在数学系旁听，还用四年时间自学了英文、德文、法文，发表了十篇论文。25岁时，他已是蜚声国际的青年学者了。

【故事解析】

人生活在现实生活中不可能没有压力与挫析，而且也难以回避，必须面对。压力与挫折是一个人成长与发展不可缺少的。大学生面对时代转型出现的各种问题，面对自身作为一个特殊的社会群体的许多问题，遇到挫析是常有的事。我们对此需要客观、理性地认知挫折，把握战胜挫折的方法，提高应对挫折的能力，从而维护自身的心理健康。

从挫折的构成上看，其构成要素包括三个主要方面。

一是挫折情境，指客观上或个体主观上认定的阻碍其实现目标的情境状态或条件。

二是挫折认知，指个体对挫折情境的知觉、认识和评价。挫折认知是构成挫折的核心要素，一种挫折情境能否引起个体主观感受上的挫折感，能够引起多大程度的挫折体验，很大程度上取决于其对挫折的认知、态度和评价。在同一挫折情境下，不同的挫折认知程度会产生不同的应对反应，比如，在乘车去野外郊游的路上，前方车辆发生事故导致交通拥堵，在漫长的等待中，有的学生不急不躁、泰然处之，而有的学生烦躁不安、满腹埋怨。

三是挫折反应，指伴随挫折认知而产生的情绪体验和行为反应，可表现为紧张、焦虑、愤怒等，是挫折情绪的外部表现。

在以上三个方面中，挫折认知是产生挫折反应最重要的因素，因为只有在挫折情境被知觉后人们才会产生挫折感，否则，即使挫折情境实际存在，而没有被个体意识到，或者个体虽然意识到了但并不认为很严重，那么也不会产生挫折反应，或者只产生轻微的挫折反应。因此，挫折反应的性质、程度主要取决于个体对挫折情境的认知。挫折的反应机制如图 10－1 所示。

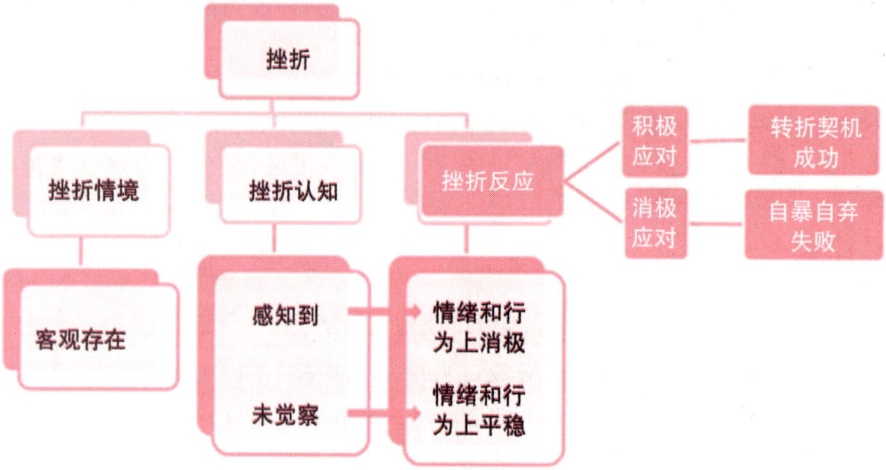

图 10－1 挫折的反应机制

二、挫折的类型

人的一生会遭遇大大小小很多挫折，按照引起挫折的情境、个体的主观认知以及挫折的实际程度不同，可分为以下几种类型。

（一）需要挫折和丧失挫折

需要挫折是指个体的需要因某种原因无法实现进而产生的挫折，如报考公务员没有成功、求爱失败等；丧失挫折是指个体丧失了自己原本拥有的东西时产生的挫折，如失恋、亲人离世，或某些身体疾病，如失明等。

（二）实际挫折和想象挫折

实际挫折是指产生挫折的情境是客观存在的，并为个体主观上所感知；想象挫折是指客观环境并不具备产生挫折的现实条件，而是个体主观上认定此种情境将会有挫折出现，比如，某新生来校报到时，发现同宿舍的其他同学都是北方人，只有他一人来自南方，担心会因地域间风俗习惯不同而引发宿舍矛盾，于是感到忧虑不安，产生挫折感。

（三）一般挫折和严重挫折

一般挫折是指日常学习工作生活中遇到的小挫折，如同宿舍的同学发生口角、某科考试成绩不理想等，对人的身心影响不大，易于忘记；严重挫折则是指对个体产生重要影响的挫折，如父母离异、遭遇重大交通事故等，这些挫折会引起很强烈的情绪反应，并会对人的生活产生很重要的影响。

三、挫折的影响因素

引发个体产生挫折感的因素很多，总的来看大致可分为客观因素和主观因素两个方面。

从客观方面来看，受自然条件或客观环境的限制，个人的行为无法达到预定目标时，有可能会产生挫折感，如台风或洪水过境阻碍交通，无法准时赴约；远隔重洋无法与亲人团聚；一个家庭贫寒、凑不足学费的大学生还要苦读四年，才能完成学业；等等。此外，因受制度、生活方式与风俗习惯等社会环境因素的限制，个人的目标无法实现，也是引起挫折的一种客观因素。例如，恋爱中的男女因被家长反对或受社会习俗的约束不能成婚；因与领导关系紧张，个人的才华不能得到充分发挥；等等。一般说来，社会环境对个人达成目标所形成的阻碍远比自然环境多而且后果严重。

除客观环境因素的限制外，主观因素的限制也是造成挫折的重要原因之一。引起挫折的主观因素有两个方面。一方面是受个体自身的生理和心理条件的限制，个人的目标无法实现。例如，一位小儿麻痹症患者想成为足球运动员，一个身材矮小的人想做职业时装模特，一个高度近视的人想成为飞行员等，无论他们自己怎样努力，其成功的可能性都较一般人小很多。另一方面，是由个人动机的冲突而引起的挫折。在我们的日常生活中，经常会发生多种动机冲突的现象，动机冲突包括以下几种情况。

第一种是同时有两个个体急切需要的目标，但由于某种因素的限制，二者不能同时兼得，必须舍其一，称为“双趋冲突”，比如假期既想回老家看望久别的父母，又想留在学校与恋人厮守，正所谓“鱼与熊掌，不可兼得”。

第二种是有两个都违背个体主观需要的目标，但由于客观环境所迫，不得不选择其中的一个目标，称为“双避冲突”，比如，在影视作品中随着剧情发展会出现这样的场景：一个人因躲避追杀而逃至悬崖，向前是万丈深渊，向后是杀气腾腾的追兵，不管如何选择，终是难逃一死。

第三种是一个目标可以满足个体的某种需求，同时也会对他构成某些威胁，称为“趋避冲突”，比如，在对待恋爱问题上，某学生既想尝试恋爱的滋味，领略爱情的美妙，又担心这样做会耽误学业。

第四种是同时有两个目标，它们本身各有利弊，称为“双重趋避冲突”，比如，一个女生同时面临两位各有千秋的男生的求爱时，就有可能会陷入心理冲突。在一般情况下，这些心理矛盾或冲突会给人带来一些不愉快的感受，不会引起心理活动的异常；但是，这些心理矛盾或冲突持续愈久、愈激烈，出现心理疾病的可能性就愈大。因此，应尽量避免剧烈而持久的心理冲突。

四、挫折的特点

（一）挫折的两重性

一方面，挫折具有消极性，使人失望、痛苦、沮丧或引起粗暴的消极对抗行为，甚至导致攻击侵犯行为，给自己和他人造成严重损失；另一方面挫折又具有积极性，给人以教益，使人认识错误、接受教训、磨炼意志，使人更加成熟、坚强，在逆境中奋起，从而获得进一步的发展。

（二）挫折是可以转化的

挫折的消极性和积极性都是相对的、可以转化的。挫折的转化是指当人们遇到挫折时，以积极的态度将挫折变为动力，以顽强的毅力继续奋斗或重新调整目标，从而使需要或动机获得新的满足的心理过程和实践过程，即减少挫折的消极因素，寻找挫折积极的一面，促使挫折产生的消极因素向积极方面转化。

第二节　大学生中常见的挫折类型及防御机制

青年大学生怀抱着对人生、对未来、对爱情的美好梦想，为使自己的梦想成真，他们会付出种种努力甚至作刻意的追求。当这种需求持续性地不能得到满足或部分满足，就容易产生挫折感。

一、常见的大学生心理挫折类型

常见的大学生心理挫折类型有以下几种。

（一）理想挫折

当今大学生群体普遍具有较强的个性，有很强的自尊心，有很强的参与意识。大学生在上大学前对大学生活、个人的人生定位以及现实社会都有着比较理想化的认识，然而一旦真正身处其中，就会发现现实并非自己所想象的那样，理想与现实之间有着一定差距，从而会产生强烈的心理冲击，进而体验到一种挫折感。比如，上大学前通过浏览网页图片看到校园环境非常美好，而一进入校园却感受到宿舍空间狭小、自习室拥挤、教室旁有嘈杂的建筑工地等，情绪一落千丈；再如，很早就根据自己的专业特点选定了择业方向，但在毕业找工作时却由于种种原因遭到淘汰，从而产生了绝望。

视频案例 10-1

习得性无助

（二）学习挫折

学习挫折是由于学习上的失败或偶尔失败而造成的一种心理挫折。刚进大学校园的大学生往往放松了学习，以为进大学后可以“歇一歇”“轻松一下”“浪漫一回”。其实，由于高校普遍实行学分制，教学信息量激增，学时相对不足，因此课业负担较重，其压力不亚于高中。同时，大学生在高等教育中的主体地位较之中小学教育更为突出。然而，一些大学生往往未能更新学习观念、学习方法，继续保持高中的那一套“跟着走”“抱着走”“围着考试指挥棒走”的学习习惯。这样，他们中的许多人由于学习的紧张、方法的不适应，学习成绩欠佳，从而达不到自己的高期望值，进而产生挫折感，这种状况在大学低年级学生中较为明显。

（三）交往挫折

人际交往是每个人生活中的重要组成部分，也是个体获得愉快情感体验的重要途径之一。美国国家科学委员会的一份关于大学生教育问题的调查报告指出：人际交往能力和专业成绩相比，如果前者不是更加重要的话，至少也是同等重要。日本大型企业在录用大学毕业生时，注重独立人格甚于学习成绩。

良好的人际关系对大学生的成长越来越具有重要意义。然而大学生正处于向独立社会成员过渡的时期，生理和心理日渐成熟，自我意识迅速发展，产生成人感和独立意向，心理的闭锁性较强，不轻易与父母、老师进行心理交流，不愿事事依赖成人，希望远离他们关注的视线，以求个人独立自主，而且富于幻想，对新鲜事物、学校生活充满希望。但是，他们的知识水平、认识能力有限，社会阅历较少，面对新的学习生活环境的一系列变化、人际交往范围不断扩大等问题，往往一筹莫展，处理问题时缺乏辩证思维的能力，不能全面客观地看待问题，对人对事的看法和想法容易情绪化、主观化，在与同学、朋友、老师等交往中遇到矛盾和挫折时，往往不知如何化解，学习和生活被严重影响，这种挫折可称为交往挫折。比如，某学生最近获悉因自己学习优异而有可能得到保研机会，本来很高兴，可是发现原来平静和睦的寝室气氛变得有些紧张。室友对自己表现出嫉妒和不友好，这位学生想辩解但不知该如何表达，想不理不睬内心却又很委屈，抑郁的情绪使得他打不起精神来学习，最终导致学习成绩下降。

（四）情感挫折

人生在世，除了学习、工作、生活外，感情的获得和满足也是必不可少的需要。大学生往往把感情看得很重、很执着，因而极容易受到伤害，受伤害后又因承受不了挫折打击，苦闷抑郁甚至不能自拔。这种情感挫折概括起来有三种。一是来自朋友之间的情感挫折，大学生可以通过与同学朋友交流和沟通以获得情感满足。大学生远离了父母亲人，友情就显得尤为重要，然而朋友之间的相处并不容易，矛盾和摩擦时有发生，处理不当便会产生挫折情绪。二是来自恋爱失败的情感挫折，即失恋，失恋是大学生有可能遇到的最为严重的挫折之一，调节由失恋带来的各种消极情绪过程也是很好的培养挫折承受力的过程。三是来自家庭的情感挫折，如父母突然离异，与亲人朋友之间因思想观念不同产生情感沟通障碍等。

二、大学生心理挫折的影响因素

导致大学生挫折心理的原因是复杂的，大致包括以下几方面的因素。

（一）社会环境的因素

当代大学生成长于经济全球化、信息网络化的社会背景下，西方资本主义的不良价值观念、意识形态和生活方式都可能对其产生消极影响。再加上我国在体制转型时期发生的许多复杂而深刻的变化，易使世界观、人生观和价值观尚未完全确立的大学生看不清、想不透、道不明，从而产生种种心理困惑和情绪忧虑，当自身的需要和欲望得不到满足时，往往把原因归于社会和他人。

（二）角色的不适应

有的学生在进入大学后不适应从中学生到大学生的角色转换，对大学校园生活很不适应，表现为饮食无味、坐卧不宁、怀恋旧友。若他们心理情绪无处抒发，遇到困难不知所措，内心甚为苦恼，久而久之，便会产生“挫折心理”。还有一种情况是一些大学生接触社会较为深入，已经从事着某种社会兼职工作，他们实际承担的是准社会角色，但由于自己的学生身份而被身边同事看轻，一方面急于摆脱自己目前的大学生角色，另一方面却又无法实现，从而产生了挫折感。

（三）对自身评估过高

大学生追求完美，自尊心与好胜心强，向往成功的欲望极为强烈，他们在中小学时绝大部分都是学习上的优秀者，进入大学后，面对实力与自己相当的同学，无论怎样努力，也难以确保学习成绩领先的优势，成功的道路越走越窄，他们饱受心理煎熬，由雄心壮志逐渐向灰心泄气转化。

（四）心理承受能力弱

从社会成熟性来看，大学生群体个性还不够完善，如情绪不稳定、认识片面、理想浪漫、容易偏激，从而导致面对挫折时，心理承受能力脆弱。如今的大学生，大部分都是独生子女，在各自的家庭中居中心地位，再加上不少家庭和一些学校教育重智轻德，即重学习成绩、轻心理品质，导致一部分学生个人主义膨胀，缺少与他人诚心交往的品德和习惯，但同时各自又渴望得到他人的理解和真情。如此一来，既不能协调自己与同学的关系，也不能处理好自己与老师的关系，更谈不上在恋爱中掌握与异性交往的方法。由于人际关系中的受阻，恋爱过程中的受困，自卑感、孤独感油然而生，并相互交织，从此自暴自弃、冷漠怪僻，挫折感表现得非常强烈。

（五）就业的竞争压力

目前我国正处于结构调整时期，就业形势较为严峻，尤其是对于就读于一些基础理论性专业或冷门专业的学生，其就业竞争压力更大，这导致一部分大学生就读时忧心忡忡，倍感前途迷惘，不知所措，逐渐丧失了学习的信心和方向，得过且过，不思进取。

（六）青春期的性困扰

处于青春期的大学生，其性生理发育已经成熟，性心理有所发展，由此出现了性的困扰。如有的学生通过他人的“言传身教”，对自己性能力产生怀疑，而又无法验证，产生了强烈的自卑感；有些大学生有自慰行为且无法自我控制，加之缺乏正确的性知识，常有自责感和负罪感。这一类的性困扰，都有可能导致大学生产生“挫折心理”。

三、面对挫折的心理防御机制

人在遭受挫折以后，挫折情境造成的对人心理上的压力，会使人产生紧张、焦虑、不愉快的情绪体验，并导致心理和生理活动的不平衡状态，影响人的正常行为和活动能力。为了面对这种压力，减轻或摆脱焦虑情绪的困扰，解除紧张状态带来的不安，恢复心理和生理活动的平衡，受挫者会自觉或不自觉地寻找各种心理防卫方式，以应付或适应所面临的挫折情境，从而减少挫折和焦虑情绪对自己的损害，减轻心理所承受的压力，保护自我，战胜挫折。这些方式统称为心理防御机制，是个体在潜意识中为减弱、回避或克服现实冲突带来的挫折、焦虑、紧张等情绪反应而采取的一种防御手段。防御机制的本质并不是解决问题的真正方法，但是它可起到一种缓冲的作用，有助于缓解由挫折产生的各种消极情绪，为个体寻找更为积极、有效的解决挫折的方法提供时机。但在大多数情况下，因为所采取的种种心理防御机制只是消极地维护个人免于遭受打击，而非真正解决困难，所以挫折不但仍然存在，而且困难愈来愈脱离现实，以致无法以正常的行为适应环境，造成不良适应的现象。

面对挫折，常见的心理防卫方式有如下几种。

（一）文饰作用

文饰作用，又称合理化作用，指个体采用合理的理由来解释所遭受的挫折，以减轻心理痛苦。当个体无法达到目标或其表现的行为不符合社会的价值标准时，人们给自己找出适当的理由来解释，这个理由未必是真理由，而且在旁观者看来往往是不合乎逻辑或荒谬可笑的，但当事人能以此说服自己，感到心安理得，虽然具有自欺欺人的味道，但能使个人的性格保持安定，它是人们日常生活中使用最多的一种心理防卫方式。文饰作用有多种情形，但以“酸葡萄”心理和“甜柠檬”心理最为典型。前者是指个体在追求某一目标而失败时，为了冲淡自己内心的不安，常将目标贬低，说成是不喜欢或本来就没想达到，用以安慰自己；而后者不说自己得不到的东西不好，却百般强调凡是自己有的东西都是好的，借此减轻内心失望与痛苦的心理，例如，有的孩子天资差，父母就说“傻有傻福”；有人被偷了钱，就说“财去人安”。

（二）投射作用

投射作用，亦称推诿，是指个体将自己内心存在的某种不被社会所接受的欲望冲动或思想观念转移到别人身上，说别人有这种欲望冲动或思想观念，以此来逃避自己心理上的不安。正如古人所说：“以小人之心度君子之腹。”比如，日常工作或生活中，一个人对身边的某个人在内心深处抱有很大的成见，却时常向别人宣扬那个人对自己有不公正的看法，或是一个自己内心有贪污动机的人，却到处宣扬某某常收红包。投射作用与合理化作用在性质上很接近，同样是以某种理由来掩饰个人的过失，但二者是有区别的。在一般情况下，使用合理化作用的人都能了解自己的缺点，主要是找冠冕堂皇的理由为自己的缺点辩护。例如，有的学生考试失败了，明明是自己不用功，却说老师教得不好，或出题不明确、评分不公正等。使用投射作用的人否认自己具有不为社会认可的品质，反而将它加诸他人予以攻击。例如，自己作风不正派或想有不正派的行为，反而猜测他人有不轨行为，或说是别人引诱造成的。

（三）压抑作用

压抑作用，指个人将不为社会所接受的本能冲动、欲望、情感、过失、痛苦经验等不知不觉地从意识中予以排除，或抑制到潜意识中去，不去回忆、主动遗忘，从而避免痛苦。压抑虽可减轻焦虑而获得暂时的安全感，但被压抑的欲望并不因此消失，而是深入个人的潜意识里，影响性格的健全发展。例如，越是担心的事梦中越要出现，失言、无意中动作失态、有意识地“遗忘”，均是这种压抑作用的表现。

（四）反向作用

反向作用，指个体为了防止某些自认为不好的动机呈现于外表行为，而采取与动机相反方向的行动，即想借相反的态度和动机，抑制内心的某些动机。例如，过分的亲切及屈从，背后可能隐藏憎恶与反抗的动机。这种矫枉过正的反向作用，在日常生活中常常可观察到。例如，有啃手指习惯的小孩，遇到父母的制止，忙把手背在身后，表现为不但没啃手指，而且手离嘴比正常时还远，这种过分行为恰恰表示他有刚好相反的欲望。又如，一个内心具有强烈情欲冲动的人，在与异性交往的过程中，却表现出十分庄重的、“非礼勿视”的态度，都是反向作用心理的反应。

（五）认同作用

认同作用，亦称表同作用，是指个体为了迎合供给需要满足的保护者，如父母、师长、主管领导，而在思想及行为上模仿他们，将自己与他们视为一体，按照他们的希望行动，以期减少挫折。认同作用的另一种表现是个体在现实生活中，无法获得适度满足或成功时，就将自己比拟为某一成才者，刻意模仿其穿着、言行等，借此减少挫折所造成的痛苦，满足个人心理上的需要，维护个人的自尊。有的人一心想当影视明星，但自身条件又不具备，于是就去模仿自己所崇拜的某位明星的特殊风度、谈话语调、手势、服饰、发型等，即是这种心理的表现。

（六）抵消作用

抵消作用，是指以象征性的比喻来抵消已经发生了的不愉快的事情，补救其心理上的不安。例如，我国有种习俗，过年、过节或外出时，不能讲不吉利的话，否则被认为要倒霉。如果有人讲了句不吉利的话，在旁的人就说“呸呸”。有些人在拜神、祈祷后，感到可免除罪孽获得保佑或解脱。当人受到欺侮无法反抗时，就说“虎落平阳被犬欺”“凤凰落地不如鸡”“儿子打老子”等，也是这种“抵消”心理的反映。

（七）幽默作用

当一个人处境困难或尴尬时，可使用幽默来化险为夷，应对困难的情境，或间接表示出自己的意图，在无伤大雅的情形下，转达意思，处理问题。一般说来，人格较成熟的人，常懂得在适当的场合，使用合适的幽默，把原来困难的情况转变一下，大事化小，小事化了，渡过难关，较成功地去适应窘境。例如，大哲学家苏格拉底在与客人谈话时，脾气暴躁的太太忽然跑进来，大骂苏格拉底一阵之后，拿了一桶水往苏格拉底头上一泼，把他全身都弄湿了。苏格拉底笑了笑，对客人说："我早就知道，打雷之后，一定会下雨。"本来很难堪的场面，因为苏格拉底的幽默而轻松化解。

文字案例 10－1

图解心理防御机制

（八）替代作用

替代作用，亦称升华，是一种最有建设性的、积极应付挫折的方法。它是指当一个人由于种种原因无法达到原定目标，或个人的动机与行为不为社会所接受时，用另一种比较崇高的、具有创造性和建设性的、有社会价值的目标来代替，借此弥补因失败而丧失的自尊和自信，减轻挫折造成的痛苦。例如，貌不惊人的人，就在学问修养上下功夫，培养内在美；将攻击冲动升华到劳动竞争、体育竞赛等方面去；将个人生活上的不幸、失恋升华到诗歌、音乐、绘画、文学创作等方面去。如歌德年轻时，曾经受过失恋的痛苦，几次想自杀，曾把匕首放在枕头底下睡觉，但他最终抑制了这种轻率的行为，以自己破灭的爱情为素材，写出了名著的《少年维特之烦恼》。

四、挫折反应

个体遭受挫折后，会产生一些生理反应，如出冷汗、心悸、脸白、血压升高、脉搏加速、呼吸急促、汗液分泌增加、胃液分泌减少等，同时也会产生或公开或隐秘、或强烈或微弱的心理、行为上的反应，其表现形式大致有以下几个方面。

（一）攻击

当个体的目标受挫、动机受阻时，常在态度和情绪上表现出愤怒和敌视，并导致攻击性的行为。处于青春期的大学生心理发展尚未完全成熟，遇事易冲动，受挫折后产生攻击行为是大学生一种很常见的反应方式。攻击行为可能直接指向构成挫折的人或物，也可能转向其他的代替物，还可能转向自身。其中将个体直接攻击阻碍达到目标的人或物，称为直接攻击，攻击形式有讥讽、谩骂、暴力袭击对方身体等；在某些情况下，个体如果不能直接攻击阻碍自己达到目标的对象，会把攻击行为转向其他代替物，寻找"替罪羊"，这种情况称为转向攻击。例如，考试成绩不好，就回宿舍与同学吵架；受到老师批评，在电话里转向父母或朋友发泄；夫妻吵架砸毁东西；等等。美国的一项研究表明：父母不和的家庭，打骂孩子的情况要比夫妻和谐的家庭多 2.5 倍，而孩子在家时常受到打骂后则会把攻击的目标指向社会或学校。另外，有的人遭受重大挫折后，不切实际地将攻击性的冲动指向自身，采取比较极端的自我惩罚，如绝食、在自己的手腕上刺字等，当自我惩罚倾向十分强烈时，便可导致自杀行为。事实上，无论是直接攻击行为还是转向攻击行为，虽然可以暂时发泄因挫折而产生的消极情绪，但常常引起不良后果。

（二）退缩

有时候个体对挫折的反应不表现为攻击，相反地以退缩式的反应来适应挫折情境。退缩式的反应又可分为两类，即冷漠和幻想。冷漠是指个体对挫折情境表现出漠不关心与无动于衷的态度，这是一种比攻击更为复杂的心理反应，隐藏在冷漠背后的往往是内心更大的痛苦。一般说来，个体对阻碍目标实现的对象无法攻击而又无转向目标时，或是在长期遭受挫折、身处逆境的情况下，易于表现出冷漠的态度。幻想是指个体试图以自己想象的虚构情境来应付挫折，借以脱离现实，白日梦就是常见的幻想之一。比如，遭受失恋痛苦的一方时常幻想另一方某一天会幡然悔悟，跪倒在自己面前请求原谅。

（三）退化

退化又叫倒退、回归或退行，它是指个体遇到挫折时，会偏离自己的正常行为，表现出与自己年龄不相称的幼稚行为，即退回到原来较低的心理发展水平。比如，有的学生遇到突如其来的挫折时表现失常，会在公开场合号啕大哭；有的学生受到老师批评或与同学发生争执后回到宿舍称病不起等，这些都是退化行为的典型表现。退化行为既可见之于正常人，也可见之于精神病患者。如癔症病人可退行到婴儿期，表现为“童样痴呆”状态；精神分裂症患者甚至可退行到“子宫内生活”状态，表现严重退缩、脱离现实、蜷曲为胎儿子宫内姿势，和外界丧失一切接触。

（四）固执

固执是指个体遭受挫折后，反复做出某种动作，尽管知道反复多次毫无效果，仍然继续，而不能以其他更适当的行为取代，它的特点是行为呆板无弹性。由于这种行为具有强制性的特点，此时个体往往不能够采取理智的行为。个体在遭遇某种突发性的挫折事件时，处于惊慌失措的状态，常表现出固执行为。如遇到火灾时，人们争相反复推拉上了锁的大门，却没有想到跳窗逃生；或者有的人在失窃后，会反复翻看自己的提包，尽管内心知道包内物品已经丢失。

以上挫折反应是个体遭遇到挫折后常见的比较直接的反应，这些反应往往是不由自主的，其中有些是后天学习的结果，有些则是本能的反应。一个人的心理健康状况很大程度上表现为挫折反应的性质和强度，以及采取有效行为方式的速度与效果。也就是说，心理健康水平高的人，较少产生挫折反应，即使产生，也较少表现为退化、冷漠等这种被动、退缩性质的反应形式，其不良反应的程度较轻，平息挫折反应的速度较快。更为重要的是，其直接的、不自主的反应之后，往往能主动、及时地以有效的心理防卫方式去替代前者，来适应、改变挫折。而那些对挫折缺乏正确认识或者采取了不适当的防卫机制的人，往往容易使挫折反应变得更为明显、强烈、持久，形成恶性循环，会对人的身体健康和心理健康造成进一步的损害。

第三节 大学生的挫折应对

不同人的挫折承受力不同，同一人对不同的挫折情境承受力也不相同。有的大学生能够忍受学业的失败，却不能忍受恋人的背弃；有的人能从容面对人际交往中的不合群、孤独，却不能忍受自尊心受到伤害。大学校园里发生的种种极端事件都与挫折承受力息息相关。那么怎样正确地应对挫折，提高我们的挫折承受力呢？下面介绍几种常见的应对挫折的方法。

一、正确归因

在认识和对待挫折时，大学生首先要学会对挫折进行正确的归因。按照社会心理学的解释，归因是指个体依照主观感受或经验对自己和他人的行为及其结果发生的原因予以解释与推测的心理活动过程。个体对原因的归结可以分为两种类型：外因和内因。外因是指造成挫折的外部环境因素，内因指个体自身的观念、能力等主观因素。在寻找挫折产生的原因时，有些学生把一切都归因于复杂且难以预料的外部环境，例如，考试成绩差是因为老师教学水平低或试卷难度太大，而不从自己身上寻找原因，从而逃避问题，对于挫折不能勇敢面对；还有一些学生更倾向于把产生挫折的原因归结为主观方面的因素，如自身能力不足，考试成绩差是由于自己学习不够刻苦，这样很容易夸大自我的作用，过多地自我谴责、悔恨，往往会导致更大的心理挫伤。面对挫折，大学生应当认识到，挫折的产生有时是外因，有时是内因，但更多时候是外因与内因两种因素相互影响、共同作用的。因此遇到挫折时要避免归因的片面性，通过冷静分析，从客观、主观、目标、环境、条件等方面找出受挫的正确原因，及时发现失败的症结所在，学会实事求是地承担责任。正确地分析和归因，是采取有效的补救措施，应付和解决挫折情境的必要基础，尤其对一些经常遭受挫折，却从不认真分析而按照自己的固有模式作消极回应的学生来说，更要有意识地加强这方面的培养和锻炼。

视频案例10－2

尼克·胡哲

二、提高挫折认知度

有关调查发现，大学生对挫折的错误认知比较普遍，他们在面对挫折时不知所措，并且常常会有一些错误认识。

一是认为挫折事件不该降临在自己头上，即“这种事不该发生”，持这种想法的学生会认为自己目前各方面状况都很好，在思想意识里给自己强化这样一种意识：挫折不应该发生在自己身上。实际上，生活中出现一些不顺利、不愉快，学习和交往中存在一些挫折、失败本来是正常的，也是无法预料的。但有的学生认为这些是不应该发生的。他们认为大学生活应是丰富多彩、充满快乐的，大学学习也应是轻松愉快的，人际关系同样也应是和谐的；而对于挫折，他们缺乏思想认识和心理准备。因此，一旦遭遇挫折就会出现不良的行为表现。

二是以某方面的挫折来否定整个自我，即“一切都是我的错”。如某一次考试成绩差便认为自己在学习能力方面有问题，不是读书做学问的料，感到“做人很失败”，从而彻底否定自己，这种以一两件事来评价自身价值的认知方法，其结果往往会引起强烈的挫折反应，导致自暴自弃。

三是把某一次挫折的后果想象得非常可怕，看作是世界末日到了，即“这下可全完了”，对挫折缺乏正确的认识。比如，有的学生一次生病，便害怕影响学习，害怕考试不及格而被要求退学；或一件事情没办好，便担心别人对自己有看法而失去信心。

因此，大学生要战胜挫折，需要提高挫折认识度。剧作家巴尔扎克曾说过：“世界上的事情永远不是绝对的，结果完全因人而异，教训对于天才是一块垫脚石，对于有才干的人是一种财富，对于弱者是万丈深渊。”要从思想上明确挫折的必然性和普遍性。人在一生中，受客观环境或主观因素影响，都会遇到很多挫折，想要完全避免是不可能的，也是不现实的。既然挫折是人生中不可避免的，那么重要的是在心理上有所准备，正确认识挫折，战胜挫折，把挫折作为成功的阶梯。挫折和教训使我们变得聪明和成熟，正是失败本身才最终造就了成功。我们要学会悦纳自己和他人他事，要能容忍挫折，学会自我宽慰，心怀坦荡、情绪乐观、奋发图强，满怀信心地争取成功。要正确面对现实的自我和挫折，真正站在顶峰的毕竟只有少数人，因此成功总是相对的。人生难免有很多挫折，面对挫折，必须做到：重视自己，接纳自己。如果不能接受自己，就不能真正地发展自己。同时，要有一个正确的行为模式：集中精力去干你手头的事并尽力干出最好的结果；当在这个问题上无进展时，要有一种补偿能力，开辟新的领域；当你处在下滑阶段时，一定要稳住。一个人受挫之后，通常情绪恶劣，产生烦恼和失望，容易意气用事，导致意识模糊，从而受到新的挫折，这是一个恶性循环，所以受挫时一定要保持沉着和理智，即“平常心”。

视频案例10－3

寒门学子林万东的故事

三、合理定位，调节个人抱负水平

抱负水平是指对自己的行为或想象中的行为要达到程度的心理需求。综合考虑社会客观条件、自己的主观条件，确定适度的抱负水平，对于有效防止和消除挫折行为是十分重要的。大学生都对未来工作和感情生活抱有美好向往，但有些想法往往不切实际，目标定得过高，但又不具备实现目标的能力和条件，这样往往就会因达不到既定目标而产生挫折感。要知道一个人有远大的理想抱负并不等于要在所有方面都做到最好，一个人不可能在各方面超过所有的人，"永远争第一"既不可能又不现实，如果为自己设定不切实际的过高目标，就很容易遭遇挫折，而这种挫折体验对今后完成合理目标的能力会造成负面影响。一位作家曾说："海市蜃楼远不及眼前的一块面包可爱。"要对自己的生活合理定位，致力于能够实现也容易实现的计划，以充分获取收益，并在这些收益的滋润中一步步健康成长。事实证明，一个人沉浸在成就感而不是挫折感中，能够培养自信，也能够有良好心境解决眼前的问题。在确定自己的目标时，要区分大目标和小目标、长远目标和近期目标，对于一些远大目标和理想，在实现的时间期望方面应当把握合适的度量，把大目标或长远目标化解成若干小目标或近期目标，并逐一实现，这是实现最终目标的科学有效方法，同时也可不断增强成就感和战胜挫折的自信心。

四、提高挫折承受力

挫折承受力是指个体承受挫折的能力，即遇到挫折时能免于行为失常的能力。一般说来，挫折承受力低的人遇到轻微的挫折，就消极悲观、颓废沮丧、一蹶不振，甚至人格趋于分裂、行为失常或产生心理疾病。挫折承受力高的人，能忍受重大的挫折，就是大难临头，几起几落，也能坚忍不拔、百折不挠，保持人格的统一和心理的平衡。可见，挫折承受力无疑是维护个人心理健康的一道有力防线。

音频案例10-1

爱拼才会赢

挫折承受力受多方面因素影响。

①生理因素。神经系统类型属于强、平衡、灵活性高的人比弱型的人挫折容忍力高，身体强壮的人比体弱多病的人更能容忍挫折。

②挫折经验。挫折的承受力是个体在后天生活过程中为适应环境而习得的能力之一，它和其他心理品质一样可以通过学习和锻炼而获得提高，过去经受过挫折且善于积累经验，就能提高承受的能力。如果从小娇生惯养，很少遇到挫折，或一遇挫折便逃避，失去学习处理挫折的机会，挫折的承受力必然低。

③认知因素。个体的认知结构会影响一个人对挫折情境的知觉判断，同一挫折的客观情况相同，而因人、因时、因地会出现感受和判断不同，因此构成的压力和打击也就不同。一个人认为是遭到挫折，另一个人会认为无所谓，或者当时感受到挫折而几年后回头再看，会付之一笑。

④个性特征。个性是一个人所具有的意识倾向性和较稳定的心理特征的总和。一

个人的性格特征、个人兴趣、世界观等都对挫折承受力有重要作用。一般来说，性格开朗、乐观、坚强、自信、心胸开阔的人，挫折承受力强，在挫折面前能百折不挠、积极进取；相反，性格孤僻、懦弱、内向、心胸狭窄的人挫折承受力低，往往稍遇挫折，就垂头丧气、悲观失望。

⑤心理准备。研究表明，一个人对挫折的心理准备，直接影响到他的承受力和应对方式。大多数情况下，个体对未能预见的挫折，其承受力相对较低。如亲人因长期患病而死亡与突然意外死亡相比，前者由于有思想准备而能忍受，后者因无心理准备而难以忍受，从而也就会采取一些消极的方式来应对不幸和挫折。

有效提高挫折承受力，是挫折应对的关键要素之一，为此，大学生要注重自身意志力的培养，顽强的意志是提高挫折承受力的有力保障。同时可以通过创设和主动体验一些挫折情境提高自己应对挫折的能力，比如，某学生性格较内向，不擅与人交谈，为了避免在毕业找工作时因自身个性原因而遭遇挫折，他就要在学习之余多参与社会实践，可以选择一些接触人比较多、需要更多沟通的工作，如推销员等。最初会体验一些小的挫折与不适应，但经过一段时间的自我调整和锻炼后，就会逐渐克服自己的心理障碍，应对自如，从而在真正择业时将可能面临的心理挫折降至最低。

五、适时宣泄，自我控制

挫折给人心灵造成的痛苦和煎熬人人都有体验，因挫折而产生的过分压抑的情绪需要及时释放。精神分析理论指出个体受挫后会产生紧张、焦虑的情绪，这种情绪一定要通过某种形式发泄出来，心理才能保持平衡。如果压抑的情绪长期得不到宣泄，随着挫折的增多，消极情绪就会越积越多，严重的会导致心理疾病。大学生心理发展尚未完全成熟，在遭遇挫折时，焦虑、压抑的情绪体验会更为深刻，因此更需要选择适宜的场合和形式进行宣泄，比如，向父母和好友倾诉内心的苦闷。尽量找出合乎情理的缘由去缓解受挫时精神上的伤痛，使自身的心理素质由稚嫩走向成熟。

心理测试

国际压力与紧张控制学会的毕来斯研究开发的压力测试表，简便适用，通过测试，可以了解自己的压力程度。

心理身体紧张松弛测试表(PSTRT)

依据每项题目中所述情况出现的频率，写出评分：总是—4，经常—3，有时—2，很少—1，从未—0。			
题目	评分	题目	评分
1. 我受背痛之苦	______	26. 喝酒	______
2. 我的睡眠不定且睡不安稳	______	27. 我很敏感	______
3. 我有头痛	______	28. 我觉得自己像被四分五裂了似的	______
4. 我颚部疼痛	______	29. 我的眼睛又酸又累	______

（续表）

依据每项题目中所述情况出现的频率，写出评分：总是—4，经常—3，有时—2，很少—1，从未—0。			
题目	评分	题目	评分
5.若须等候，我会不安	______	30.我的腿或脚抽筋	______
6.我的后颈感到疼痛	______	31.我的心跳快速	______
7.我比多数人更神经紧张	______	32.我怕结识人	______
8.我很难入睡	______	33.我手脚冰冷	______
9.我的头感到紧或痛	______	34.我患便秘	______
10.我的胃有毛病	______	35.我未经医师指导使用各种药物	______
11.我对自己没有信心	______	36.我发现自己很容易哭	______
12.我对自己说话	______	37.我消化不良	______
13.我忧虑财务问题	______	38.我咬指甲	______
14.与人见面时，我会窘怯	______	39.我耳中有嗡嗡声	______
15.我怕发生可怕的事	______	40.我小便频密	______
16.白天我觉得累	______	41.我有胃溃疡的毛病	______
17.下午我感到喉咙痛，但并非染上感冒	______	42.我有皮肤方面的毛病	______
18.我心情不安，无法静坐	______	43.我的咽喉很紧	______
19.我感到非常口干	______	44.我有十二指肠溃疡的毛病	______
20.我有心脏毛病	______	45.我担心我的工作	______
21.我觉得自己不是很有用	______	46.我口腔溃烂	______
22.我吸烟	______	47.我为琐事忧虑	______
23.我肚子不舒服	______	48.我呼吸浅促	______
24.我觉得不快乐	______	49.我觉得脸部发紧	______
25.我流汗	______	50.我发现很难做决定	______
			你的总分是：________

PSTRT 压力程度分析表

拓展实训

蜗牛的家

【操作】

参加的同学围坐一圈，然后把身体屈成90度后，用手从背后托起椅子，背在背上。每个人与前面的人保持距离，防止椅子相互碰撞。然后，保持弯腰驼背的姿势，所有学生转向顺时针的方向，跟着前面一个同学。教师提供指导语：想象我们都是一只小小的蜗牛，背上背着重重的壳。

控制行走的速度，不要完成得太快，留出足够的时间让学生体验蜗牛壳的压力。所有的学生走完一圈，回到原地，放下椅子，坐好。

【讨论】

①刚才背上压着东西是什么感觉？

②这种感觉在生活中是否也存在？

③蜗牛背着它的房子，那么，每天压在我们背上的是什么？

体验感悟

狐狸与葡萄

在一位农夫的果园里，紫红色的葡萄挂满了枝头，令人垂涎欲滴。当然，这种美味也逃不过安营扎寨在附近的狐狸们的眼睛，它们纷纷来到葡萄架下。

第一只狐狸发现葡萄架远远高出它的身高。它站在下面想了想，不愿就此放弃。想了一会儿，它发现了葡萄架旁边的梯子，回想农夫曾经用过它。因此，它也学着农夫的样子爬上去，顺利地摘到了葡萄。

第二只狐狸发现以它的个头这辈子是无法吃到葡萄了。因此，它心里想，这个葡萄肯定是酸的，还不如不吃。于是，它心情愉快地离开了。

第三只狐狸看到高高的葡萄架并没有气馁，它想：我可以向上跳，只要我努力，我就一定能够得到。可是事与愿违，它跳得越来越低，最后累死在葡萄架下，献身做了肥料。

第四只狐狸一看到葡萄架比自己高，愿望落空了，便破口大骂，撕咬自己够得到的藤，正巧被农夫发现，一铁锹把它拍死了。

第五只狐狸一看自己在葡萄架下显得如此渺小，便伤心地哭起来了：为什么自己如此矮小？如果像大象那样，不是想吃什么就吃什么吗？为什么葡萄架如此高？

第六只狐狸仰望着葡萄架，心想，既然我吃不到葡萄，别的狐狸肯定也吃不到，如果这样的话，我也没什么好遗憾的了，反正大家都一样。

第七只狐狸站在高高的葡萄架下，心情非常不好。它想：为什么我吃不到呢？我的命运怎么这么悲惨啊，想吃个葡萄的愿望都实现不了……越想它越郁闷，最后忧郁而终。

第八只狐狸尝试着跳起来去够葡萄，没有成功。它试图让自己不再去想葡萄，可是它抵抗不了。它还试了一些其他的办法，也没有见效。它听说有别的狐狸吃到了葡萄，心情更加不好，最后一头撞死在葡萄架下。

第九只狐狸同样够不到葡萄。它心想，听别的狐狸说，柠檬的味道似乎和葡萄差不多，既然我吃不到葡萄，何不尝一尝柠檬呢？因此，它心满意足地离开去寻找柠檬了。

第十只狐狸看到自己与高高的葡萄架之间的差距，认识到以现在的水平和能力想吃到葡萄是不可能的了。因此它决定给自己充电，报了一个进修班，学习采摘葡萄的技术，最后当然是如愿以偿了。

第十一只狐狸把几个同伴骗了来，然后趁它们不注意，用铁锹将它们拍昏，将同伴摞起来，踩着同伴的身体，如愿以偿地吃到了葡萄。

第十二只狐狸是一只漂亮的狐狸小姐，它想：我一个弱女子无论如何也够不到葡萄，何不利用别人的力量呢？因此，它找了一个男朋友，这只狐狸先生借助梯子给了狐狸小姐最好的礼物。

第十三只狐狸对葡萄架的高度非常不满，于是它就怪罪起葡萄藤来，说葡萄藤太好高骛远，爬那么高，说葡萄的内心其实并没有表面看上去那么漂亮。发泄完后，它平静地离开了。

第十四只狐狸发现自己无法吃到葡萄，它轻蔑地看着地上已经腐烂的葡萄和其他狐狸吃剩下的葡萄皮，作呕吐状，嘴上说："真让人恶心，谁能吃这些东西啊！"

第十五只狐狸发出了感叹：美好的事物有时候总是离我们那么远，这样有一段距离，让自己留有一点幻想又有什么不好的呢？于是它诗兴大发，一本诗集由此诞生了！

第十六只狐狸发现想吃葡萄的愿望不能实现后，不久便产生了胃痛、消化不良的情况。这只狐狸一直不明白一向很注意饮食的它，怎么会出现消化系统的问题。

第十七只狐狸发现了同样的问题，它嘴一撇，说："这有什么了不起的，我们狐狸中已经有人吃过了，谁说只有猴子能吃到果子，狐狸一样行！"

第十八只狐狸心想：我自己吃不到葡萄，别的狐狸也吃不到，为什么我们不学习猴子捞月的合作精神呢？于是它动员所有想吃葡萄的狐狸搭成狐狸梯，这样大家都吃到了甜甜的葡萄。

感悟与反思：

虽然这是一个寓言故事，但是我们仔细阅读后可以发现，这些狐狸在面对挫折时，所使用的应对挫折的方式都折射着我们日常生活中的原型。

①第一只狐狸面对挫折采用的是直接面对问题，没有逃避，最后解决了问题。

②第二只狐狸面对挫折采用的是心理学中经常提到的"酸葡萄效应"，也可称为"文饰作用"或"合理化解释"，即以能够满足个人需要的理由来解释为什么不能实现自我目标。

③第三只狐狸面对挫折采用的是“固执”、有时也称为“强迫症”的方法。它说明，不是任何事情的最佳方案都是解决问题，取决于自己的能力、当时的环境等多种因素。

④第四只狐狸面对挫折采用的是“攻击”的方法，这是一种不可取的应对方式，于人于己都是有害无利的。

⑤第五只狐狸面对挫折的这种表现在心理学上被称为“倒退”，即个体在遇到挫折时，从人格发展的较高阶段倒退到人格发展的较低阶段。

⑥第六只狐狸面对挫折的这种行为在心理学中被称为“投射”，即把自己的愿望与动机归于他人，断言他人有此动机和愿望，这些东西往往都是超越自己能力范围的。

⑦第七只狐狸是“抑郁症”的表现，即以持久的心境低落状态为特征的神经性障碍。

⑧第八只狐狸面对挫折的表现是嫉妒，在现实生活中我们经常会遇到类似的“不患无，患不均”的现象。很多人在与别人比较的时候，因为心里不平衡选择了不适当的应对方式。

⑨第九只狐狸的这种行为在心理学上被称为“替代”，即以一种自己可以达到的方式来代替不能满足的愿望。

⑩第十只狐狸面对挫折采用的是问题指向应对策略，正确分析自己与问题的关系和性质，找到最佳的解决方案，是一种比较好的应对方式。

⑪第十一只狐狸是在损害他人利益的基础上来解决问题的，这种应对方式不可取。

⑫第十二只狐狸采用的是心理学上被称为“补偿原则”的防御机制，即利用自己另一方面的优势或是别人的优势来弥补自己的不足。

⑬第十三只狐狸采用的是心理学上被称为“抵消作用”的防御机制，即从事某种象征性的活动来抵消一个人的真实感情。

⑭第十四只狐狸采用的是心理学上被称为“反向作用”的防御机制，即行为与动机完全相反的一种心理防御机制。

⑮第十五只狐狸采用的是心理学上被称为“置换作用”的防御机制，即用一种精神宣泄去代替另一种精神宣泄。

⑯第十六只狐狸的这种情况在心理学中我们可以称之为“转化”，即个体将心理上的痛苦转换成躯体上的疾病。

⑰第十七只狐狸采用的是一种情绪取向的应对方式，在心理学中被称为“傍同作用”，即当自我评价值低于他人价值时，寻找与自己有关系的人来帮助自己实现自我价值。

⑱第十八只狐狸采取的是问题取向的应对方式，它懂得合作的道理，最终的结果既利于自己，又利于大家。

推荐欣赏——电影《阿甘正传》、舞蹈《千手观音》

1. 电影《阿甘正传》，美国，罗伯特·泽米吉斯导演，1994年上映

导读：电影中的主人翁阿甘（汤姆·汉克斯饰）于二战结束后不久出生在美国南方亚拉巴马州一个闭塞的小镇，他先天有智力障碍，智商只有75，然而他的妈妈是一个性格坚强的女性，她要让儿子和其他正常人一样生活，她常常鼓励阿甘“傻人有傻福”，要他自强

不息。在妈妈的爱护下，阿甘开始了他一生不停的奔跑。在成长的过程中，他需要经历比常人更多的挫折，而他面对挫折的方法就是忽视它并坚持不懈地努力，最后赢得了人们的尊重，成就了自己的事业，也获得了自己想要的生活。

2. 舞蹈《千手观音》，中国残疾人艺术团，2005 年

导读：《千手观音》的舞者以她们圣洁高雅的神态和优美的舞姿，诠释了整个舞蹈的灵魂，在 2005 年的央视春晚上感动着每一个中国人。但是谁也想不到，参加节目演出的全是残疾人！其中领舞者邰丽华，这个来自湖北的舞者，2 岁时就已经失聪，是位聋哑姑娘，15 岁时学习舞蹈，舞姿成了她心灵的语言。邰丽华曾经获得多个国际舞蹈奖项，还曾凭借舞蹈《雀之灵》，成为中国唯一登上美国纽约卡耐基音乐厅和意大利斯卡拉大剧院两大世界顶级艺术殿堂的舞蹈演员。邰丽华靠不懈的拼搏和奋斗，逐渐成长为中国舞坛上的一名新秀，她勤奋敬业、勇于攀登、从不言弃的拼搏精神，展现了残疾人敢于超越常人的奋斗轨迹。

第十一章

与父母和解——大学生亲子冲突的应对

学习地图

婴儿降临到世上，家是包裹他、守护他的贝壳。如果家庭对待孩子的方式是适度的爱和管束，孩子就会感到安全，并且逐渐发展出一种和谐的人际关系。而如果父母之间天天争吵，或过度干涉、忽略甚至虐待孩子，孩子就会感到不安，在人际关系中感觉到更多的焦虑和恐惧。亲子关系作为我们每一个人最原始的一段关系，对我们的人际关系、恋爱关系、婚姻关系产生深远的影响。

关于家庭矛盾、亲子冲突的处理和应对，人们往往关注父母在其中应该如何发挥积极作用，很少从子女的视角思考这一问题，尤其忽视已经接受高等教育的大学生在家庭互动中的积极性和能动性。高校大学生的思想政治教育往往偏重社会主义理论，忽视对大学生的家庭责任教育。亲子关系紧张可能会对大学生的心理健康造成不良影响，还可能造成整个家庭的功能紊乱。

大学生如何认识自己的原生家庭，面对原生家庭的不足，选择协调、沟通、化解还是一味沉浸在伤心委屈和指责父母之中，这是由其自己决定的。如果始终是受害者心态，把责任推脱到父母身上，那可能永远无法独立，永远不能做自己。

通过本章的学习，我们将认识什么是原生家庭和亲子冲突，了解原生家庭怎样影响我们的身心成长和人格形成，识别亲子冲突的主要影响因素，掌握化解亲子冲突的方法，提升大学生建设亲子关系的能力，让大学生在不同的情境中合理选择和使用亲子沟通策略，改善家庭中的亲子关系，提高家庭幸福感。此外，大学生即将步入社会组建自己的家庭，学会处理亲子冲突的技巧有利于化解未来与父母和子女的冲突和矛盾，为创建幸福和谐的新生家庭积累经验。

学习目标

※ 知识目标

1. 了解家庭和亲子冲突的有关概念。

2. 识别导致亲子冲突的不良沟通模式、内在原因和亲子冲突的形式。

3. 掌握调适亲子冲突的策略。

※ 能力目标

使学生能够觉察自身的不良亲子沟通模式，掌握提升自我情绪管理和有效亲子沟通能力的方法。

※ 自我认知目标

使学生认识到家庭对人心理成长的影响，通过学习，为创建幸福和谐的新生家庭积累经验，并努力避免家庭的代际创伤在我们下一代身上重演。

学习导图

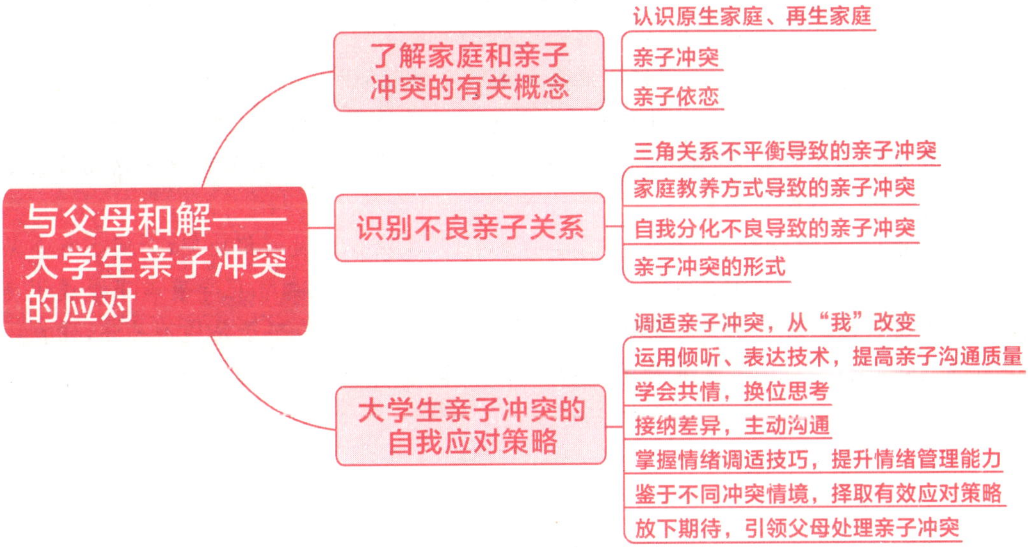

【校园故事回放】

陈某是一名大三学生，家庭条件较为优越。他性格孤僻，基本没有朋友，不能接纳自我，喜欢否定自己，悲观，不信任别人，但为人较为善良。大一有挂科，经过努力，大二成绩有很大提高，顺利通过英语四级。但在大三开学之时，该生情绪不稳定，出现旷课现象，老师一经了解，多次与其沟通，该生表现出强烈的退学意愿。

后老师联系家长到校共同商讨该生情况，该生见到父母后表现出强烈的抵触情绪，甚至出现辱骂父母的情况，表示与父母在一起的时候非常压抑。

通过对其家庭的了解和对其成长经历的分析，我们可以发现陈某自我不和谐、人际关系较差等性格特点与其家庭教养方式有密切关系，其成长经历如下。

第一，父母工作时间都不固定，在陈某小的时候对他的陪伴非常少，造成孩子与父母的感情较为淡薄，孩子不愿意或者不知道如何与人沟通，与父母也很少交流。

第二，从小家里条件较为优越，父母为了让他听话，对他提出的物质条件都能够满足，他也尽自己所能完成父母的要求，因此他心里认为与父母之间也是一种交换或者利益关系，故他将父母对他的抚养和付出合理化。

第三，母亲对他很溺爱，但父亲对他的教育方式比较简单粗暴，甚至经常体罚他，当母亲感觉自己管不了他的时候就会告诉父亲，亲子之间缺少有效的沟通、理解和交流。

第四，影响最大的就是中考，中考失利后，父母为了让他能够在高中取得好成绩，将他送到县里的重点高中，而高中时期的经历给他造成了很深的心理阴影。这种阴影增强了他的叛逆心理和对父母的不满，但因为担心自己的前途，担心父母不给他提供支持，他不敢反抗，长期对父母保持沉默，逃避心理较重。

【心理专家分析】

陈某的案例是典型的家庭教养方式不当导致的亲子冲突，而且是非常严重的亲子冲突，这种冲突在如今的大学生中屡见不鲜。亲子冲突往往都伴随着孩子性格的缺陷，如自我不和谐、人际不信任等，这严重影响了学生的学习和生活。陈某的案例给了我们深刻的警惕。

第一，原生家庭是学生最初也是最重要的教育环境，家庭教养方式适当与否关系亲子关系和孩子人格的养成。父母对孩子的教育是一个逐渐放手的过程，父母在家庭中扮演的主要角色由照顾者、教练变为顾问、朋友。当孩子成年后，就需要把决定权交给孩子自己，这既是权利，也是责任。

第二，亲子冲突的表现形式一般为言语冲突、身体冲突以及情绪冲突，时间上也会从偶发性到经常性。对于亲子冲突，家长应该及早重视，避免问题积压导致孩子形成不良习惯或性格。解决亲子冲突的最好途径就是沟通，父母应该给孩子足够的关注，注重心灵的沟通，专制、否决、冷漠都是亲子冲突的根源。必要时双方都应该共同寻求心理咨询。

第一节　了解家庭和亲子冲突的有关概念

在日常关系中，我们需要处理和不同人之间的关系，比如同学、朋友、恋人、老师。我们在和这些人相处的时候，会受到对方因素的影响，但更重要的是，我们会受到自身因素的影响。很多时候，我们可以从自己和别人的相处模式中，看到早期和父母相处模式的影子。比如，当我们小时候受到父母的关爱多一些，我们在人际交往中就会自然而然地去爱别人；如果小时候受到父母的忽视或是无故的打骂，我们可能就会倾向于和周围的人保持一些距离。家庭对我们的人际关系影响如此之深，乃至很多心理学家认为，心理问题的本质就是关系问题，而家庭关系是一切关系的基础。

一、认识原生家庭、再生家庭

（一）原生家庭及其特征

人一生有两个家庭：一个是自己出生、成长的家庭，另一个是进入婚姻生活后所建立的家庭，也就是自己“当家”的家庭。原生家庭就是指个人从小成长的家，即父母的家庭，是个体人生体验的最初场所。

在原生家庭，个体开始最初的生理、心理、情绪情感层面的学习。家长是青少年的启蒙老师，原生家庭是青少年经历社会化的第一个环境，这是学校教育以及社会教育不能替代的。在原生家庭时期，青少年的心理、性格等方面都具有较强的可塑性，他们的很多日常行为习惯、为人处世方式都是在原生家庭中习得的，包括自我需要的实现、人际关系的处理、情绪情感的协调、学习能力的培养等。同样，青少年价值观和信仰的形成也与原生家庭息息相关。家庭结构、父母关系、家庭氛围等都会影响到青少年的性格发展和心理健康，青少年对自我的看法也根源于家庭。每个人都有认知和行为上的既定模式，这些模式从小在不知不觉中形成，并且在往后的人生旅程中反复出现，这些既定模式全部是在自己的原生家庭中形成的，因此每个人都是原生家庭的产物。在人际互动中，很多时候我们不是仿照自己在原生家庭里不知不觉中学到的一些行为模式，就是反其道而行之，所以原生家庭的影响是伴随一生的。

如果童年的原生家庭不幸福，你就会有种感觉：为什么童年已离去久远，可是在与父母的相处、夫妻的互动或是亲子的沟通中，有些童年的言语、习惯甚至愤怒如此轻易地显现出来？如果一个人的童年被错误地“制约”或被偏差地引导，那么他的人生往往不停地在负性的“制约”中打滚、挣扎而浑然不知。这时发出的生命呼唤是：为什么我活得不快乐？为什么我走不出伤痛的牢笼？为什么……童年经历过的一些非常强烈、痛苦的经验感受，随着年龄的增长，并不会离我们远去，它静静躺在我们的潜意识里，一旦受到生活刺激就会被引爆，甚至会影响我们的一生。

> 幸运的人一生都在被童年治愈，不幸的人一生都在治愈童年。
>
> ——阿德勒

（二）再生家庭及其特征

再生家庭是指进入婚姻生活后所建立的家，即夫妻自己组建的家庭，这样的家庭不包括夫妻双方父母，这个家庭里只有一对夫妇和未婚子女（无论子女有无血缘关系），通常称“小家庭”。

再生家庭的特点是对亲属的依赖性较小，独立性、灵活性、机动性较大，具有性爱、生育、教育、经济、娱乐、情感交往等功能。这种家庭有利于形成家庭中的平等关系、平等权利、平等嗣系，简化家庭人际关系，减少家庭生活中的矛盾和纠纷，实现家庭中的民主，有利于培养青年人的独立性，满足不同代人对不同生活方式的追求；但它削弱了两代人之间的关系，不利于两代人在家庭生活中相互帮助和救援，在老人赡养和儿童抚育方面存在一些实际问题。再生家庭是现代都市和工业社会最主要的家庭模式。目前在中国，再生家庭模式占近三分之二，居各种家庭模式之首。

（三）家庭生命周期

家庭生命周期是指家庭生活的不同阶段，从与父母分离到结婚、生子、年龄增大、退休，直至最终死亡，包括离开家的单身青年与相爱之人通过婚姻联结形成家庭、第一个小孩的到来、家有青春期的孩子、孩子离家独立生活、生命后期的家庭生活。一般一个典型的家庭生命周期可以划分为以下 6 个阶段。

1. 青年单身期

参加工作至结婚的时期，一般为 1～5 年。这时的收入比较低，消费支出大。这个时期是提高自身、投资自己的大好阶段。这个时期的重点是培养未来的获得能力。财务状况是资产较少，可能还有负债(如贷款、父母借款)，甚至净资产为负。

2. 家庭形成期

家庭形成期是指从结婚到新生儿诞生时期，一般为 1～5 年。这一时期是家庭的主要消费期。经济收入增加而且生活稳定，家庭已经有一定的财力和基本生活用品。为提高生活质量往往需要较大的家庭建设支出，如购买一些较高档的用品，贷款买房的家庭还需一笔大开支——月供款。

3. 家庭成长期

家庭成长期是指小孩从出生直到上大学前，一般为 9～15 年。在这一阶段里，家庭成员不再增加，家庭成员的年龄都在增长，家庭的最大开支是保健医疗、学前教育费、智力开发等费用。同时，随着子女的自理能力增强，父母精力充沛，又积累了一定的工作经验和投资经验，投资能力大大增强。

4. 子女教育期

子女教育期是指小孩上大学的这段时期，一般为 4～8 年。这一阶段里子女的教育费用和生活费用猛增，财务上的负担通常比较繁重。

5. 家庭成熟期

家庭成熟期是指子女参加工作到家长退休为止的这段时期，一般为 15 年左右。这一阶段自身的工作能力、工作经验、经济状况都达到高峰状态，子女已完全自立，债务已逐渐减轻，理财的重点是扩大投资。

6. 退休养老期

退休养老期是指退休以后这段时期。这一时期的主要内容是安度晚年，投资和花费通常都比较保守。

以上是一个普通家庭生命周期的划分。这种分法是不完美的，因为没有考虑到如单亲家庭、无子女家庭等形式。

生命周期就像一个校准的时钟，到点时家庭的内在功能和发展任务就要做出相应的调整，否则就容易出现问题。比如离开家的单身青年人，要从经济和情感上与原生家庭有较好的分化，需要建立亲密的同伴关系，逐渐成为一个可以独立生活的成熟的人。这时，需要原生家庭和青年人都能够做出一些调整，家庭能够给孩子一个适度空间，对孩子在家庭以外的发展给予一定的鼓励和支持。

二、亲子冲突

虽然心理学界对亲子冲突的研究已有较长历史，但关于亲子冲突的概念仍未形成统一认识。大部分学者认为，亲子冲突是指父母与子女在日常交往中双方表达出来的对立或不一致，主要包括情绪对立、言语冲突和身体冲突三个方面。何文广等学者认为亲子冲突是青少年日常生活中一种常见现象，主要是指父母与亲生子女，或父母与养子、养女之间由于某方面的原因而引起彼此心理上的不适（如心理上相互反感、怨恨）、语言上的争执（如争吵、谩骂）、身体上的攻击（如动手打或用脚踢）。有些学者最初只关注到外显冲突，如情绪上的生气、发火，言语上的争吵和行为上的拳打脚踢等，后来关注到内隐冲突，如亲子间内心的不满、亲子互相冷落等。

视频案例 11-1

亲子冲突

三、亲子依恋

依恋理论最初是由英国精神分析师 Bowbly(1969)提出的。二战期间，许多儿童成为无人照料的孤儿，Bowlby 发现这些进入孤儿院的孤儿虽然身体上得到了看护，但仍然表现出严重的心理障碍，因此，他从关注孤儿院中母爱剥夺等因素导致的孤儿心理障碍开始，在生态学和精神分析理论的基础上，提出了依恋理论。

Brehtartno(1992)提出，幼儿会在与周围人和物不断复杂化的交往中，建立一个内部的工作模型，这种模型内化了对依恋对象和自己以及两者关系的内在表征。儿童在这个模型的指导下，建立了不同情境的反应方式。这种行为模式一旦形成，就具有了很强的保持自我稳定的倾向，并且会在行为主体（幼儿）的潜意识中起作用。

继 Bowlby 提出依恋理论之后，以美国心理学家 Mary Ainsworth 为代表，依恋研究进入了一个新阶段。通过精心的家庭和实验室观察，Anisworth(1975)等人发明了著名的陌生情境测验法来测量幼儿与母亲之间的依恋关系。通过对多个样本的分析，探讨了影响母子依恋质量的因素，并根据陌生情境下幼儿与母亲分离与重聚时的表现以及陌生人在场时的表现，将幼儿的依恋类型划分为典型的三类：安全型依恋、焦虑—回避型依恋、焦虑—反抗型依恋。

安全型依恋的幼儿当母亲在场的时候急于探索游戏室，但母亲离去时就表现出不安；当母亲回来时，幼儿会主动发起与母亲的互动，寻求与母亲的身体接触，很快从不安中平静下来，接着开始探索行为。对陌生人表现出不同程度的警觉，但有时也能试图接近并向陌生人表示友好。

焦虑—回避型依恋的幼儿随母亲进入游戏室后立即开始玩耍，没有注意或很少注意到母亲的离去，在母亲离去后仍能继续玩耍。母亲回来时，表现出对母亲的回避行为，不注视母亲，而是寻找玩具。

焦虑—反抗型依恋的幼儿一进入游戏室就表现出“痛苦”，对新奇环境相对没有兴趣。整个过程都担心着母亲的去向，母亲离开后十分沮丧，母亲回来时表现出矛盾行为，即寻求接触与接触抗拒，不容易平静下来，整个过程都表现出不安和痛苦。对陌生人不主动接近，社会适应上表现消极。

Main(1990)的研究又提出了一种新的依恋类型——混乱型不安全依恋。这类依恋是一种最不安全的依恋类型。在陌生情境下，其行为表现为杂乱无章，缺乏目的性、组织性、前后不连贯。在这种依恋类型中，前述三种类型的依恋行为以非同寻常的方式复杂地结合起来。

第二节　识别不良亲子关系

一、三角关系不平衡导致的亲子冲突

你也许见过这样的情景：公交车靠站了，一家三口上了车：母亲、父亲、女儿。母亲、父亲分别在两个座位入座，母亲招呼女儿过来坐下，女儿不坐，转向父亲：“你怎么还坐啊?”听起来像大人对小孩的行为不满，不是通常情况下女儿对父亲的态度，给人的感觉是女儿凌驾于父亲之上。“我就坐，怎么着，能坐一站就坐一站。”父亲说话的声音很大，像个反抗的小孩。“你怎么能这样和孩子说话呢?!”母亲在旁开口了，语气类似于训斥一个孩子。父亲低头不语，脸上很无奈。

这上面短短的一幕中，女孩其实是借助了母亲的力量(或者说在母亲的允许下)向父亲挑战，母女联合击败了父亲，父亲呈现出无力的状态。这就是家庭治疗大师莫瑞·鲍恩所提出的家庭三角关系，即通过第三者的介入来转移两个人之间的冲突。

当家里面某两个人的关系出现紧张的时候，其中一方或双方会把注意力投向第三方，第三方则会参与到前两者的问题中来缓解两人间的压力和紧张。莫瑞·鲍恩提出，家庭中存在各种三角关系。三角关系可以通过各种途径发生，但是通常牵涉一对家庭成员联合或抗拒第三个家庭成员。比如，“两个孩子和一个父母的”“父母两人和一个孩子”的三角关系等。

家庭三角关系是孩子与父母形成安全依恋的基础环境，而父母对孩子的行为会直接影响孩子的行为。亲子沟通方式与大学生的人格发展、习惯养成紧密相关，而夫妻关系和家庭教养方式是影响亲子关系的重要因素。

在家庭基本三角关系中，若夫妻与孩子三者之间构成一个稳定的等边三角形(见图 11－1)，三个人分别是三角形的三个顶点，也就是说，三者之间的情感距离大致是相等的，这样的家庭关系才会平衡。家庭中的每个个体既能建立起亲密关系，又能保持各自的独立性，家庭成员感到温暖而自由，这对孩子的心理成长是有利的。如果夫妻之间关系过于紧密(见图 11－2)，孩子长期被疏远、被冷落，那么孩子就会感觉孤独、失落，“我是不重要的”“我是不被重视的”，容易缺少安全感，长大后，容易情绪低落，对人缺乏信任，难以与他人建立亲密关系，习惯与人保持距离。有两类较

典型：一类是父母外出打工，长时间和父母分离，缺少和父母互动的留守儿童；另一类是很早就被父母送去上寄宿学校的少年，缺少和父母交流互动的经历，这些孩子在成长过程中，不容易感受到父母的陪伴和关爱，长大后较容易出现心理健康问题。

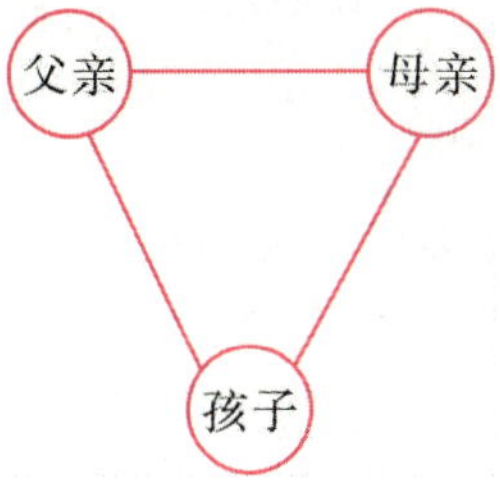

图 11-1　稳定型家庭三角关系

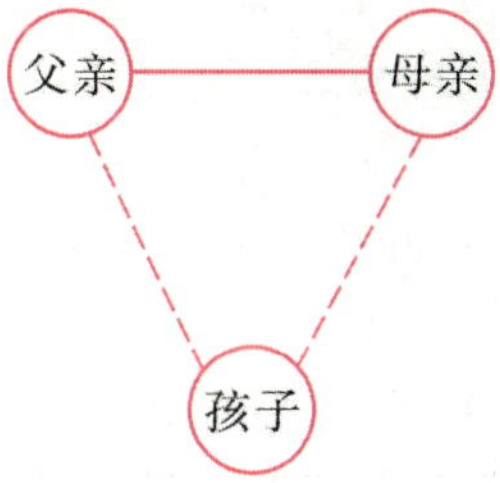

图 11-2　父母紧密型家庭三角关系

目前常见的冲突型家庭关系是：夫妻中的一方在外忙于工作应酬，照顾家庭的时间太少，与子女的关系紧张，而另一方与子女的关系过于亲密。感情失落的一方，会通过对孩子的过度关注来获得补偿，一方与子女的关系紧密，第三方更为疏远。这样的家庭三角关系严重失衡（见图 11-3、图 11-4），孩子难免被卷入夫妻矛盾中，孩子常常扮演“家庭拯救者”的角色。父母间的关系紧张，使孩子感到不安和忧虑。有的父母不能很好地控制自己的情绪，因为挫折或不顺心的事，便牢骚满腹，甚至互相打骂。孩子会认为亲人在相互仇视，家庭将会破裂。有些孩子会将这些归咎于自己，有些孩子过度忠于某一方，有些孩子会离家出走、逃学、沉迷网络等。有的父母无意识地利用孩子来反对另一方，在孩子面前指责、贬低另一方，把孩子卷入了夫妻的“战争”之中。对于年幼的孩子来说，其根本不能理解这是怎么回事，但会引起孩子内心的愤怒、愧疚甚至羞耻感，造成心理冲突。

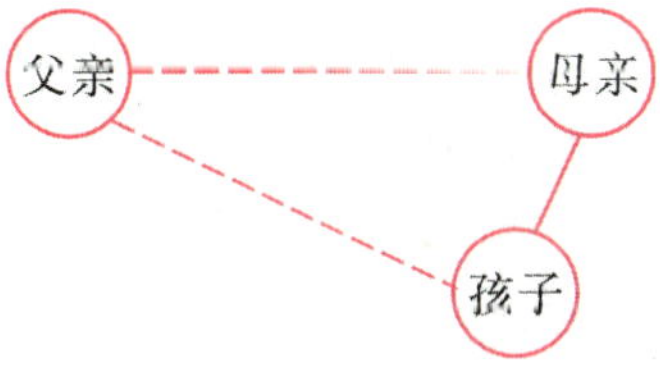

图 11-3　冲突型家庭三角关系(1)

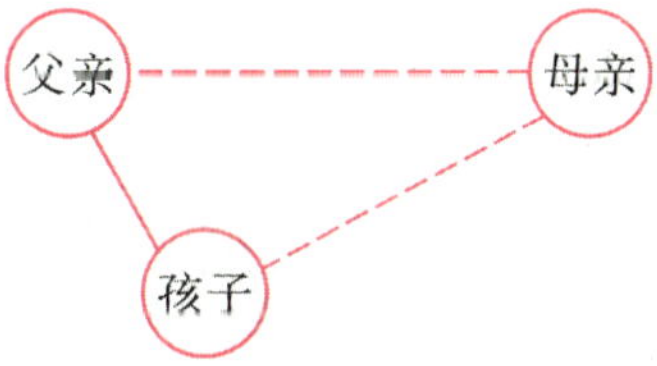

图 11-4　冲突型家庭三角关系(2)

二、家庭教养方式导致的亲子冲突

家庭教养方式是指家庭长者尤其是父母在与子女交往的过程中形成和发展的教养观念、教养行为及其对子女的情感表现的一种组合方式。父母教养方式直接影响亲子关系，对子女的个性、人际交往能力等方面的发展起到重要的影响作用。

目前，我们把家庭教养方式分为 4 类：专断型、纵容型、放任型、民主型。

1. 专断型

此类家庭里，父母提出许多规则和命令，通过权力而不是道理迫使孩子服从。父母处于主宰地位，孩子成长过程中的一切，从学习、选择专业、就业到结婚，都由父母决定，一手操办。父母理所当然地认为自己的经验会给孩子带来无尽的好处，孩子永远是孩子，不能自己去决定自己的前途。父母常常以说教、命令乃至体罚来强迫孩子听大人的话，这样的家庭，孩子有种向外逃离的愿望，最容易出现叛逆、离家出走的行为。一方面，孩子认为父母不理解自己；另一方面，父母认为自己为了孩子好，孩子还不理解，也很委屈。同时由于家长事事插手，孩子没有自己的决定权，往往容易产生受“压制”的感觉，自尊心和自信心严重缺乏。

2. 纵容型

此类家庭里，父母较少提规则和要求，给予孩子过多娇惯和自由。这类家庭父母和孩子“黏合”在一起，父母对孩子的“期望”过低，甚至低到孩子完全没有了生活目标和对自身的严格要求，但提供给孩子的替代行为过多。此类家庭的孩子大多缺乏独立性、拼搏精神和责任感，容易受到社会不良习气的影响，缺少战胜困难或挫折的勇气和信心。纵容型家庭的冲突经常会这样：父母认为，“家里什么事情都不让你做，好吃好喝好穿的都给你，就想不让你分心学习，可你怎么考得这么差?”孩子虽衣食无忧，但会产生负罪感，家庭矛盾就产生了，所以这类家庭不利于孩子的成长，当孩子进入大学、面对社会的时候会感到难以应对，很多问题就会暴露出来。

3. 放任型

在放任型家庭里，父母与子女之间缺少沟通，不关心孩子的未来发展，漠视孩子的内心世界和需要。父母与孩子处于各自的生态圈，亲子关系完全分化，甚至于分裂。在此类家庭里，家长既对孩子没有什么“期望”，也不愿提供任何具有实际意义的“帮助”。在此家庭氛围下，有少部分孩子能够自强不息最后成材，但大多数学习消极、品行不端，甚至较有可能沦为“问题少年”。对孩子漠不关心、放任自流，易造成孩子冷酷、易怒、攻击、情绪不安等心理。

4. 民主型

此类家庭里，父母能够尊重孩子观点，以合理、民主的方式管理孩子。只有在这类亲子沟通中，父母和子女既可以亲密也可以独立。父母对孩子怀有较高但又合理的“期望”，同时也能给予孩子慷慨的“帮助”。家庭实施的种种“规则”或“规矩”由家长和孩子两个方面一起商量制定，故孩子不但知晓“应该”做什么，更明白“为何”这么做。一般来说，在这种充满了民主气氛的家庭中，孩子更可能学习努力、主动，心理素质也较好，较能应付种种挑战和压力。

三、自我分化不良导致的亲子冲突

20 世纪 50 年代中期，系统家庭治疗的创始人莫瑞·鲍恩在对精神分裂症家庭开展临床工作和深入研究时发现：母亲和病人之间“共生”性的紧密情感连接，是所有问题家庭共同的作用机制。鲍恩提出“自我分化”是家庭成员心理成长的必要目标。

自我分化的核心是一个人与父母的关系。自我分化有两个过程：一是把自我从他人那里分化出来，即个体与原生家庭的分化，这是自我分化的核心；二是理智过程与情绪过程之间的分化。

自我分化水平高的人能够更好地平衡理智和情绪，既能够产生强烈的情感和主动性的行为，同时又能够自我克制，并且客观地看待事物，因此有能力抵制情感冲动对自己的影响，即这类人能很好地觉察自己的真实情感和体验。在家庭中，能分化情绪和理智的人，可以坚持自己不被别人的感受所控制，无论是在压力下，还是平静时，都能有效合作，关心彼此的利益，并保持联系。

自我分化水平低的人更倾向于情绪化，他们很容易被周围人的情绪和行为所影响，当他们处于平静时，系统功能还可以保持良好；但处于焦虑状态时，家庭成员间的关系可能退化为自私、相互攻击和回避，凝聚力和利他能力低下，成员间的合作趋于崩溃。分化水平低的人，依恋程度是很高的，他们容易在人际交往中出现“融合”的状态，仿佛他们就是一个共同的自我，分享一个共同的自我界限，在此界限内，个体间没有显著的区别，思想、情感甚至身体的疼痛都成为他人的一部分。这样混淆感受和思想的人则会表现一个“假性自我”，而不是他们的真实观点和意见。

低自我分化的人，有时会为了抵抗亲密性，以情感阻断来表达过度的“个体性”，用疏离、孤独、完全不与他人交流来表达对亲密性的反抗，这其实也是一种未分化自我的表现。

就家庭内部而言，鲍恩强调个人的情绪系统，既受到来自家庭成员“亲密性”的影响，又受到自身“个体性”力量的影响。当这两种力量相互平衡，个人就会有较高的能力从家庭中分化自我。他们既能在需要时通过亲密感获得支持，又能够理性地保持自己的个体性。如果亲密性过高，个体就会缺乏理性和思考，混淆自己和家庭成员的界线，把家庭的价值观、生活经验不加思索地加到自己身上，失去自己的独立思考和态度，过分卷入父母的情绪或家庭冲突，从而产生过度的焦虑，甚至导致身心障碍。很多家庭出现的很多“烦心事”，就是因为界限不清，所有人的关系缠在一起，父母干涉孩子的一切，而孩子也主动或被动地卷入父母的关系冲突中。

在低分化家庭中，如果父母关系不成熟，在他们与孩子的关系中受影响最大的是家庭中分化最不好的那个孩子（与父母关系最亲密的孩子）。分化不好主要表现为：过度照顾、黏滞、纠缠、界限不清、孤独、疏离。

视频案例 11-2

受到原生家庭的伤害，还能够和父母好好沟通吗？

四、亲子冲突的形式

亲子冲突的表现形式多种多样，主要有三种表现形式：第一种是身体冲突，即父母体罚子女、子女攻击父母；第二种是言语冲突，指父母用强烈的言辞责骂子女，子女用同样的方式对待父母；第三种为心理攻击，父母用冷落、讽刺以及心理折磨的方式对待孩子，孩子则对父母表现出明显的逆反行为，通过自己的行为激怒父母，甚至通过犯罪等方式报复父母。其中大学生亲子冲突的主要形式是言语和情绪冲突，最激烈的是身体冲突。

关于亲子冲突的内容方面，国外研究发现冲突较多的为日常生活安排、学业和家务，较少的是朋友和隐私。国内最新研究也证明了青少年与父母冲突最多和最激烈的三个方面依次为学业、日常生活安排和做家务。亲子冲突的主动性是指亲子冲突是由谁发起的。国内研究从性别差异的研究中得出结论，女生与母亲的冲突明显多于与父亲的冲突，而男生只在日常生活方面表现出明显的差异，即在日常生活方面男生与母亲的冲突明显多于与父亲的冲突。

第三节　大学生亲子冲突的自我应对策略

在幼年时期，亲子关系主要是父母起主导作用，儿童处于被动接受的地位。随着生理发育的基本成熟，心理也逐渐由幼稚向成熟发展，大学生的自我意识逐渐清晰，独立意识也日益增强，能从自身角度来观察问题和发表看法。在此阶段，亲子关系的双向互动性不断增强，父母和子女都需要经历一个调整过程。大学生具备了比中学阶段发挥更多个人作用的基本条件。那么在大学阶段，如何协助学生改善与父母的关系呢？家庭治疗模式很多，但大学邀请家庭主要成员参与治疗的难度较大，多数情况下是对学生本人进行认知调整，我们相信家庭三角关系中一点的改变会带来整个家庭系统的改变。

一、调适亲子冲突，从“我”改变

大学生亲子冲突作为亲子互动的一种基本形式，能否发挥亲子冲突的积极作用在一定程度上取决于大学生如何看待冲突现象。在长期争吵的家庭中，家长和学生往往有种观念，一旦发生冲突，就是对感情的严重伤害，就是“不爱父母了”“父母不爱我了”。其实，亲子之间有不同的意见，发生冲突是正常现象，冲突本身未必不好。在这世上没有两个人是完全一样的，因此没有两个人对同一事物的看法是完全一样的，即便是在有血缘关系的父母与子女之间，有人坚持要对方接受自己的看法，冲突便会出现。

因此，大学生若想改善亲子关系，欲将不可避免的亲子冲突向建设性方向进行转换，更多地发挥冲突的正向作用，大学生首先应当用一种积极的态度来看待亲子冲突，而不是采用逃避、无视等一些消极的方式对待它。不要害怕冲突，重要的是要敢于面对冲突，主动与双亲沟通，表现出妥善解决的诚意，说明双方产生冲突的原因和背景。

正确的认识和理论对实践具有一定的推动作用，大学生只有树立一种正确的冲突观，才可能采取恰当的方式处理亲子冲突。因此当我们与父母发生冲突时，应当将冲突发生视为增进亲子关系的契机。同时，我们要注意在与父母沟通的过程中传递的语言和非语言信息，要正确有效地表达自己的感受和想法，避免冲突。大学生应当积极接受父母方的信息，站在父母的立场，尝试理解父母的想法，进行积极沟通。

【心理知识】

萨提亚的五种沟通模式

（一）认识萨提亚

作为人的名字，维吉尼亚·萨提亚（1916—1988）是举世知名的心理治疗师和家庭治疗师，她是第一代家庭治疗师，从20世纪50年代起已居于领导地位。

作为一种治疗模式的代名词，萨提亚模式的最大特点是注重提高个人的自尊、改善沟通及帮助人活得更“人性化”，治疗的最终目标是个人达到“身心整合，内外一致”。

(二)萨提亚冰山理论

萨提亚冰山理论实际上是一个隐喻，它指一个人的“自我”就像一座漂浮在水面上的巨大冰山，能够被外界看到的行为表现或应对方式，只是露在水面上很小的一部分，而水面之下更大的山体，则是长期压抑并被我们忽略的“内在”。揭开冰山的秘密，我们会看到生命中的渴望、期待、观点和感受，看到真正的自我。

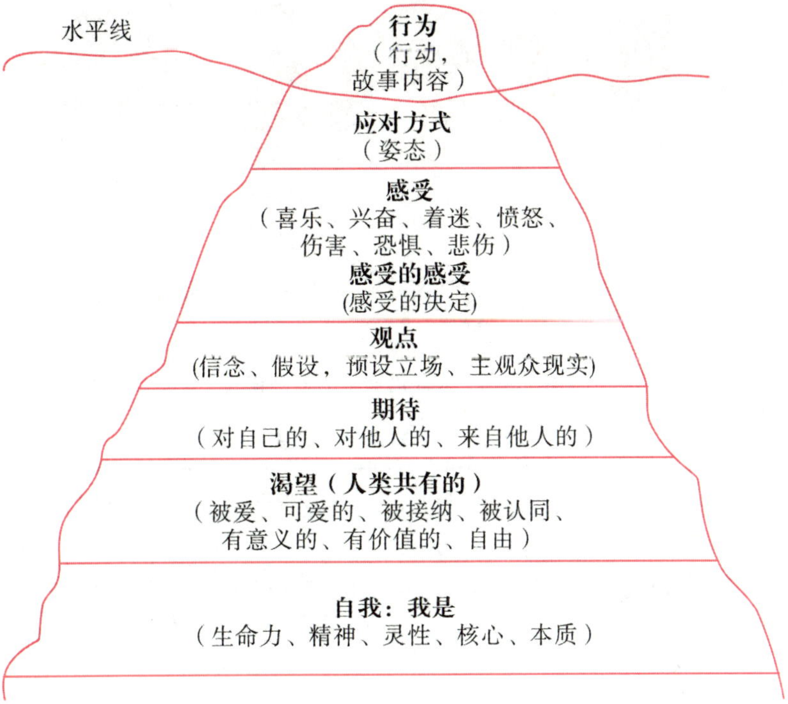

图 11-5　萨提亚的冰山理论

(三)沟通中的五种模式

图 11-6 是萨提亚派沟通模型总图。后面的五种沟通模式，都从这个图生发而来，但是前四种指责型、讨好型、超理智型、打岔型都各有缺陷，只有在第五种一致型沟通那里，自我、他人、情境三者才能统一，三者都有表达和展现，哪个都没有被压抑或无视。

萨提亚曾描述过这样一个现象，在人群中，无论人们的真实感受和想法如何，总有 50%的人回答“是”(讨好型)；30%的人回答“不是”(指责型)；15%的人既不回答“是”，也不回答“不是”，也不会给出他们真实感受的任何线索(超理智型)；还有 0.5%的人会表现得若无其事、毫无知觉(打岔型)；最后只有 4.5%的人是真实的，他们是一致型的。

从人们习惯性的行为表现很容易识别不同的沟通类型：①讨好型的人往往倾向于让步、取悦于人、依赖、道歉；②指责型的人惯于攻击、批判、愤怒；③超理智型的人顽固、僵硬、刻板、一丝不苟；④打岔型的人不安定、插嘴、打扰，活力过多或不足。这些表现可以归结为与自我的不一致。

表 11-1 是五种沟通模式的区别。

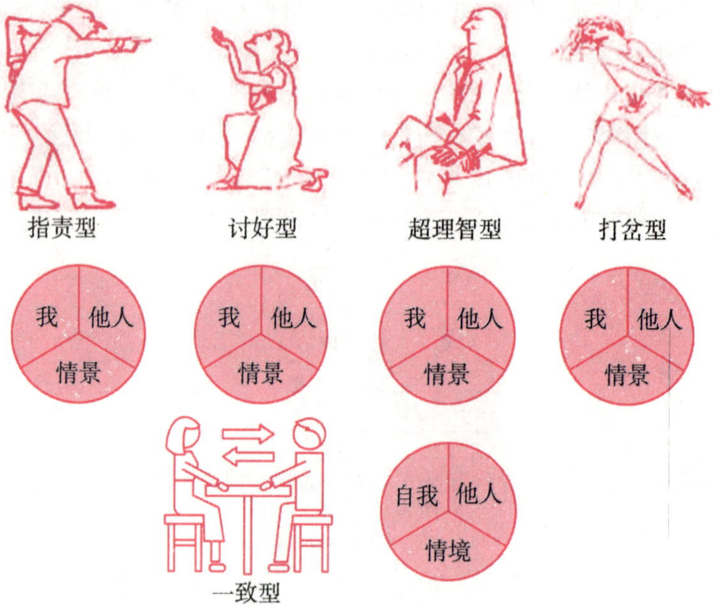

图 11－6　人际沟通中的五种模式

表 11－1　五种沟通模式

姿态	行为	感受	信念	期待	渴望	自己内在经历
讨好	依赖，道歉，取悦、赞扬别人	无助、焦虑、担心、委屈	让大家高兴，千万不能得罪人，是我的错	大家喜欢我，主动关心我	被认可、爱、接纳、归属	我一无是处、我毫无价值、我不重要、我不够好
指责	挑剔、拒绝、批判、攻击	愤怒、失望、不满	你不行，你是错的	我要最好，别人不能出错	被认可、爱、接纳、归属	没人理解我，我很孤独
超理智	啰唆、讲道理、讲原则、古板	麻木、压抑	有道理、正确最重要	我不能表现出任何感受、和人保持距离	被认可、爱、接纳、归属	脆弱、无助
打岔	表里不一、逃避、心不在焉	痛苦、自卑、不自在	没有人关心我、理解我	不能让人觉察我的痛苦	被认可、爱、接纳、归属	深深的自卑和痛苦
一致	放松、不强求、表达自我、接纳别人	平静、积极、乐观、能体验到此时此刻的真实感受	我很好，别人也很好	我可以快乐，也可以悲伤，能理解接纳别人	被认可、爱、接纳、归属	和自己联结、我是好的

以上四种典型的“不一致”沟通的问题在于，都在掩饰、压抑或扭曲自己的情感，不愿袒露自己的感受，而是用自以为高明的办法去掩饰它。例如，当一个人做了一件让你愤怒的事，你无法直接说“你这种做法让我感到愤怒”，却要转变成一个指责者说：“你怎么什么事都做不好。”

这种不一致的沟通让人很压抑，长期下来甚至会造成严重的疾病，如头痛、胃溃疡等。许多人已经习惯于不一致的沟通，以至于他们甚至察觉不到有任何问题，例如一个超理智者认为自己就是“毫无情感”的，甚至以此为豪。

恋爱过的人可能都有过“爱屋及乌”的情况，我们假装喜欢实际上不喜欢的歌手，只为了博取对方的欢心。然而这只是一时和表层的，激情之后的不久就会露出“庐山真面目”，让对方感受到“你变了”或者“原来你还在那里”。不一致的沟通事实上伤害了我们和别人建立情感联结的能力，我们试图掩盖真相，我们装作对不喜欢的事情若无其事，将情绪累积在心中，然而不幸的是，这种累积迟早会爆发。

一致性的沟通意味着承认自己所有的情感，能很好地表达自己的想法，同时顾及他人的感受及情境。在表里一致的行为和关系中，我们可以不带任何评判地接纳并拥有自己的感受，并且以一种积极、开放的态度来处理它们。

举例：想象你刚刚碰伤了别人的手臂，你会怎么道歉？

讨好型：请原谅我吧，我真的很笨！

指责型：天哪，我怎么会碰了你的胳膊！下次你把胳膊收好，这样我就不会碰到了！

超理智型：我希望能向你道歉。我经过的时候无意中碰了你的胳膊，如果你的手臂受伤了，请联系我的律师。

打岔型：咦，有人发狂了，一定是撞上了。

一致型：我不小心撞伤了你，非常抱歉，你这里很痛吧？

一致型沟通不意味着你不可以有隐私，恰恰相反，你不用扭扭捏捏地岔开话题，只需一致地说：“这个话题我现在还没有准备好。”最终，一致型沟通让人感觉到你是可以信任的，人们愿意向你敞开心扉。

文字案例 11－1

沟通和交流一致性的三个层次

我邀请你做一个一致性沟通的人，说出心里的想法和感受。你会发现许多之前的不安根本是不存在的，当你愿意表现得一致的时候，别人也感到安全。

二、运用倾听、表达技术，提高亲子沟通质量

良好的亲子关系依赖良性的亲子互动，亲子沟通是亲子互动的重要形式。伦德堡认为：“沟通是社会过程的基础，断绝沟通就是冲突的实质。”因此，提升大学生的沟通能力能促进亲子冲突往建设性方向转化。

倾听是一门艺术，也是亲子沟通的重要技术，它不能简单地理解为侧耳倾听，广义的倾听还要注重对方言语和非言语信息。为避免因信息倾听失误引发的亲子冲突，大学生与父母沟通中要注重有效倾听，掌握有效倾听的基本技巧。大学生要积极运用积极表达

的技术来建设亲子关系。很多大学生表示，自己与父母发生冲突，某些时候的确是因为自己不合理的表达。俗话说“刀子嘴豆腐心”，正是一种内心诉求与言语表达不协调统一的浅显表述。

例如，在2020年新冠肺炎疫情时期的居家隔离期间，亲子冲突的频率显著高于日常，这主要由于大学生与父母对于居家生活的节奏有着不同的计划和安排。父母也许并未意识到亲子冲突频发的原因。我们需要在紧张繁忙的学期结束之后，先放松一段时间，但也许我们可以尝试表达自己的想法，让父母理解和接纳。

有些父母爱孩子爱得过分，把孩子纳入自我范畴，忘了彼此的边界，以为孩子的问题就是自己的问题(如专断型、纵容型家庭)。为了孩子的生活、学习、交友等问题，担心、害怕、紧张、内心不安，但不是所有的父母都能以孩子能接受的方式表达爱。

那么，我们也可以尝试理解，以“勤劳质朴”为基本人生信条的父母，见到孩子懒散生活状态时的“焦虑和担心”。我们要能够明白，这些担心外面裹的是“批评”，但里面包的是“关心和爱”。有了这样的共情和理解，我们就更容易放松下来，不必着急为自己辩护，不必急着证明自己是好的，而是心平气和地告诉父母，我其实并不是像你们担心的那样，我正在调整的过程当中，我会一直努力，请相信我。

家庭是个能量的蓄水池，能缓冲生活的压力、疏导负面的情绪、减轻心灵的冲击，必要时给予家庭成员支持。当然，亲情有时候也会造成伤害，亲子互动有这样或者那样的矛盾冲突。只要父母与子女双方能保持平和之心，学习表达并读懂彼此爱的语言，家庭中再激烈的冲突也会化于无形。中国本土文化向来注重委婉含蓄，这种表达方式在一定程度上阻碍了亲子沟通，不利于子女将内心情感和矛盾心理表达出来，父母往往不能知其意、懂其心。因此，大学生在亲子沟通中要格外注重将内心的情感和意愿用贴切的言语传达给父母，让父母清楚地知道自己内心的想法。大学生应该提升与父母积极表达的能力，将内心的想法自然、清晰、充分地表达出来，促使亲子冲突的建设性转变。

三、学会共情，换位思考

换位思考说起来容易，做起来却需要以“愿意理解对方”为前提，这就要求我们要先看到与父母的共性，比如共同的特点，或者冲突背后共同的目标。比如，一个大学毕业生想创业，但当他与父母交流自己的创业想法，想获得父母的支持时，却遭到父母的极力反对和指责。当我们能够理解到父母对创业可能失败的焦虑和担心后，我们可以先共情父母的焦虑、担心和恐惧情绪，然后再把我们比较成熟的创业想法、计划、创业资源以及可能的风险和如何化解风险等与父母交流，请他们根据他们的人生经验为我们提出一些我们没有考虑到的问题和注意事项，他们就可能容易接纳我们的想法，给我们以支持了。“先调适情绪，再沟通”就比较容易获得父母的支持，减少亲子冲突的发生。

对父母来说，心里都有一个理想化的孩子。同样地，我们要意识到，他们也是第一次当父母。正如《银河补习班》中马皓文说：“爸爸也是第一次当爸爸。”是啊，父母用的思维渐渐固化，作为年轻人，何不试着改变我们自己的固有思维呢？毕竟，我们接受新事物要更快一些嘛。

图 11-7　换位思考，都是可以理解的

四、接纳差异，主动沟通

我们可以采用"非暴力沟通"的技巧，更好地表达内在的需求，建立协作式的关系，进一步增进彼此的理解，明确改变具体方法。

①区分观察和评论。能够不带预设地仔细观察正在发生的事情，并具体指出正影响我们的行为和事物。比如，可以表达为"过去的十分钟，你说了这件事情三次"，而不是"你无时无刻不在说我，你就是看我不顺眼"。

②区分感受和想法。能够识别和表达内在的身体感觉和情绪，而不包含评判、指责等。比如可以表达为"我听你这么说，感觉特别委屈和难过"，而不是抱怨"你要这么说的话，我们完全没办法交流，你根本不理解我"。

③体会内在需要是否得到满足。行为的背后体现了内在需要。比如当父母直接进入我们的房间，想直接了解我们的状态时，他们可能是希望为我们提供必要的指导和帮助，体现他们对子女来说是有价值的，满足自我价值感的需要。而此时我们被尊重、被信任的需要，可能就受到了挑战，这会导致冲突的发生。那么，平时有意识地主动与父母分享自己的故事，邀请父母帮忙，让他们体会到自己对于子女的价值，他们可能就不会通过那些让我们觉得隐私受到侵犯的方式来满足内在需要了。

五、掌握情绪调适技巧，提升情绪管理能力

情绪是个体内在感受的外在表现。当大学生与父母发生冲突时，不可避免地会产生消极情绪。消极情绪不可能被完全消灭，但是可以通过合理的方式进行情绪管理。所谓情绪管理就是个体对情绪感知、控制和调节的过程。大学生情绪管理能力与亲子冲突解决数量和亲子冲突解决满意度显著相关，因此促进大学生亲子冲突向建设性方向转化，提升大学生情绪管理能力势在必行。

"情绪 ABC 理论"认为，个体产生情绪困扰不是因为 A—诱发事件，也不是 C一行为结果，而是根源 B一不合理的信念。因此当大学生和父母发生冲突时，大学生应当考虑自身是否产生不合理的信念，不合理的信念有三个较为典型的特征：一是绝对化的要求，即我对父母怎样，父母就应当对我怎样；二是过分概括化，即以偏概全地看待亲子冲突问题；三是糟糕至极的结果，一旦发生亲子冲突，就想象结果非常可怕糟糕。一旦在亲子冲

突过程中产生不合理的信念，大学生要积极调整，用合理信念取而代之。

情绪表达也是情绪管理的重要组成成分，大学生应当在亲子冲突过程中合理表达情绪。正如亚里士多德所言："任何人都会生气，这没什么难的，但要能适时适所，以适当方式对适当的对象恰如其分地生气，可就难上加难。"在亲子冲突过程中，大学生应当善于使用面部表情、声调表情等非言语性表达技巧，学会察言观色，从细微处观察父母的情绪，要有同理心，更好地了解父母的想法才能适时适度地表达自己的情绪。

当发生亲子冲突时，大学生向父母宣泄自己的消极情绪不仅不利于问题的解决，双方的不理智可能还会导致更为严重的亲子冲突。人在过激的情绪下，言语行为往往失去理智，欠缺思考，易发生冲动行为。亲子冲突过程中产生消极的情绪不可避免，大学生不要刻意抑制不良情绪，也不能爆发式地发泄，应当学会调节负面情绪。大学生应当掌握一些基本的情绪调节的技巧，如音乐调节法、呼吸调节法、颜色调节法、情绪转移法，也可通过心理暗示法，积极进行自我鼓励和自我暗示，长此以往，发生亲子冲突时大学生则能更加理智地表达情绪。

六、鉴于不同冲突情境，择取有效应对策略

我们可以把应对策略分成积极的冲突应对策略和消极的冲突应对策略。一般而言，第三方支持和问题解决属于积极的冲突应对策略，而回避冲突、攻击反抗、屈从让步都属于消极的冲突应对策略，积极维度的冲突应对策略能调节亲子关系，促进亲子冲突向建设性方向转化，消极维度的冲突应对策略则恰好相反，易导致亲子冲突发挥其破坏性和分裂性。

表 11－2　不同情境下冲突应对策略的选择

应对策略	适宜的冲突情境
第三方支持	当自己觉得对冲突事件无能为力的时候
	当自己需要他人意见的时候
问题解决	当双方存在不同意见且双方情绪较为缓和的时候
	当父母方存在明显的错误观点，需要指出的时候
	当父母方对事情的原委不清楚的时候
回避冲突	当双方情绪激烈，需要暂缓情绪的时候
	当有其他人在场，场面比较尴尬的时候
攻击反抗	当受到身心巨大伤害逼不得已需要反抗的时候
屈从让步	当知道自己有明显错误的时候
	当你不屈从会严重影响父母身心健康的时候

当我们与父母发生冲突时，应当尽量采取积极的应对策略，但同时也应当考虑冲突的具体情境，善于选择合适的应对策略应对亲子冲突，增强实效性。在不同的情境下，采取不同的应对策略，可以在一定程度上避免激烈的亲子冲突。我们可以根据亲子冲突发生的具体情境来灵活选择冲突应对策略，促使亲子冲突更有效地向建设性方向转化。"你和妈妈的关系，决定了你和这个世界的关系。"当我们愿意花更多的时间陪伴父母，和

父母更好地沟通和相处，我们才会有意识并愿意投入到家庭生活中，提高我们的家庭责任意识。也就是当我们与父母和解，与家人和谐相处，互相提供正能量时，我们才可能发展出积极健康的其他人际关系，如同事关系、朋友关系以及婚恋关系。

七、放下期待，引领父母处理亲子冲突

我们在小的时候，通常会相当地崇拜自己的父母。我们会认为自己的父母很厉害，甚至无所不能。但是，随着年龄的增长，尤其是青春期，有了独立意识之后，我们会慢慢地发现父母也是普通人，父母也会着急慌张，也会情绪失控，也有很多的缺点。可是，我们从小到大就形成的对于父母的理想化观念很难改变。我们会执着于自己想要的，父母却给不到的东西。很多人，也许会鼓起勇气，尝试邀请父母做出改变；也许会慢慢地接受，父母只是个普通人。当父母确实做不到时，我们也许可以选择放下。我们可以选择做一个大人，学会为自己负责。我们可以通过努力和成长，在拥有独立自我的同时，在情感上保持连接。

成人有两种界定方式，一种是从年龄上界定，凡年满 18 周岁都称作成人；另一种是从心理上界定，必须能够独立生活的人才能称作成人。多数人更认同后者，大学生要以生理成熟为前提，以心智成熟为核心，不仅要汲取前人的经验教训，还要有一代更比一代强的信念和行动力。当大学生离开家庭走向社会，继而接受高等教育的时候，从个体成长的角度来看，这是不断充实自我的过程；从代际发展的视角来讲，子代也应当是对父辈的超越，如此才能推动社会向前发展。

前两年，北大毕业的留美研究生王猛（化名）写万字长文，控诉父母不正确的教养方式给自己成长带来的诸多伤害，文章满是“肆意控制”“冲突”等字眼。王猛拉黑父母六年，十二年春节不归。此文章被各大媒体争相报道，同时引发社会热议。社会舆论可以归纳为两种观点：一是指责王猛父母教育不当，过于控制子女；二是认为这是王猛个人的失败，原生家庭不背锅。俗语讲“清官难判家务事”，仅从王猛个人陈述的一万多字做出评价有失妥当，但是此事件可以引发思考：家庭作为人生第一所学校，的确对子女成长具有深远的影响，然而绝对完美的家庭也是不存在的。我们必须知晓家长自身带有一定局限性，但是我们不能将这种局限性无限放大。当我们将自己人格的偏差、人际关系的失败、工作和生活的不理想甚至是再生家庭的不幸福都归结于原生家庭的失败、父母教育的失败，那我们接受学校教育、社会教育以及成人自我教育的意义何在？

大学生应当认清一项事实，我们不能选择原生家庭，但是我们可以改变自己的认知，努力调节自己，来修复原生家庭带给我们的创伤和消极影响。因此，当大学生与父母发生冲突时，我们不能一味抱怨父母，一味的埋怨只会撕裂家庭关系，而糟糕的家庭关系又会反作用于每位家庭成员身上，并不能从根本上解决问题。人本主义心理学家罗杰斯说过：“好的人生，是一个过程，而不是一个状态；是一个方向，而不是终点。”当大学生通过不断学习，发现家庭中存在的问题时，大学生应当反思自身以及父母存在的不足之处，用恰当的方式将所学的正确的知识、观念和方法反哺到原生家庭中，成为家庭关系建设的核心力量，引领父母突破自身局限性，促使原生家庭焕发新的生命力，让我们的童年创伤被我们自己疗愈。同时，在结婚创立自己的新家庭时，也会为我们的子代创造一个温馨和谐的原生家庭，避免原生家庭创伤的代际传承在我们身上延续。

知识拓展

家庭治疗的基本概念

1. 依恋理论

依恋理论由约翰·鲍尔比在20世纪50年代提出，最初的研究主要集中于母婴依恋关系和类型。依恋是指个体在生命全程中与他人建立的亲密、持久、强烈的情感联结，尤其是婴儿早期和母亲建立的亲密关系模式。这种关系模式是个体社会化的基础，对儿童及其成年以后的人际关系、婚恋关系有长期的影响。

具体说来，当母亲能够及时满足婴儿的需要，对婴儿做出适当的回应时，婴儿就会感觉到母亲是可以信赖的，母亲在与不在自己都是相对安全的，能够在母亲离开的时候更有勇气去探索周围的世界，这种依恋模式是安全型依恋。而当母亲缺乏耐心，不能照顾和满足婴儿的感受，甚至将自己的感受强加给婴儿时，婴儿可能就会回避、忽视母亲，这种模式是回避型依恋。或者，婴儿会在母亲离开又回来时感到愤怒，这种依恋模式是抵抗型依恋。

婴儿和母亲的依恋模式，为他在人际关系中提供了一个相处的模板。婴儿会将和母亲相处时的感受，转移到成年后的其他相处对象那里。非安全型依恋的孩子对他人缺乏信任感和安全感，在和他人相处的时候，他的身体会不由自主地产生一些排斥和想回避他人的感觉。他们可能会陷在这个怪圈里——既想和别人接触，得到别人的认可和喜欢，又害怕和别人接触，怕自己会受到伤害。

2. 代际传承

代际传承是指家庭的情感过程会在多代中不断重现。代际传承也是鲍恩提出的一个重要概念。这个概念背后的假设是，家庭情感过程不仅会影响孩子的自我发展水平，而且会影响他的人际交往特点，最后影响他的择偶行为。比如在一个非常严苛的控制型家庭长大的孩子，可能在择偶的时候，仍然选择和他父母一样的配偶，这样就重复了他在原生家庭中的关系模式，他和父母的关系就会重演。

例如，一个在家暴的家庭中长大的女孩，因为目睹了父亲的残暴和母亲的无助，所以对自身的脆弱非常恐惧，她可能在婚姻中迫切地想找一个强势的男性来构成家庭，期待着对方能够保护自己，同时又非常担心对方也会像爸爸打妈妈一样打自己，对此非常焦虑。她可能试图做一些出格的事情，比如用言语激怒对方，来验证对方是不是会对自己实施暴力，如果对方最后真的打了自己，她就可能会在内心确认对男人的看法，就像妈妈当时确认爸爸是什么样的人一样。所以，妈妈被爸爸打就传递到了女儿这里。当然，这只是家暴的一种情况，也有可能是男性的一方传承了自己父辈解决问题的方式，一旦感觉情绪失控，就会付诸行动，打自己的妻子。此外，可能还会有其他复杂的情况。

从代际传承的观点来看，一个孩子的问题不是这个孩子本身的问题，甚至不是父母的问题，而是多代传递的结果。家庭问题的罪魁祸首是这个固定下来的模式，而家庭中的每一个人，都是这个模式的制造者和受害者。所以，只有改变这个模式，才可能从根本上打破代际传承，解决家庭问题。

心理测试

《父母教养方式评价量表》

欢迎大家参加本次问卷调查！为保证分析结果的客观性、科学性和有效性，请同学们在填写问卷时给予积极配合！我们后期将为完整提交问卷的同学及时反馈个性化分析结果，在回答问卷之前，请您认真阅读下面的指导语。

父母的教养方式对子女的发展和成长至关重要。让您确切说明父母对您说教的每一个细节是很困难的，但我们每个人都对父母对待我们的方式有深刻的印象。回答这个问卷，请您努力回想这些印象。

问卷有很多题目组，每个题目有1、2、3、4四个等级，用来表示这些行为出现次数的多少(数字越大，表示出现的次数越多，详细请看表中的具体描述)。为了保证测验的科学性，请您根据自己的第一印象认真回答，不要反复揣摩。

您父亲和您母亲的教养方式可能是相同的，也可能是不同的。请您实事求是地分别回答，在最适合您父亲和您母亲的等级上面画“√”。每题只准选一个答案(即父母各一个答案)。如果父母不全，可以只回答父亲或母亲一栏。

具体描述	父亲方面				母亲方面			
	从不	偶尔	经常	总是	从不	偶尔	经常	总是
1. 我觉得父母干涉我所做的每一件事情	1	2	3	4	1	2	3	4
2. 我能通过父母的言谈、表情感受他(她)很喜欢我	1	2	3	4	1	2	3	4
3. 父母总是过分担心我的健康	1	2	3	4	1	2	3	4
4. 即使是很小的过失，父母也惩罚我	1	2	3	4	1	2	3	4
5. 父母总试图潜移默化地影响我，使我出类拔萃	1	2	3	4	1	2	3	4
6. 我觉得父母允许我在某些方面有独到之处	1	2	3	4	1	2	3	4
7. 父母对我的惩罚是公平的、恰当的	1	2	3	4	1	2	3	4
8. 我觉得父母对我很严厉	1	2	3	4	1	2	3	4
9. 父母总是左右我该穿什么衣服或该打扮成什么样子	1	2	3	4	1	2	3	4
10. 父母不允许我做一些其他孩子可以做的事情，因为他们害怕我会出事	1	2	3	4	1	2	3	4
11. 在我小时候，父母曾当着别人的面打我或训斥我	1	2	3	4	1	2	3	4
12. 父母总是关注我晚上干什么	1	2	3	4	1	2	3	4
13. 当遇到不顺心的事情时，我能感到父母在尽量鼓励我，使我得到一些安慰	1	2	3	4	1	2	3	4
14. 我能感受到父母对我的喜欢	1	2	3	4	1	2	3	4
15. 父母对我的惩罚总是超过我应受的程度	1	2	3	4	1	2	3	4

（续表）

具体描述	父亲方面				母亲方面			
	从不	偶尔	经常	总是	从不	偶尔	经常	总是
16. 如果我在家里不听吩咐，父母就会恼火	1	2	3	4	1	2	3	4
17. 如果我做错了什么事情，父母总是以一种伤心的样子使我有一种犯罪感或负疚感	1	2	3	4	1	2	3	4
18. 我觉得父母难以接近	1	2	3	4	1	2	3	4
19. 父母曾在别人面前唠叨一些我说过的话或做过的事，这使我感到很难堪	1	2	3	4	1	2	3	4
20. 在满足我需要的东西的时候，父母是很小气的	1	2	3	4	1	2	3	4
21. 父母常常很在乎我取得的分数	1	2	3	4	1	2	3	4
22. 如果面临困难的任务，我能感到来自父母的支持	1	2	3	4	1	2	3	4
23. 我在家里常常被当成"替罪羊"或"害群之马"	1	2	3	4	1	2	3	4
24. 父母总是挑剔我所喜欢的朋友	1	2	3	4	1	2	3	4
25. 父母总以为他们的不快是由我引起的	1	2	3	4	1	2	3	4
26. 父母总是试图鼓励我，使我成为佼佼者	1	2	3	4	1	2	3	4
27. 父母总向我表示他们是爱我的	1	2	3	4	1	2	3	4
28. 父母对我很信任且允许我独自完成某些事情	1	2	3	4	1	2	3	4
29. 我觉得父母很尊重我的观点	1	2	3	4	1	2	3	4
30. 我觉得父母很愿意跟我在一起	1	2	3	4	1	2	3	4
31. 我觉得父母对我很小气、很吝啬	1	2	3	4	1	2	3	4
32. 父母总是向我说类似这样的话"如果你这样做我会很伤心"	1	2	3	4	1	2	3	4
33. 父母要求我回到家里必须向他们说明我在做的事情	1	2	3	4	1	2	3	4
34. 我觉得父母在尽量使我的青春更有意义和丰富多彩（如给我买很多书，安排我去夏令营或参加俱乐部）	1	2	3	4	1	2	3	4
35. 父母经常向我表述类似这样的话——这就是我们为你整日操劳而得到的报答吗？	1	2	3	4	1	2	3	4
36. 父母常常以不能娇惯我为借口不满足我的要求	1	2	3	4	1	2	3	4
37. 如果不按照父母所期望的去做，我就会在良心上感到很不安	1	2	3	4	1	2	3	4
38. 我觉得父母对我的学习成绩、体育活动或类似的事情有较高的要求	1	2	3	4	1	2	3	4
39. 当我感到伤心的时候可以从父母那里得到安慰	1	2	3	4	1	2	3	4

（续表）

具体描述	父亲方面				母亲方面			
	从不	偶尔	经常	总是	从不	偶尔	经常	总是
40.父母曾无缘无故地惩罚我	1	2	3	4	1	2	3	4
41.父母允许我做一些我的朋友们做的事情	1	2	3	4	1	2	3	4
42.父母经常对我说他们不喜欢我在家里的表现	1	2	3	4	1	2	3	4
43.每当吃饭时，父母就劝我或强迫我再多吃一些	1	2	3	4	1	2	3	4
44.父母经常当着别人的面批评我既懒惰又无用	1	2	3	4	1	2	3	4
45.父母常常关注我交往什么样的朋友	1	2	3	4	1	2	3	4
46.父母能让我顺其自然地发展	1	2	3	4	1	2	3	4
47.父母经常对我粗俗无礼	1	2	3	4	1	2	3	4
48.有时为一点鸡毛蒜皮的小事，父母会严厉地惩罚我	1	2	3	4	1	2	3	4
49.父母曾无缘无故地打我	1	2	3	4	1	2	3	4
50.父母通常会参与我的业余爱好活动	1	2	3	4	1	2	3	4
51.我经常挨父母的打	1	2	3	4	1	2	3	4
52.父母常常允许我到我喜欢去的地方，而他们不会过分担心	1	2	3	4	1	2	3	4
53.父母对我该做什么、不该做什么都有严格的限制并且绝不让步	1	2	3	4	1	2	3	4
54.父母常以一种使我很难堪的方式对待我	1	2	3	4	1	2	3	4
55.我觉得父母对我可能出事的担心是夸大的、过分的	1	2	3	4	1	2	3	4
56.我与父母之间存在着一种温暖、体贴和亲热的感觉	1	2	3	4	1	2	3	4
57.父母能容忍我与他们不同的见解	1	2	3	4	1	2	3	4
58.父母常常在我不知道原因的情况下对我大发脾气	1	2	3	4	1	2	3	4
59.当我所做的事情取得成功时，我觉得父母很为我感到自豪	1	2	3	4	1	2	3	4
60.父母经常拥抱我	1	2	3	4	1	2	3	4

答题完毕，请检查是否有多选、漏选的题目，谢谢合作！

父母教养方式评价量表(EMBU)因子分析

拓展实训

倾听与回馈

【活动目标】

①学习人际沟通的基本态度(技巧)——倾听。

②体会“倾听”与“回馈”在人际沟通时所产生的效果。

【活动程序】

①三人一组,未满三人者,则分派到他组,四人组成一组。

②每组三人(或四人)轮流当说话者(一次一人)、倾听者(一次一人)与观察者(一至二人),每人皆须分别担任三种角色,体会每种角色的立场与感觉。

③三种角色的任务如下:

说话者:在五分钟内主动引发各种话题。

倾听者:只扮演听与响应的角色,不主动引发任何话题。

观察者:不介入说话者与倾听者的对话,只负责观察两人的对话情形。

④事后讨论:每人当过三种角色后,小组成员做经验分享的活动,说话者与倾听者分享彼此的感觉,观察者则说出所观察到的情形。

【活动时间】25～30分钟

备注:在人际沟通中,并不只是把自己的意见、想法表达出来,更重要的是也要用心听对方所传达的信息,如此才能真正达到双向沟通的目的。此种倾听的能力,是一种基本的沟通态度,也是一种可习得的技巧。

体验感悟

伯恩的交互沟通方式

交互分析理论(Transactional Analysis,TA)是由美国心理学家伯恩于20世纪50年代创立的。该理论认为,人们在交往时,通常会采取父母、成人和儿童三种心理状态中的任意一种(见表11-3)。人们相互之间沟通是顺畅还是会引发冲突,和这三种状态的相互组合有关。

表 11－3　交互分析理论中的沟通状态

	父母(P)	成人(A)	儿童(C)
特征	权威、优越感	客观、理智	单纯、服从
表现	命令、教训、独断、照顾	相互尊重、合作、分析	没有主见、任性、以自我为中心

下面有几段对话，分别邀请几对同学上来扮演。

(1)PP—冲突型

A. 你烧的菜太难吃了，得改进厨艺！

B. 你什么活都不干，无权说东道西！

(2)CC—冲突型

A. 课讲得太差，我不爱听！

B. 我走好了，你来讲！

(3)AA—平衡型

A. 今天好像要下雨。

B. 对，天气预报是这么说的。

(4)PC—互补型

A. 怎么搞的？这点小事都干不好！

B. 对不起，下次不会再犯了。

(5)CA—互补型

A. 这次比赛竞争太激烈了，真想放弃。

B. 再仔细考虑考虑，想想自己的优势。

分享阶段：

①什么样的沟通是比较有效的？

②什么样的沟通是容易引发冲突的？

③如果对方以父母心态来和自己沟通，你会采取什么心态的沟通方式？这种沟通方式会产生什么效果？

☞ 推荐阅读——《新家庭如何塑造人》

《新家庭如何塑造人》是 2006 年 8 月 1 日世界图书出版公司出版的图书，作者是萨提亚。

本书是萨提亚的经典著作之一，亦是家庭治疗理论的重要著作，不仅可以作为家庭治疗师、社工人员的专业用书，更是每个渴望身心和谐的人的必读书籍。正如萨提亚本人所说："我写这本书最大的希望是帮助我们每个人获得成为和谐的人的权利和义务。书中所展现的经验和榜样会引导我们用创造性的方式去理解彼此，关爱自身和他人，为孩子提供一个让他们得以发展出力量和完满人格的基础。"

节选：

"一个人对他自己的感觉和想法，我称之为自我价值感；

“人们之间传递信息的方式，我称之为沟通；

“人们遵循着他们应该如何去感受和行动的规则，这些规则最终发展成为我所称的家庭系统；

“人们与其他人以及家庭外的组织发生关系的方式，我称之为与社会的联系。”

在没有看到这段话之前，我从来没有考虑过什么是家？家庭如何影响我们，如何塑造我们？当我们生活的家庭，有爱、温暖、彼此关怀，我们会认为自己是被需要的，有存在的价值。

当我们跟家人之间能够坦诚交流，自由表达意见，爱才能流动起来，有爱的地方才是家。真正爱一个人，不是无底线地迁就他，满足他所有的要求。每个人都有一套自己的行为准则，按照自己的经验和行为，习惯与他人互动，我们的家就是在彼此认知的磨合下，形成一套适用所有人的准则，每个人都愿意按照这套标准执行。

人是社会动物，每个人都希望得到周围人的认可，希望很好地适应社会。我们如何与家人互动，决定了我们如何与他人交流。

第十二章

生命至上——大学生心理危机干预

学习地图

法国哲学家米歇潘说："生命是一条艰险的狭谷，只有勇敢的人才能通过。"各种迹象表明，伴随社会不断发展、现代生活的快节奏，强竞争使每一个社会成员面临着或大或小的压力。大学生处在人格发展的关键时期，面对学业竞争、就业压力、情感和人际关系等方面的问题，可能遭遇心理危机，甚至可能出现自残、自杀等极端想法和行为。因此，如何顺利渡过心理危机成为家庭、高校以及社会共同关注的热点问题。

学习目标

※ **知识目标**

1. 了解心理危机的概念。
2. 掌握心理危机的识别方法。
3. 熟悉心理危机干预的策略。

※ **能力目标**

使学生具有研判心理危机的能力，学会运用正确的方法和技术保持心理健康。

※ **自我认知目标**

使学生认识到生命的重要意义，进一步增强维护自身心理健康的意识。

学习导图

- 生命至上——大学生心理危机干预
  - 大学生心理危机概述
    - 心理危机的概念
    - 危机事件的特征
    - 心理危机的种类
  - 心理危机的识别
    - 心理危机的阶段
    - 大学生心理危机产生的原因
    - 心理危机的识别
  - 心理危机的干预
    - 心理危机干预的概念及原则
    - 心理危机干预模式
    - 心理危机干预的步骤
    - 心理危机自救法
    - 利用各种形式开展危机干预
    - 大学生积极生命观的养成教育

【校园故事回放】

在外实习的大三学习委员小A因老师要求，告知小B提醒他抓紧完成毕业设计。小B给小A的回信内容是：悄悄地我走了，正如我悄悄的来，我挥一挥衣袖，作别西天的云彩。生命短暂，爱我所爱，做我所做，无惧无悔。时不待我，我没有多少时间了。每个人都会死，早晚而已。我已清楚地看见，在这一瞬我放弃了所有的懦弱和恐惧。我知道了现状，我已不必苦苦等待那个必然会来临的节日。我只想无忧无虑地去一个地方度过最后的时光。静静的、静静的……

代我谢谢老师的关心，论文对我来说已不重要，毕业对我来说已无所谓。我要去完成未完成的心愿，以减少我的不甘和遗憾。看在我把你当作朋友的份上，我希望你一定一定要替我保密，千万千万不要告诉他人，让我开开心心地走完最后的时光，这是我最后求你做的一件事。

很抱歉后面无缘再续室友情了，不过不必为我担心，也不必找我。

假如你是收到信息的那位同学，你会怎么做？你会如同学请求的那样保守秘密，还是立即采取危机干预？你遇到类似这种情况，想好危机干预的流程和方法吗？

【心理专家分析】

案例中小B遇到了长期积累的学习压力，已经超出了个人的承受范围，属于发展性心理危机向存在性心理危机转化的趋势。存在性危机伴随着重要的人生问题，如人生目的、责任、目标、自由、选择和承诺等。存在性危机基于现实或一种持续的感受，可能发生在人生的各个阶段。大学生处于人生发展和人格健全的关键期，对存在性问题的思考特别集中，这一类型的危机能否顺利解决直接影响着大学生人生观、价值观和世界观的正确树立。

一般在处理危机干预事件时，以生命至上为第一原则，当评估案例中小B存在风险时，我们需要以保护小B的生命安全为第一位，这时候我们需要在尽可能小的范围内突破保密例外，尽快联系上他的家人、老师、甚至警方等找到他，确保他的人身安全。

尊重生命尊重他人也尊重自己的生命，是生命进程中的伴随物，也是心理健康的一个条件。

——弗洛姆

第一节　大学生心理危机概述

一、心理危机的概念

心理危机简称危机。心理危机理论起源于社会精神病理学、自我心理学和行为学习理论。心理危机的概念最先由林德曼(1944年)提出，20世纪60年代以后美国心理学家卡普兰(1954年)对心理危机进行系统的理论研究，并于1964年首次发表心理危机干预理论。关于心理危机的实质，美国加州大学的心理学教授凯恩(1968年)认为心理危机包括三个基本部分：①危机事件的发生；②对危机事件的感知导致当事人的主观痛苦；③惯常的应对方式失败，导致当事人心理、情感和行为方式等方面的功能水平较突然事件前降低。这一概括方式得到了许多研究者和临床工作者的认同。

由此可见，心理危机本质上是伴随着危机事件的发生而出现的一种心理失衡状态。心理危机不是一种疾病，而是一种情感危机的反应。每个人都会在一生中遭遇心理危机。一般而言，危机有两个方面的含义：一是指突发事件，如地震、洪水、空难、疾病暴发、恐怖袭击、战争等；二是指个人所处的紧急状态。危机状态对人的影响程度与当事人对所面临的急剧变化的危机的熟悉程度有关。如果不熟悉，就会产生害怕的感觉；如果进行有效的干预，当事人就会努力实现与周围环境之间的平衡。

危机可能会造成危险，也可能成为一种机遇。如果危机过于严重，威胁到个体的生活，而个体采用不恰当的方式应对或解决问题，则可能导致心理社会功能下降，甚至产生自残、自杀等想法，这就是危险。危机状态下，若个体能及时得到有效的治疗性干预或得到帮助，寻求新的问题解决方法，则可增强挫折耐受性，提高环境适应能力。其间，个体可能学会新的应对技能，不但重获心理平衡，而且能够获得心理成熟与发展，这就是机遇。

二、危机事件的特征

危机事件具有突发性、无助性、危险性、复杂性、潜在性等特征。2007年11月1日实施的《中华人民共和国突发事件应对法》中将“突发事件”界定为“突然发生，造成或者可能造成严重社会危害，需要采取应急处置措施予以应对的自然灾害、事故灾难、公共卫生事件和社会安全事件”。

(一)突发性

危机常常是出乎意料、突如其来的,而且具有不可控性。如2020年春节前的新型冠状肺炎疫情给全国人民造成了极大恐慌。当时正常生活学习秩序遭受破坏,长时间的隔离、经济压力、亲友的离世等,使许多人产生了严重的心理危机。危机事件的降临,常常使人无所适从、不知所措,使人的未来计划受到威胁和破坏。由于先前的应对方式无法应对危机事件,社会支持系统不完善,人常常感到无助、绝望。

(二)复杂性

心理危机常常并非以直接爆发的方式体现,而是潜藏于个体内心,当遭遇特定危机事件时,容易引发心理危机。就如人们所说的,常常存在压死骆驼的最后一根稻草。造成危机的原因可以是生理的,也可以是心理的或社会性的;可以是内部的,也可以是外部的。不良情绪的长期积累,最终会由一个导火索引发,进而导致心理危机的爆发。

(三)危险性

危机中隐含着危险,这种危险可能影响到个体正常的学习与人际交往等,严重的还可能危及生命。正常人一般处于身心平衡的状态,也就是他们的思维、意志、情感体验与生理参数指标都处于某种程度的和谐状态。当有不适当的应激事件发生时,人原有的平衡状态就会受到破坏,这时人就会处在危机状态,会出现思维不清、意志失控、情感紊乱等情况,极端情况下还会出现自杀等行为。

三、心理危机的种类

根据不同的分类标准,可将心理危机划分为不同类型。常见的划分方式是根据危机的来源,将心理危机分为三类,境遇性危机、存在性危机及发展性危机。

(一)境遇性危机

境遇性危机通常是指由外部环境引起的危机,也称为外源性危机或适应性危机,是指由外部的看得见的或超常的、个人无法预测和控制的事件引起的危机。它的特点是随机性、强烈性、震撼性和灾难性。引起危机的事件可能是物质或环境,如自然灾害;也可以是个人或身体的,如疾病、交通事故等;还可以是人际的或社会的,如亲人离世、家庭变故等。

(二)存在性危机

存在性危机伴随着重要的人生问题,如人生目的、责任、目标、自由、选择和承诺等。存在性危机基于现实或一种持续的感受,可能发生在人生的各个阶段。大学生处于人生发展和人格健全的关键期,对存在性问题的思考特别集中,这一类型的危机能否顺利解决直接影响着大学生人生观、价值观和世界观的正确树立。

(三)发展性危机

人生是一系列连续发展的阶段组成的,每一个阶段都有特定身心发展的课题。在进入下一发展阶段时,如果原有行为和能力不足以完成新的发展任务,个体常常会体验到危机感,行为和情绪或将处于混乱无序的状态。通常这种由于个体内部发展所带来的危机叫做发展性危机，也称内源性危机。发展性危机是可预见的，有规律可循的，涉及个体生理、心理发展变化。

四、大学生心理危机现状呼唤生命教育

日益增多的大学生心理危机事件，严重影响了学生正常的学习和生活。大学生对生命的态度，对高校和社会的稳定形成巨大的压力。纵观大量的学生心理危机个案，不难发现，由于家庭、学校以及社会对生命教育的缺乏，一些大学生在遭遇困难和挫折后，往往自暴自弃，选择过激行为来"解脱"自己。特别是 20 岁出头的大学生，正是情感比较脆弱的时期，一些人遇到挫折难以理性对待，一时冲动导致了生命之花过早凋谢。因此，针对大学生身心特点开展切实有效的生命教育是预防和干预大学生心理危机的内在需要，是维护高校稳定的可靠保障，也是提升大学生生命质量的必然要求。

大学生生命教育是指根据大学生个体身心特点和当前社会发展的需要，有目的、有计划地开展自我教育和生命实践教育。一方面侧重于学生积极生命观的养成教育，真正将生命独特观、生命敬畏观、生命品质观和生命责任观内化为个人的思想；另一方面从学校、家庭和社会三个层面积极构建包括生死教育、生存教育和生活教育三位一体的大学生生命教育网络体系，实现从观念到行为实践的密切融合，促进个人与环境的有机统一。事实上，有效开展大学生生命教育工作，就是做好心理危机干预的预防工作。预防比起干预工作耗时长，见效慢，却是一项基础工程，可以为学生的生命安全筑起一道隐形的防护堤。

第二节 心理危机的识别

一、心理危机的阶段

研究表明，个体在遭遇心理危机时，会经历不同阶段，每个阶段心理反应和表现不同。一般来说，有以下三个阶段。

第一阶段，强烈的身心反应阶段。危机事件发生时，个体内心的基本平衡被打破，如果现实事件刺激过大，个体会体验到强烈的情绪，如恐惧、无助、悲伤、震惊等。躯体方面，可能产生肠胃不适、腹泻、头晕头疼、呼吸困难、肌肉紧张等情况。认知行为方面，个体可能会产生注意力不集中、遗忘、社交退缩、疏离、暴饮暴食等情况。

第二阶段，逐渐接受现实阶段。这一阶段，个体逐渐从强烈的情绪反应中冷静下来，开始采用惯常解决方法努力恢复心理平衡，恢复认知功能。如果，惯常方法奏效，那么个体一般不会向外求助，如果惯常策略未能解决，焦虑程度开始上升，就很容易产生习得性无助。

第三阶段，寻求改变阶段。人们的求助动机很强，会将注意力转向引发压力的危机，并设法处理它。个体可能寻求外界帮助，同时提高自身应对能力，改变认知和行为策略，积极应对危机，解决问题，重新获得心理平衡。但，另一方面，有的人会消极应对，采取逃避等方式远离压力，如酗酒、药物依赖等情况，甚至出现自杀想法和行为。

二、大学生心理危机产生的原因

心理危机产生的因素是多方面的，总的来说有以下几个方面。

第一类，丧失因素。丧失的涉及范围广，可以是亲人、财产、情感、尊严、地位、躯体等，如失恋、失窃、亲人离世、破产、肢体伤害致残等。

第二类，适应问题。适应问题主要发生在新生群体中，生活方式、学习方式、交往方式等都会发生相应的变化，新的环境或状态的重新适应会致使心理应激反应。

第三类，矛盾冲突。它是指面临各种急需做出决定的矛盾及长期的心理冲突等状况，如现实的趋势与良心道德价值观的激烈冲突等，会导致心理危机。

三、心理危机的识别

（一）从群体宏观角度判断

科学有效地识别心理危机有助于及时发现心理危机，防患于未然。从群体宏观角度来说，具有心理障碍、自我中心、依赖、情绪控制能力差、人际关系不和等特点的人，容易出现心理危机。

1. 自我中心

独特的家庭环境，往往使一些大学生逐渐形成了自我评价较高、以自我为中心的“优势心理”。他们容易看到自己的长处，而看不到自己的弱点，以自我为中心，唯我独尊、我行我素；凡事考虑自己的利益得失，缺乏对他人的理解、尊重和宽容，不愿接受不同的看法和意见，更接受不了批评与挫折；协调能力较差，稍有不如意，他们就会产生强烈的逆反心理。一定程度的自我意识，有助于自信心与自尊心的增强和积极人格的形成；但过强的自我意识，则会导致自私、任性、专横、攻击性强等人格缺陷，有碍身心健康。科学合理的自我意识表现为正确认识自我、客观评价自己，既不狂妄自大，也不妄自菲薄，自我调节和自我控制能力较强。

2. 依赖

现在的大学生大多是独生子女，家庭条件比较优越，从小独享家庭所有成员的爱，极易形成依赖心理。进入高校后，远离家乡和父母，面对新的生活环境和生活方式，他们显得无所适从，一时难以顺利地完成角色转换，出现生活自理能力差、饮食不习惯、集体生活不适应等问题。由于种种不如意，他们往往会表现出孤独、苦闷、烦恼、忧虑、失眠、神经衰弱等症状。为了逃避面临的困境，他们往往会出现强烈的恋家和思乡情绪，留恋原先的生活环境，变得郁郁寡欢，严重的甚至会出现退学的念头。

3. 学习危机

对大学生来说，学习是主要任务。有许多学生不喜欢自己所学的专业，这使他们长期处于冲突与痛苦之中；有的学生学习方法有问题，学习难度稍大一些，老师要求稍高一些，就会精神过度紧张而产生一定的压力；另有一部分学生面对学业考试、各类证书考试而产生强大的应试压力等。这些因素可能导致大学生出现学习方面的压力，甚至出现强迫、焦虑、精神分裂或是其他心理疾病。

4. 心理承受能力差

当代大学生在家庭中常处于核心地位，老人宠爱、家长关怀备至，这使其普遍缺少抗压能力，一旦自己的需求得不到满足或未能达到预期目标便容易产生挫败感。他们缺乏锤炼，感情脆弱，意志薄弱，心理承受能力较差。如果遇到考试失利、竞争失败等不如意的事情时，他们从小形成的优越感就会受到打击，不能客观地进行评价和分析，自暴自弃、萎靡不振，产生强烈的心理冲突，易产生心理与行为失常。

5. 情绪控制能力弱

情绪的合理控制，对于强化动机、交流信息、发展智力及保持身心健康等都有着重要作用。家长对于孩子的过度保护和溺爱，使他们遇事往往不知如何妥善处理，稍有不小心便大发脾气，易冲动、易感情用事，情绪控制能力及情绪稳定性较差。面对挫折和困难时应激反应较为强烈，表现出紧张、恐惧、焦虑惆怅、猜疑，甚至出现忧郁、沮丧、悲观、绝望等不良心境，严重影响其身心健康。

6. 人际关系不和谐

大学生中出现的心理危机常常是人际关系不和谐导致的。由于中学时学习压力比较繁重，多数学生较为封闭，人际交往能力普遍较弱。进入高校后，如何与周围的同学友好相处，建立和谐的人际关系，是同学们面临的一个重要问题。人际交往是人类最基本的需要之一，良好的人际关系可以使人产生安全感、归属感和幸福感，得到心理上的慰藉、精神上的愉悦和情感上的满足，从而促进人的身心健康。不良的人际关系则使人感到压抑和紧张、孤独和寂寞，造成心理障碍、人格扭曲，甚至精神障碍，以至于身心受到伤害。

7. 恋爱与性方面的问题

大学生的性生理发育已经成熟，性心理也有所发展，有了性的欲望和冲动。然而，受到社会道德、法律、理智和纪律的约束，这种欲望和冲动被限制和压抑着。一般情况下，同学们通过学习、工作和文体活动及社会实践等途径可以正常地释放自身的生理能量，从而减弱和抑制性的生理冲动，使之得到某种程度的宣泄、代偿和升华。但是，有的学生，由于对性缺乏健康、科学的认识和态度，对自己的性心理缺乏正确的认知和评价，因而对自己的性心理感到困惑和不适，对性欲和性感到不安、羞愧和压抑。除此以外，在恋爱方面的困扰，也会使大学生焦虑不安。如因单相思而自困，因失恋而精神受挫，因多角恋爱难以自拔而内心焦灼，因看到周围的同伴成双成对而自惭形秽，甚至还有个别同学因发现恋爱对象有越轨行为而懊恼、悔恨，因担心怀孕或已怀孕而不知所措等。

（二）从个体微观角度判断

如果大学生出现下列几种情况（包括个体所面临情境及其身心症状和行为表现等），则已处于心理危机中的可能性较大：

①重大丧失（如亲人死亡、人际关系破裂、考试失败、失恋、遭受拒绝等）后出现异常表现；

②遭受严重突发事件刺激后有异常反应；

③明确或间接表露自己感到痛苦、抑郁、无望、无价值甚至流露出死亡的意图；

④孤僻、人际关系恶化；

⑤物质滥用量加大；

⑥易激惹、与人敌对；

⑦持续不断地悲伤或焦虑；

⑧依赖性加大；

⑨出现自毁性或攻击性行为；

⑩日常学习、工作、生活状况出现明显的负性改变。

文字案例 12-1

空心病的7个症状

（三）自杀“可能”的信号

心理学家表示，很多自杀者在自杀前都会因矛盾和痛苦而向人们发出各种“求救”信号，也就是危险信号，据不完全统计，在自杀死亡者中约80%的人向别人表露过自杀念头。能否成功捕捉到这些信号，便是预防自杀的关键。如果有人向你说了类似以下话语，千万别不当一回事，这些可能是他们自杀前发出的求救信号，合理的应对和开导可能会挽救一条生命。

1. 言语信号

言语上直接或间接的表达，如：“活着太痛苦，是家人的累赘，不想再坚持了”；“我的问题无法解决，没有人能帮我，没有我大家会更好”等等；亦或是谈论与自杀有关的事，开自杀方面的玩笑，谈论自杀计划，包括自杀方法、日期和地点。

2. 情绪感受信号

情绪的流露，如：绝望、焦虑、抑郁、失控感等都是自杀的危险因素；愤怒、内疚、孤独、悲伤，无助也是常见的情绪体验。

3. 行为信号

出现一些异常的行为表现，如分发财务，与人道别，将珍贵的东西送人，和家人朋友疏远，酒精和药物滥用，极端和不计后果的冲动，严重抑郁后的突然平静等等。

4. 躯体信号

生理上的一些改变，如：缺乏兴趣、食欲，身体健康状态不佳，睡眠问题等。

5. 认知信号

自杀者认为痛苦的状况是无法逃避、无法忍受、无止境、无助与无望的，感到疲劳，没有力量坚持下去，找不到生命的答案。

总之，自杀不是突然冒出来的念头，自杀者往往在经历绝望后，在孤立无援的时候会选择自杀，似乎在那样的处境下除了结束生命外没有其他选择。

第三节　心理危机的干预

人的生命，只有一次，对于谁来说都是宝贵的。那我们应该怎样对待生命呢？既然我们到世上走了一遭就得珍惜生命的价值。从某种意义上说，生要比死更难。死，只需一时的勇气；生，却需一世的信心。所以我们要珍惜生命，人不在于活得是不是长久，而在于活得是否充实，是不是有意义。在这短暂的生命历程中，交织着矛盾和痛苦，充满着求索和艰辛，遍布着荆棘和坎坷，渺小与伟大、可悲与丰富、失意与重塑、挫折与幸运……只有珍爱生命，把握自己，才能抛弃渺小、可悲、失意和挫折，拥抱伟大、丰富、重塑和幸运。

一、心理危机干预的概念及原则

（一）心理危机干预的概念

心理危机干预是指对处在心理危机状态下的个体采取有效的措施，使当事人走出危机重获心理平衡的过程。广义的心理危机干预是全方位的帮助，狭义的危机干预是指简短的心理治疗。危机干预的目标有三个：一是个体从危机中学会把握现状获得心理平衡，二是可以对危机事件进行重新认知，三是掌握更好的策略与方法应对今后可能发生的危机。

（二）心理危机干预的原则

1. 及时性原则

心理危机的主要特征是突发性、潜在性、交互性和时代性。危机的出现往往是突如其来、难以控制的，如果任由其发展不及时进行干预，那么当事人很可能遭受灾难性的结果。所以，危机干预的首要原则是及时性，要迅速确定当前需要干预的问题，并立即采取相应措施。

2. 生命第一原则

生命第一原则是以人为本理念在危机干预工作中的具体体现，这也是所有心理危机事件处理的基本原则。这一原则要求学校把保证学生生命安全放在首位。自杀或自残事件一旦发生，对于一个家庭来说将是灾难性的事件，对当事人来说或失去生命，或产生严重的身心伤害，对学校和社会来说也是重大刺激和损失。因此，危机干预的重要原则之一就是"生命高于一切"，不惜一切代价挽救当事人性命，保护其生命安全。

文字案例 12-2

自杀的识别与预防

3. 价值中立原则

遭遇危机的当事人可能由于感情、事业、人际关系等问题产生内心冲突，危机干预应遵循价值中立的原则。不对导致心理危机的事件本身、当事人的价值观等进行道德评价或法律判断，而是本着尊重、共情、无条件积极关注的态度对当事人给予关怀和理解，帮助他们脱离危险期，重获面对危机的信心和生活勇气。

4. 支持性原则

对于危机当事人来说，不仅需要咨询师提供当下的心理干预，也需要来自家庭等更多社会支持系统的支持。所以，在危机干预工作中，尤其是干预后期，应当积极与当事人一起寻找重要亲人朋友等参与其中，鼓励当事人树立信心，接受帮助，战胜危机。

二、心理危机干预模式

目前，各高校都重视建立和完善心理危机干预系统，运用多种干预模式及时预防、发现、处理学生心理危机，重视培训相关人员，形成校园人文关怀氛围。

（一）平衡模式

平衡模式也称平衡—失衡模式，该模式认为，心理危机中的当事人情绪处于失衡状态，原有的应对机制和解决问题模式无法处理当前的困境。平衡模式的目的在于帮助人们重新获得危机前的平衡。

（二）认知模式

认知模式认为，危机来源于对困难、创伤的错误甚至偏执的认知，包括不合理的信念、错误的认知等。调整改变原有认知模式，当事人就可以重新定义困难、创伤甚至生活的意义，从而重新获得内心平衡和生活的勇气。

（三）综合模式

综合模式认为，人是遗传和环境交互作用的产物，心理危机是由心理、社会或环境因素引起的，危机干预应综合考虑心理、社会和环境的影响，即将三种模式整合，针对不同危机及个体具体情况，选择有效的干预模式。

三、心理危机干预的步骤

一个人在经历危机事件之后，若不进行心理干预，可能表面上看似度过危机事件了，但还会留下心理创伤，影响以后的社会适应能力。若干年后，有的人仍然会回想起那些场面，出现情绪波动、从噩梦中惊醒等现象，或被相似的情景重新唤起创伤的记忆，造成创伤的积累。下面介绍心理危机干预六步法。

（一）确定问题

从求助者的角度，确定和处理求助者本人所认识的问题。为帮助确定危机问题，我们推荐在干预开始时使用积极倾听技术：同情、理解、真诚接纳及尊重，既注重求助者的语言信息，又注意其非语言信息。

（二）保证求助者安全

保证求助者对自我和对他人的生理和心理危险性降低到最小可能性，这是危机干预的首要目标。在我们的危机干预实践中，求助者的安全一直是强调的重点，危机干预工作者要将安全问题自然地融入自己的思维和行为之中。

（三）提供支持

强调与求助者沟通与交流，选择求助者相信的工作人员，从而为求助者提供更多的支持和帮助。工作人员不要去评价求助者的经历或感受是否值得称赞，而是应该提供这样一种机会，让求助者相信“这里有一个人确实很关心你”。工作人员必须无条件地以积极的方式接纳所有的求助者，不要求回报。工作人员需要能够真正给予求助者以支持，能够接纳和肯定那些无人愿意接纳的人，表扬那些无人会表扬的人。

（四）提出可变通的应对方式

工作人员要帮助求助者认识到，有许多可变通的应对方式可供选择。思考变通方式的途径如下。

①环境支持：有哪些人现在或过去能关心求助者？

②应付机制：求助者有哪些行动、行为或环境资源可以帮助自己战胜危机？

③积极的、建设性的思维方式：用它可以改变自己对问题的看法并减轻应激与焦虑水平。

如果能够从这三个方面客观地评价各种可变通的应对方式，危机干预工作者就能够给感到绝望和走投无路的求助者以极大的帮助和支持。

（五）制订计划

帮助求助者做出现实的短期计划，确定求助者理解的、自主的行动步骤，即将变通的应对方式以可行的时间表和行动步骤等形式列出来，必须确保计划制订过程中求助者的参与和自主性。计划的制订应该与求助者合作，让其感觉到这是他自己的计划，这点很重要。制订计划的关键在于让求助者感觉到其权利、独立性和自尊没有被剥夺。

（六）获得承诺

帮助求助者向自己承诺采取确定的、积极的行动步骤，这些行动步骤必须是求助者自己的，从现实的角度来看是可以完成的或可以接受的。在结束危机干预前，工作者应该从求助者那里得到诚实、直接和适当的承诺。

四、心理危机自救法

人的身上蕴含着一种潜在的力量，这种潜在的力量是巨大的，只是人们尚未去挖掘。一位外国作曲家在与人谈创作感受时说：“一磅铁只值几文钱，可是经过锤炼之后可制成几千根钟表发条，价值数万。音乐创作的价值就在于此。”这就告诉我们，铁可以百炼成钢，人也可百炼成才。常言说，“宝剑锋从磨砺出，梅花香自苦寒来”“自古雄才多磨难，从来纨绔无伟男”，说的是一个人要取得成功，成就一番事业，就必须经历千辛万苦，战胜艰难困苦，不断地摔打和磨炼自己的意志和毅力。人生道路坎坷，曲曲折折，充满艰辛和挑战，面对挫折和心理危机造成的心理困境，我们应该怎样进行心理自救呢？

（一）主动回避法

当人陷入挫折的心理困境时，最先也是最容易采取的自救法便是回避：回避、躲开、不接触导致心理困境的外部刺激。在心理困境中，人的大脑往往形成一个较强的兴奋中心，回避了相关的外部刺激，可以使这个兴奋中心让位于其他刺激引起的新的兴奋中心，兴奋中心转移了，也就摆脱了心理困境，“眼不见，心不烦”说的正是这一道理。因此，在感受到某一心理困境时，就该主动回避，不在导致心理困境的时空中久久驻足。比如，家里的事使你“勃然火起”，就赶快走出家门去学校或去找同伴；教室里的事让你“郁闷不乐”，课间就走出教室到操场转转，这都是有效的心理自救。如上采取的是“客观回避法”。此外，还可以采取“主观回避法”，即通过主观努力来强化人的本能的潜抑机制，努力忘掉不愉快的经历，在主观上实现兴奋中心的转移。注意力转移是最简便易行的一种主观回避法。在你痛苦愁闷的时候，集中精力去干一件有意义的事，“一心不可二用”，也有助于回避心理困境。

（二）积极升华法

文豪歌德年轻时曾遭受失恋的痛苦，几次试图自杀。但他最终把破灭的感情当作素材，从爱情焚毁的灰烬中得到灵感，写出了《少年维特之烦恼》这一世界名著，正所谓“塞翁失马，焉知非福”。挫折和困境，绝非人们所祈求的，因为它给人带来心理上的压抑和焦虑。善于心理自救者，却能把这种压抑和焦虑的情绪升华为一种力量，引向对己、对人、对社会都有利的方面，在获得成功或满足的同时，也消除了心理压抑和焦虑，实现了积极的心理平衡。出身贫困的孔子，为实现自己的理想而勤奋好学，周游列国，历经磨难，终于成为我国著名的思想家和大教育家等；司马迁忍辱负重编写《史记》；贝多芬在贫困、失恋、病残的煎熬中振作起来，创作出《第九交响曲》等不朽的作品；英国作家约翰·克里西在收到 743 封退稿信后，越挫越勇，终于迎来成功，一生共出版了 564 本书。此外还有屈原、文天祥、鲁迅、华罗庚……这些人之所以为万世传颂，就在于他们在灾难性的心理困境中得到了磨砺，以积极升华法拯救了自己，塑造了强者形象。在遇到困境时，一味憋气愁闷或颓废绝望都无济于事，正确的态度和对策是化挫折失败为动力，做生活的强者。

（三）幽默化解法

幽默化解法，有利于解脱挫折的心理困境，是极有好处的自救策略之一。英国首相威尔逊在一场演说进行到一半时，台下有人喊“狗屎！垃圾！”这分明是指责他演讲的内容，但威尔逊这位干练的政治家微笑以对：“狗屎？垃圾？公共卫生？各位先生，我马上就要谈这个社会问题。”就这样，他不仅没有陷入困境，反倒赢得了一片喝彩。同学们也应学会以微笑和幽默来进行心理自救。比如，一个同学被老师当众责难：“你怎么这么不懂事！”老师走出教室，这个同学来了一句：“我要像您那样，早该成‘董事长’了！”同学们以笑声结束了这段插曲。笑是精神消毒剂，幽默的行为、幽默的语言，常常能化解困境和窘迫的现状，从而放松精神、缓和气氛、化解误会、稀释责难、释放情绪、淡化痛苦、减轻焦虑、摆脱困境。

（四）转换视角法

有时候，同一现实或情境，如果从一个角度来看，可能引起消极的情绪体验，陷入心理困境；从另一角度来看就可以发现积极意义，从而使消极情绪转化为积极情绪。有个故事这样说道：有一天，一个悲观主义者和一个乐观主义者一同在黄昏的路上散步。悲观主义者触景生情地说：“太阳正在坠落。”乐观主义者则说：“群星正在升起。”看来，同样一件事，心态不同，情感不一，会得出两个不同的结论。所以，只有对人生持积极态度并敢于向世俗挑战的人、勇于压倒一切困难的人、敢于同命运抗争的人，才能永远在生活中抱乐观态度。如果你乐观，每天都有令你开心的事；如果你悲观，每天都有使你烦躁、苦闷、伤心、失意的事发生。有什么样的心理素质就有什么样的生活。同有半杯水，消极者说："我只剩下了半杯水。"积极者说："我还有半杯水。"同样拥有半杯水，却有着两种截然不同的心理态度。

由此看来，在审视、思考、评价某一客观现实情境时，学会转换视角，换个角度看问题，使人感到痛苦不堪的心理困境有可能就烟消云散。

（五）自我安慰法

伊索寓言说，一只狐狸吃不到葡萄，就说葡萄是酸的；另一只狐狸只能得到柠檬，就说柠檬是甜的，于是都不感到苦恼。心理学工作者便借用这个寓言，用某种"合理化"的理由来解释事实，变恶性刺激为良性刺激，以求自我安慰的现象，称为"酸葡萄与甜柠檬心理"。尽管在自我安慰时，所谓的理由不过是"自圆其说"，但它确有维护心理平衡，实现心理自救之效。在挫折的心理困境中，人常常需要自我安慰。例如，考试失败，说本来就没想考上，早工作早挣钱，真考上了经济就亏大了。这也是我们常说的"精神胜利法"。有些不如意摆在那里，如若能改变，当然该向好处努力；如若已成定局，无法挽回，就该宽容自己，接纳自己，承认现实，摆脱心理困境，追求精神胜利。这总比垂头丧气、痛不欲生、精神不振，不知要好上多少倍。

（六）补偿替代法

"金无足赤，人无完人"，一个人在生理上或心理上难免有某些缺陷或劣势，因而影响某一目标的实现，导致挫折。人可以采取种种方法补偿这一缺陷或薄弱环节，以减轻或消除心理上的困扰，这在心理学上称为"补偿作用"。一种"补偿作用"是以另一目标来代替原来尝试失败的目标。如著名指挥家小泽征尔，原是专攻钢琴的，他在手指摔伤，手指的灵敏度受到影响后，一度十分苦恼。后来他毫不犹豫改学指挥而一举成名，从而摆脱了挫折的心理困境。另一种补偿是凭借新的努力，以期某一弱点得到补救，转弱为强，来达到原来的目标。希腊政治家狄塞西尼斯因发音微弱和轻度口吃，不能演讲。他下决心练习口才，把小卵石含在嘴里练习讲话，并面对大海高声呼喊。最终，他的语言劣势得到补救，成为闻名的大演说家，挫折造成的紧张焦虑也最终消除。"失之东隅，收之桑榆"，就是补偿替代法这一自救策略的一种表现。比如，即使学习再努力，也不是人人都能考上重点大学，即便是平时考试，能拿前三名、前十名的也只有那么几个人。如果仅仅把这看作成功的标准，那么多数人都将是失败者。我们可以一面尽最大努力学好文化课，一面注意发展自己的特长，这样，每个人都可以被补偿：你的学习好，我可以体育好；你的体育好，我可以绘画好。这能够使每个人都找到自己的价值，创造自己的成功人生。

（七）调低期望法

人出于本能会不断提高自己的人生期望值，这自然有其积极意义，它是个人进取和社会进步的一种心理驱动力，但"物极必反"，一味不切实际地以过高的期望值来对待人生，势必有更多的挫折感，这也许是不能享受生活的快乐和幸福的心理根源。期望值越高，心理上情绪冲突越大，这是社会心理学的一个结论。虽然"志当存高远"一向为人称道，但没有芸芸众生何谓社会？虽然"不想当将军的士兵不是好士兵"一向为人称道，但没有小小兵卒何谓军队？天上只有一个太阳，地上只有一座珠峰。群星虽没有太阳耀眼，同样熠熠生辉；群山虽没有珠峰高大，同样勃勃向上。

文字案例12-3

你身边的心理危机干预资源

五、利用各种形式开展危机干预

危机干预可以通过多种方式来开展，如个别干预、团体干预、电话干预、网络干预等，各种干预形式各有利弊，应探寻各种形式的有效结合，以期达到最佳的干预效果。

（一）个别干预

个别干预是危机干预最为常见的形式，也是最为传统的干预方式。危机干预工作者与当事人采用一对一的方式进行全方位的交流，不仅包括谈话内容、说话语气、声调、语速的交流，甚至也包括面部表情和动作手势等辅助言语的交流，还包括目光和眼神的交流，这种无声的交流有时候比有声的言语所起的作用还要大，效果还要好。

个别干预适用于心理危机比较严重或当事人对保密性要求较强的干预。依当事人的要求和危机的紧急程度，危机干预工作者可以进行上门干预、来访干预或在指定的地点进行干预。个别干预有利于良好咨询氛围的营造和双方信任关系的建立，危机干预工作者也可以对当事人进行较为密切的关注，各种干预技术也可以得到很好的采用。因此，个别干预的效果通常较为理想。

（二）团体干预

团体心理危机干预是在团体的心理环境下为了某些共同的目的将成员集中起来，提供心理帮助与指导的一种心理辅导形式。它运用适当的辅导策略或方法，通过团体内人际交互作用，促使个人在人际交往中观察、学习、体验，认识自我、分析自我、接纳自我，调整和改善人际关系，学习新的态度与行为方式，从而减轻或消除心理疾患，增加适应能力，以预防或解决问题，并激发个体潜能。团体治疗会让成员在“同是天涯沦落人”的氛围中获得支持。刚刚进入团体治疗的成员总认为自己的不幸是独一无二的，此时，孤立感被放大，亲密关系也难以形成；通过团体治疗，当他们听到别人在用相同的语言叙述同样的感受时，便会消除孤独感。

团体心理治疗最早可追溯到1905年美国医生普拉特在美国波士顿首次采用的集体教育和鼓励。他用集体讨论的方法，帮助久治不愈而又心情沮丧的结核病人克服抑郁情绪，树立战胜疾病的信心。团体心理治疗的迅速发展是在第二次世界大战期间及战后。当时，团体心理治疗作为一种经济、高效的手段，用于治疗士兵中的精神病病人和心理障碍者。

经历重大突发事件的危机人群适合于团体干预。如美国“9・11”事件、印度洋海啸、我国“5・12”汶川地震等，对具有相似经历的罹难者开展团体干预效果较好。高校的危机干预在很多情况下也较适宜采用团体形式，如针对贫困生这一群体普遍的心理问题可以开设“贫困生成长辅导小组”，在约定的时间，进行团体心理干预；又如针对大学新生，以解决大学生活适应问题而开展团体干预；针对毕业生群体，以化解毕业生求职心理问题而进行团体干预；等等。这些是切合实际并行之有效的方法。

（三）电话干预

电话干预采取边解答边记录的方式，内容主要包括当事人个人基本情况、主诉、咨询问题、有无自杀倾向、危机反应、提供建议等。热线电话是危机干预较为常见的方式之一，根据国内外有关报道，热线电话咨询对于自杀企图的危机干预和预防有很大帮助。1953 年英国伦敦首次开通电话心理咨询服务，1968 年电话干预又在美国兴起。我国于 1987 年在天津开设第一部心理咨询电话热线，此后，各地的“心理倾诉”“午夜心语”等热线如雨后春笋般出现。与面对面的干预方式相比，电话干预有其明显的优势。

1. 即时性、随时性和便利性

一般的面谈形式的心理咨询，来访者在来访之前，可能经历了很长时间的矛盾、斗争，消耗了许多物质上和精神上的能量；而电话咨询则可能不存在咨询内容的性质、轻重等问题，求助者容易在早期阶段寻求心理上的援助。特别对于因地理原因难以到咨询机关去咨询的人，或心理抵抗、焦虑较强和羞耻心较重的人以及对于那些患有重度神经症、抑郁症的人，电话咨询为他们提供了很方便的咨询机会。

2. 匿名性

电话咨询的另一重要的机能，是咨访双方通过电话建立联系，不用见面，匿名性在电话咨询过程中具有很重要的意义。一般意义上所讲的心理咨询，作为克服苦恼的第一步，是从承担自己应负的责任开始的，这样，在一般的面谈咨询中是不能匿名的。但是，电话咨询中，匿名性则显得很自然。匿名可以促使咨询者表露真实的自我，将自己内心世界真实的缺点、羞耻等毫无抵抗地说出来。

3. 一次性

一般的面谈性质的咨询，原则上需要经过几次的面谈然后正式开始，而电话咨询则可能就那么一次。特别是“生命热线”，咨询人员每回必变，即使经常来电话咨询的求助者也很难甚至不可能和同一咨询师碰在一起，这就要求咨询师必须全神贯注地倾听，其结果是只一次就可能使求助者能够控制自己现在的情绪。

4. 幻想增幅效果

电话不仅消除了与对方在地理上的距离，也缩小了与对方心理上的距离。同时，由于没有视觉因素参与，易产生幻想增幅效果，也易产生阳性的感情转移。这种电话的亲密性和感情转移，对于陷入症状较深的孤独的咨询者来讲，容易触发其产生人生早期的母子一体感或融合感。

此外，电话干预对于咨询师或心理危机干预工作者来说，安全性也较高；但其劣势也是不容置疑的，最主要的就是在实施危机干预过程中，由于相互不见面，不能相互观察，咨询师就不可能将对方的表情语言、身体语言等与其所谈的内容联系起来，也不可能把求助者需要表达的意思通过自己的表情语言和身体语言传达给对方。另外，电话干预对危机干预工作者的专业程度要求很高，而真正从事专业心理危机干预的 24 小时热线少之又少，这样会使电话心理危机干预的效果大打折扣。最好的处理方式是实现电话干预与其他干预形式的结合，起到初步收集信息、提供转诊建议等作用。

（四）网络干预

互联网作为先进的信息技术工具，是继报纸、广播、电视后的又一新兴媒体。网络干预是一种新式干预，主要通过电子邮件、网上聊天等远程异地操作等方式来实现心理干预。目前在互联网上，电子信件以其方便、快捷、保密性强及不易丢失等特点在一定程度上弥补了传统书信咨询的不足，是对书信咨询形式的有益补充及延伸。网上聊天咨询相对于电子邮件交流更为即时和顺畅，也是目前采用较为普遍的网上干预方式。但缺点也是显而易见的，危机干预工作者与求助者的交流通过文字、以计算机为界面进行，传统干预中的有声语言及无声语言信息都无法从中获取，双方的信任难以建立，另外在语音聊天、视频聊天中如遇到线路故障、电脑设备损坏等，还会出现画面模糊、声音不清楚、突然中断等现象，或者因网速慢，双方不能及时做出反应，甚至会导致烦躁等情绪，这些使得干预效果不尽如人意。但我们仍然欣喜地看到：随着互联网技术的飞速发展，网络干预的不足正在弥补，网络终将在心理危机干预领域中大有作为。

六、大学生积极生命观的养成教育

1. 树立生命独特观

人的肉体到精神都有不同于其他生命的特殊性。时间的一维性也决定了人的物质生命对每个人来说只有一次。人的生命的独特性突出表现在人与人之间的差异，无论在相貌特征、个性品质、人生道路以及实现人生价值的方式方面都具有多样性。正如世界上没有两片相同的叶子一样，每个人都是这个世界上的独特个体。有的学生因为自己没他人漂亮、成绩没他人优异、家庭没他人富裕而不满，甚至产生了怨恨父母、嫉妒同伴的思想，正是忽略了生命的独特性。无论自己有什么样的缺陷，都是无可取代的生命奇迹。作为大学生个体，要树立生命独特性的观念，真正学会尊重自己和他人的差异，悦纳自己的一切好与不好。

2. 树立生命敬畏观

生命起源于爱，爱把人类带到这个世界。“生命是爱情的结晶”，正是基于两性间的爱慕、尊重和理解，个体才来到人间；正是在父母的陪伴、呵护和照顾下，儿童才茁壮成长。生命是脆弱的，但因为有了爱，所以它也是坚强的。对待生命，人类要心怀敬畏，无论是己的，还是他人的。人本主义心理学家艾瑞克·弗洛姆曾经说过：尊重生命、尊重他人也是尊重自己的生命，是生命进程中的伴随物，也是心理健康的一个条件。曾有一则报道称曾一周姓女子三番五次跳楼，消防单位 10 次救援，已经花 100 万社会成本。一个女子两年内自杀 1 0 次，大家可能会说她是在“折腾”。但是消防单位对该女子进行的 10 次救援，却一点儿也不是“折腾”。因为对于生命，每一个人都应心存敬畏。

3. 树立生命品质观

生命品质的高低取决于个体把自己的生命放在一个怎样的位置。有人常常将自己置身于受害者的角色，认为生活的所有困难都非常不幸地降临到自己的头上，自己是世界上最不幸的人；也有的人，虽然身处的环境比较恶劣，但依然保有积极乐观的心态，在现有的条件下不断努力，让有限的生命更加宽厚。这是两种截然不同的生命品质观，自然也就形成了两种截然不同的生存状态。前者看到的是自己失去的，而后者更多看到的是自己所拥有的。有人曾经问霍金："卢伽雷病已将你永远固定在轮椅上，你不认为命运让你失去太多了吗?"。他始终保持着微笑回答："我的手指还能活动，我的大脑还能思维，我有终有终身追求的理想，有我爱的人和爱我的亲人和朋友，对了，我还有一颗感恩的心……" 人们深受感动的并不是他曾经的苦难，而是他对生命品质孜孜不倦的追求，以及在直面苦难时所表现出的坚守、乐观和勇气。因此，虽然生命的长度有限，但是生命的广度还有无限扩大的空间，要靠个体积极地去拓展。

4. 树立生命责任观

生存的反面是死亡，人们如何看待死亡往往也决定了人们如何生存。英国著名剧作家莎士比亚的《哈姆雷特》中有句名言："生还是死，这是一个值得思考的问题。"可见，死亡对于人类而言，向来是一个严肃而又沉重的话题。人的生死绝非个人之事，而是与家庭、社会密切相关。自杀对于个体本人是一种解脱，可是对亲人和社会无疑是巨大的伤害。维克多·弗兰克在《活出意义来》中说："一个人一旦了解他的地位无可替代的，自然容易尽最大心力为自己的存在负起最大的责任。他只要知道自己有责任为某件尚待完成的工作或某个殷盼她早归的人而善自珍重，必定无法抛弃生命。"生命不仅属于个体自己，也属于家庭和整个社会。所以个体在珍惜自身生命的同时，也是在履行对家庭和社会的责任。

心理测试

总体幸福感量表(GWB)

总体幸福感量表(GWB)是为美国国立卫生统计中心制订的一种定式型测查工具，用来评价受试对幸福的陈述。本量表共有 33 项，其中 1、3、6、7、8、9、11、13、15、16 项为反向评分，得分越高，幸福度越高。国内段建华(1996)对本量表进行了修订，并用修订后的量表测查了 362 名大学生。

时间建议：10～15 分钟

①你的总体感觉怎样(在过去的一个月里)?

A. 好极了

B. 精神很好

C. 精神不错

D. 精神时好时坏

E. 精神不好

F. 精神很不好

②你是否为自己的神经质或"神经病"感到烦恼(在过去的一个月里)?

A. 极端烦恼

B. 相当烦恼

C. 有些烦恼

D. 很少烦恼

E. 一点也不烦恼

③你是否一直牢牢地控制着自己的行为、思维、情感或感觉(在过去的一个月里)?

A. 绝对的

B. 大部分是的

C. 一般来说是的

D. 控制得不太好

E. 有些混乱

F. 非常混乱

④你是否由于悲哀、失去信心、失望或有许多麻烦而怀疑还有任何事情值得去做(在过去的一个月里)?

A. 极端怀疑

B. 非常怀疑

C. 相当怀疑

D. 有些怀疑

E. 略微怀疑

F. 一点也不怀疑

⑤你是否正在受到或曾经受到任何约束、刺激或压力(在过去的一个月里)?

A. 相当多

B. 不少

C. 有些

D. 不多

E. 没有

⑥你的生活是否幸福、满足或愉快(在过去的一个月里)?

A. 非常幸福

B. 相当幸福

C. 满足

D. 略有些不满足

E. 非常不满足

⑦你是否有理由怀疑自己曾经失去理智,或对行为、谈话、思维或记忆失去控制(在过去的一个月里)?

A. 一点也没有

B. 只有一点点

C. 有些,不严重

D. 有些,相当严重

E. 是的,非常严重

⑧你是否感到焦虑、担心或不安(在过去的一个月里)?

A. 极端严重

B. 非常严重

C. 相当严重

D. 有些

E. 很少

F. 无

⑨你睡醒之后是否感到头脑清晰和精力充沛(在过去的一个月里)?

A. 天天如此

B. 几乎天天

C. 相当频繁

D. 不多

E. 很少

F. 无

⑩你是否因为疾病、身体的不适、疼痛或对患病的恐惧而烦恼(在过去的一个月里)?

A. 所有的时间

B. 大部分时间

C. 很多时间

D. 有时

E. 偶尔

F. 无

⑪你每天的生活中是否充满了让你感兴趣的事情(在过去的一个月里)?

A. 所有的时间

B. 大部分时间

C. 很多时间

D. 有时

E. 偶尔

F. 无

⑫你是否感到沮丧和忧郁(在过去的一个月里)?

A. 所有的时间

B. 大部分时间

C. 很多时间

D. 有时

E. 偶尔

F. 无

⑬你是否情绪稳定并能把握住自己(在过去的一个月里)?

A. 所有的时间

B. 大部分时间

C. 很多时间

D. 有时

E. 偶尔

F. 无

⑭你是否感到疲劳、过累、无力或精疲力竭(在过去的一个月里)?

A. 所有的时间

B. 大部分时间

C. 很多时间

D. 有时

E. 偶尔

F. 无

⑮你对自己健康关心或担忧的程度如何(在过去的一个月里)?

不关心　0　1　2　3　4　5　6　7　8　9　10　非常关心

⑯你感到放松或紧张的程度如何(在过去的一个月里)?

松弛　0　1　2　3　4　5　6　7　8　9　10　紧张

⑰你感觉自己的精力、精神和活力如何(在过去的一个月里)?

无精打采　0　1　2　3　4　5　6　7　8　9　10　精力充沛

⑱你忧郁或快乐的程度如何(在过去的一个月里)?

非常忧郁　0　1　2　3　4　5　6　7　8　9　10　非常快乐

⑲你是否由于严重的性格、情感、行为或精神问题而感到需要帮助(在过去的一年里)?

A. 是的,曾寻求帮助

B. 是的,但未寻求帮助

C. 有严重的问题

D. 几乎没有问题

E. 没有问题

⑳你是否曾感到将要精神崩溃或接近精神崩溃?

A. 是的,在过去的一年里

B. 是的,在一年以前

C. 无

㉑你是否曾有过精神崩溃?

A. 是的,在过去的一年里

B. 是的,在一年以前

C. 无

㉒你是否曾因为性格、情感、行为或精神问题在精神病院、综合医院精神病科病房或精神卫生诊所治疗?

A. 是的,在过去的一年里

B. 是的,在一年以前

C. 无

㉓你是否曾因为性格、情感、行为或精神问题求助于精神医生、心理学家?

A. 是的,在过去的一年里

B. 是的,在一年以前

C. 无

㉔你是否因自己的一些问题求助于普通医生(真正的躯体疾病或常规检查除外)?

A. 是

B. 否

㉕你是否因自己的一些问题求助于脑科或神经外科专家?

A. 是

B. 否

㉖你是否因自己的一些问题求助于护士(一般内科疾病除外)?

A. 是

B. 否

㉗你是否因自己的一些问题求助于律师(常规的法律问题除外)?

A. 是

B. 否

㉘你是否因自己的一些问题求助于警察(单纯的交通违章除外)?

A. 是

B. 否

㉙你是否因自己的一些问题求助于牧师、神父等各种神职人员?

A. 是

B. 否

㉚你是否因自己的一些问题求助于婚姻咨询专家?

A. 是

B. 否

㉛你是否因自己的一些问题求助于社会工作者?

A. 是

B. 否

㉜你是否因自己的一些问题寻求过其他正式的帮助?

A. 是

B. 否

㉝你是否曾与家庭成员或朋友谈论自己的问题?

A. 是的,很有帮助

B. 是的,有些帮助

C. 是的,但没有帮助

D. 否,没有人可与之谈论

E. 否,没有人愿意与我谈论

F. 否,不愿与人谈论

G. 没有问题

心理测试解析

拓展实训

命运之牌

【活动目的】

①让学生学会接纳自己，懂得珍惜现在所拥有的资源，感知幸福。

②让学生懂得“命运掌握在自己手中”。

【活动程序】

指导语：由于受到出生环境等各种因素的限制，每个人的命运是不同的。有的同学可能对自己的家庭环境不满意，有的同学可能对自己的长相不满意，也有的同学可能对目前的自己不满意……

假定每个人能够获得第二次生命，每个人的命运可以重新选择。我手中有很多纸牌，每张牌就是命运的一种重新安排，它所包含的资料就是你新的生活资料，从现在起，你就是牌上的这个人。设想一下你处在这种情况下的命运，现在看看自己目前的处境、位置与假设的第二次人生选择的处境相比，有什么不同？

①把所有纸牌放在一个盒子里，让同学们随机抽取一张，不得更换。

②全班同学交流全新的“自己”，并询问是否满意牌上的“自己”。生命只有一次，你该怎样面对已经拥有的生活？

附：纸牌的内容

自己得了重病，家里没有钱治疗。

因意外遭遇火灾，脸部留下了一个很难看的伤疤。

出生在一个贫困山区，父母无力供养自己读书。

父母下岗，家庭经济困难，不能支付目前的学习费用。

与周围的同学人际关系很紧张，很不受大家的欢迎。

自己小时候因中耳炎治疗不好而变聋。

家中父母离异，经济困难，条件很差。

自己的一只眼睛因意外事故而失明。

学习成绩优秀，但人缘很差，不受老师和同学欢迎。

自己是个塌鼻子，影响了容貌。

自己在高一结束时取得全市物理竞赛一等奖。

自己的一条腿因在一次车祸中受伤严重而被截肢。

自己的父母对自己要求很严，很专制，感觉很不自由。

自己相貌普通，在班级里不引人注意，学习等各方面都一般。

自己被评为十佳“校园明星”。

家庭经济条件好，但父母对自己缺乏关爱，不喜欢自己。

以前家里很富有，现在却因意外事故而陷入经济拮据状态。

走路时因不小心而被车撞，头部严重受伤。

自己经常受到别人的欺负，心里很忧郁。

自己患有先天性心脏病，很容易疲劳。

【活动点评】

做这个游戏的时候，可能有部分同学对自己新选择的处境表示满意，大多数同学对自己的新选择都不满意甚至不接纳。他们觉得自己目前的处境要比新选择的好得多。实际上，现实生活中有很多条件很糟糕的生活。无论对自己目前的命运处境多么不满意，你都不是最糟糕的。抱怨不能解决问题，因为不论是苦是甜，是喜是忧，是成功还是失败，都是我们自己选择的结果。最好的做法就是接纳目前的命运，珍惜自己拥有的生活，活在当下，用今天的努力去开创自己的明天。

体验感悟

生命价值观大讨论：如果你坐在泰坦尼克号上，该不该上救生船？

课堂上，学生们分成13人一组，开始一个名叫泰坦尼克号的活动。情景设计了13个人坐在泰坦尼克号上，每个人安排一个角色：孕妇、运动员、船长、导演、演员等。遇上冰山后，只有5个人能坐上救生小船。大家讨论，谁能坐上小船？每个小组无论用什么样的方式，最终必须要选出5个人上船。大家既可以推荐包括自己在内的5个人上船，也可以推荐除你自己以外的你认为最应该上船的5个人。例如：

孕妇说："我怀着宝宝，一命抵两命，救我就是救了两条生命。"

船长说："我有很好的航行经验，只有我才能把船驶近岸边。"

运动员说："我有很好的体力，如果途中遇到危险，我可以解决。"

……讨论变成争执，大家用猜拳、抓阄的方式决定。

讨论：通过这个活动，你对生命的价值有怎么样的感悟和体验。

视频与阅读欣赏

1.《生命如歌》，(美国)特雷西·基德尔著，刘莉译，陕西师范大学出版社，2011年版

导读：若你已见证了地狱的火光，是否还能用天使般的心温暖这个世界？亲人、家园、梦想、安身立命的一切……德奥的整个世界被一场席卷布隆迪和卢旺达的大屠杀彻底粉碎。6个月残酷的逃亡，死神无处不在，放眼所见只有血红的天地和成山的尸体。机缘巧合之下，迪欧身无分文地来到了纽约。他无法与人交流，他语言一窍不通，但他从未忘记微笑，从未放弃自己的梦想。他尽最大努力去做任何与医学有关的事情，心心念念想要在支离破碎的祖国建立医院。他知道自己还有温暖的心，他依然想用自己微不足道的力量温暖这个世界……推荐大家看一下，对人生你会感悟甚多。

2.《当幸福来敲门》，加布里尔·穆奇诺导演，威尔·史密斯等主演，2006年上映

克里斯·加纳(威尔·史密斯饰)用尽全部积蓄买下了高科技治疗仪，到处向医院推销，可是价格高昂，接受的人不多。就算他再努力都无法提供一个良好的生活环境给妻儿，妻子(桑迪·牛顿饰)最终选择离开家。从此他带着儿子克里斯托夫(贾登·史密斯饰)相依为命。克里斯好不容易争取回来一个股票投资公司实习的机会，就算没有报酬，成功机会只有百分之五，他仍努力奋斗。他看尽白眼，与儿子躲在地铁站的公共厕所里，住在教堂的收容所里……他坚信，幸福明天就会来临。

参考文献

[1] 陈树，申丽静. 精神科护理学[M]. 北京：中国科学技术出版社，2012.

[2] 朱育红，潘力军，王爱丽. 大学生心理健康教育课堂互动手册[M]. 上海：华东理工大学出版社，2015.

[3] 黄希庭，郑涌. 心理学导论[M]. 北京：人民教育出版社，2015.

[4] 方平，张潮，杨晓荣. 自助与成长——大学生心理健康教育[M]. 北京：教育科学出版社，2019.

[5] 姚本先. 大学生心理健康教育[M]. 合肥：安徽大学出版社，2011.

[6] 徐亮，张平，王灿. 为心灵开一扇窗——大学生心理健康教育[M]. 天津：南开大学出版社，2014.

[7] 张大均，吴明霞. 大学生心理健康[M]. 修订版. 北京：清华大学出版社，2015.

[8] 黄新红，林川，余琼. 新编大学生心理健康教育实用教程[M]. 天津：南开大学出版社，2016.

[9] 夏翠翠. 大学生心理健康教育：慕课版[M]. 北京：人民邮电出版社，2017.

[10] 范红霞. 大学生心理健康——心理教育与心灵培育[M]. 北京：高等教育出版社，2014.

[11] 何元庆，全莉娟. 大学生心理健康教育[M]. 北京：高等教育出版社，2019.

[12] 樊富珉，费俊峰. 大学生心理健康十六讲[M]. 北京：高等教育出版社，2013.

[13] 赵国祥. 现代大学生心理健康教程[M]. 北京：人民教育出版社，2007.

[14] 时蓉华. 社会心理学[M]. 上海：上海人民出版社，1986.

[15] 林乐波，毕义星. 教育心理效应解密[M]. 济南：山东教育出版社，2008.

[16] 郝入锦. 大学生思想政治教育中积极情绪的培养研究[D]. 长春：吉林财经大学，2017.

[17] 李雄鹰. 大学生心理健康教程[M]. 西安：西安交通大学出版社，2019.

[18] 李菁华. 大学生心理健康教育——做一个心理阳光的人[M]. 天津：天津科学技术出版社，2019.

[19] 陈树，张铮，何玉梅. 大学生心理健康教育[M]. 北京：高等教育出版社，2019.

[20] 周安华. 关于爱情[M]. 北京：中国纺织出版社，2000.

[21] 何玉梅. 大学生心理健康教育[M]. 修订版. 合肥：合肥工业大学出版社，2013.

[22] 吉家文. 新编大学心理健康教育[M]. 2 版. 天津：南开大学出版社，2018.

[23] 高校教材编委会. 大学生心理健康教育导论[M]. 沈阳：辽宁大学出版社，2007.

[24] 黄希庭. 大学生心理健康教育[M]. 上海：华东师范大学出版社，2009.

[25] 孔洁，丛山. 心灵港湾：高职大学生心理健康指南[M]. 合肥：中国科学技术大学出版社，2006.

[26] 唐文辉. 大学生亲子冲突及其建设性转化的研究[D]. 南京：南京师范大学，2018.

[27] 雷静辉. 浅析亲子关系与大学生心理健康[J]. 长沙铁道学院学报(社会科学版)，2010(3)：274-276.

[28] 张盛秋.家庭教养方式与大学生亲子冲突的案例研究[J]. 吉林广播电视大学学报,2016(4):87-88.
[29] 戚务念.文化反哺的辩证解读:大学生家庭中的亲子互动[J]. 甘肃行政学院学报,2010(5):82-90,128.
[30] 戚俊杰.新冠肺炎疫情期间大学生与家人相处情况探讨[J]. 心理月刊,2020(18):51-53.
[31] 维吉尼亚·萨提亚.新家庭如何塑造人[M].易春丽,叶冬梅,等,译. 北京:世界图书出版公司,2006.
[32] 爱丽丝·米勒.与原生家庭和解[M].束阳,殷世钞,译. 北京:中国友谊出版公司,2018.
[33] 陈红,邵景进.大学生心理健康教育[M].北京:人民邮电出版社,2021.